Thomas A. Kohut

Empathie in der Geschichtswissenschaft

AF567494

Kohuts Buch will das Bewusstsein von HistorikerInnen für das Thema Empathie schärfen, indem es dessen Entwicklung und Gegenwart innerhalb und außerhalb der Geschichtswissenschaft skizziert. Insbesondere sollen HistorikerInnen darin bestärkt werden, ihre Empathie zu nutzen, um Menschen der Vergangenheit zu verstehen. Mit der Definition als imaginatives Sich-Einfühlen und -Eindenken in das Erleben und die Erfahrung Anderer unterscheidet Kohut zwischen der empathischen Beobachtungsposition und der Position des äußeren Beobachters. HistorikerInnen müssen sich ihrer beobachtenden Position bewusst und darüber im Klaren sein, wann sie sich in das historische Subjekt einfühlen und wann nicht. Kohut bricht eine Lanze für den bewussten, selbstreflektierten Einsatz der Empathie als wichtiges und nötiges Instrument historischer Untersuchung. Einleuchtend und interdisziplinär ist das Buch ein Muss für HistorikerInnen, Studierende der Geschichte und PsychoanalytikerInnen.

Thomas A. Kohut ist Sue und Edgar Wachenheim III-Professor für Moderne Europäische Geschichte am Williams College in Williamstown (Massachusetts). Seine Forschungsschwerpunkte sind Deutsche Geschichte, Europäische Kulturgeschichte sowie Psychohistorie. Als Historiker mit psychoanalytischer Ausbildung hat Kohut zahlreiche Publikationen zu Themen der deutschen Geschichte und zum Verhältnis zwischen Geschichte und Psychoanalyse veröffentlicht.

Thomas A. Kohut

Empathie in der Geschichtswissenschaft

Einfühlendes Verstehen der menschlichen Vergangenheit

Aus dem amerikanischen Englisch übersetzt von Elisabeth Vorspohl

Brandes & Apsel

Deutsche Erstausgabe des 2020 bei Routlegde erschienenen Buchs *Empathy and the Historical. Understanding of the Human Past.* © by Routledge, a member of the Taylor & Francis Group. All rights reserved.

Die Übersetzerin dankt dem Deutschen Übersetzerfonds sehr herzlich für ein hochwillkommenes Arbeitsstipendium.

1. Auflage 2023

© Brandes & Apsel Verlag GmbH, Frankfurt a. M.
Alle Rechte vorbehalten, insbesondere das Recht der Vervielfältigung und Verbreitung sowie der Übersetzung, Mikroverfilmung, Einspeicherung und Verarbeitung in elektronischen oder optischen Systemen, der öffentlichen Wiedergabe durch Hörfunk-, Fernsehsendungen und Multimedia sowie der Bereithaltung in einer Online-Datenbank oder im Internet zur Nutzung durch Dritte.
Umschlag und DTP: Brandes & Apsel Verlag, unter Verwendung des Gemäldes *Erschießung der Aufständischen* von Francisco de Goya (1814, Prado, Madrid).
Druck: Stückle Druck, Ettenheim, Printed in Germany
Gedruckt auf einem nach den Richtlinien des Forest Stewardship Council (FSC) zertifizierten, säurefreien, alterungsbeständigen und chlorfrei gebleichten Papier.

Bibliografische Information der Deutschen Nationalbibliothek:
Die Deutsche Nationalbibliothek verzeichnet diese Publikation in der Deutschen Nationalbibliografie; detaillierte bibliografische Daten sind im Internet über www.ddb.de abrufbar.

ISBN 978-3-95558-341-5

Inhalt

»Du verstehst einen Menschen erst richtig, wenn du die Dinge auch aus seiner Sicht betrachtest … wenn Du in seine Haut kriechst und darin herumspazierst.«

Harper Lee, *Wer die Nachtigall stört*

Für Sophie und Alexander

Dank

Dieses Buch ist aus mehreren Gründen für mich persönlich wichtig. Erstens beschäftigt es sich mit dem Werk meines Vaters Heinz Kohut, des Psychoanalytikers, der vielleicht mehr als jeder andere die zentrale Bedeutung der Empathie in der Psychoanalyse betont und sie sogar als klinisch wie auch theoretisch definierende Eigenschaft der Psychoanalyse verstanden hat, als ein Feld der Erforschung des inneren Lebens der Menschen. Zweitens hat dieses Buchprojekt es mir ermöglicht, meine beiden Ausbildungen – als Historiker an der University of Minnesota und als Psychoanalytiker am Cincinnati Psychoanalytic Institute – miteinander in einen Dialog zu bringen, nämlich in einen Dialog über die Empathie als Möglichkeit, die Gedanke und Gefühle anderer Menschen zu erkennen und zu verstehen. Ich habe mich bei der Arbeit am Manuskript durchgängig auf meine Kenntnis der psychoanalytischen klinischen Arbeit sowie auf meine eigene, sehr kurze psychotherapeutische Karriere gestützt, um Licht auf die Verwendung der Empathie in der Geschichtswissenschaft zu werfen. Und schließlich waren schon meine wissenschaftliche Arbeit und meine Lehrtätigkeit als Historiker durch den Versuch charakterisiert, mich in Menschen der Vergangenheit einzufühlen. So habe ich in meinem ersten Buch, *Wilhelm II and the Germans: A Study in Leadership* (1991), versucht, mich empathisch in den letzten deutschen Kaiser und vor allem in seine Beziehung zu seiner Untertanen hineinzuversetzen. In meinem zweiten Buch, *A German Generation: An Experiential History of the Twentieth Century* (2012) – auf Deutsch unter dem Titel *Eine deutsche Generation und ihre Suche nach Gemeinschaft* 2017 erschienen – habe ich versucht, mich in jene Generation deutscher Frauen und Männer hineinzuversetzen, deren Leben, zu dem auch ihre Begeisterung für den Nationalsozialismus im Dritten Reich gehörte, praktisch das gesamte 20. Jahrhundert überspannte. In all meinen Seminaren ermuntere ich die Studentinnen und Studenten, sich in die Erfahrung der Menschen aus der Vergangenheit hineinzudenken und einzufühlen, ganz gleich, ob es sich um die Verfasser von Erziehungsratgebern in meinem Seminar »Victorian Psychology from the Phrenologists to Freud«, um überzeugte Nazis in meinem Seminar »National-Socialist Germany« oder, wie in meinem Seminar »Europe in the Twentieth Century«, um bosnische Serben während der Belagerung Sarajewos im Balkankrieg handelt. Doch bevor ich an diesem Projekt zu arbeiten begann, hatte ich den empathischen Zugang, der mich als Historiker definiert, nie systematisch untersucht oder gründlicher durchdacht. Dieses Buch soll das Bewusstsein von Historikerinnen und Historikern für die Art und Weise schärfen, wie sie

ihre Empathiefähigkeit verwenden, um die menschliche Vergangenheit zu verstehen. Mein eigenes Bewusstsein hat von der Arbeit daran maßgeblich profitiert.
Auch wenn ich sagen kann, dass ich in gewisser Weise mit Empathie aufgewachsen bin und mein empathischer Zugang zur Vergangenheit für meine wissenschaftliche Arbeit und meine Lehrtätigkeit charakteristisch ist, hat dieses Projekt mich dennoch auf unbekanntes Gelände entführt. Ich musste mich über die Geschichte des Konzepts kundig machen. Ich musste beharrlich ergründen, was Historiker und Historikerinnen, Psychoanalytiker und Psychoanalytikerinnen unter Empathie verstehen und verstanden haben. Obwohl mir die einschlägige Literatur beider Felder nicht gänzlich unbekannt war, musste ich eine Fülle an Literatur über Empathie aus Fachgebieten lesen, die für mich mehr oder weniger neu waren, z.B. aus der Philosophie (der Philosophie des Geistes und der Phänomenologie), der Neurowissenschaft (insbesondere, was deren Beziehung zu philosophischen Erklärungen der Empathie als Instrument, um die Psyche und die psychischen Zustände anderer Menschen zu verstehen, betrifft), der Psychologie (vor allem der Kognitions-, der Entwicklungs- und der Sozialpsychologie), der Soziologie und Anthropologie sowie der Literatur- und Kulturwissenschaften.

Freunde und Freundinnen, Kollegen und Kolleginnen haben mir entscheidend dabei geholfen, die intellektuelle Kompetenz und das Selbstvertrauen zu erlangen, um mich auf dieses mir unbekannte Territorium vorzuwagen. Ich hätte dieses Buch ohne ihren Beistand nicht schreiben können. Ihre Bereitschaft, mit mir über Empathie zu diskutieren, Kapitelentwürfe zu lesen, zu kritisieren, was ich geschrieben hatte, und Verbesserungsvorschläge zu machen, spiegelte nicht nur unsere Freundschaft und/oder Kollegialität wider, sondern auch die Tatsache, dass Empathie als Methode, Menschen kennenzulernen und zu verstehen, heute ein fesselndes und wichtiges Thema zu sein scheint. Wann immer ich konnte, habe ich mich bemüht, mich für einzelne besonders wichtige intellektuelle Hilfestellungen in den Anmerkungen zu bedanken, u.a. bei Alexandra Garbarini, Bojana Mladenovic, Keith Moxey, Mark Roseman, Jane Tillman und Armin Vodopiutz. Ich danke auch all jenen, die Manuskriptteile aufmerksam und konstruktiv gelesen und Vorschläge gemacht haben, die mir wichtige Verbesserungen ermöglichten, u.a. Ute Daniel, John Demos, Georges Dreyfus, Amos Goldberg, Harald Halbhuber, Eric Knibbs, Thomas Kühne, Bojana Mladenovic, Keith Moxey und Karsten Stueber. Zudem möchte ich all jenen danken, die mit allgemeinen Ratschlägen und Gedanken über die Rolle der Empathie in der Geschichtswissenschaft zu diesem Buch beigetragen und mir Mut gemacht haben. Dazu zählen Thomas Aichhorn, Steven Aschheim, Kenneth Barish, Alexander Bevilacqua, Marcus Carney, Alon Confino, Christina de Bellaigue, Elizabeth Friend-Smith, Gerard Fromm, Friedl Früh, Jeffrey Halpern, Laurie Heatherington, Michael Ann Holly, Richard Honig, Irene Kacandes, Jan-Werner Müller, Diane O'Donoghue, Francis Oakley, Claudia

Olk, Anna Ornstein, Sharone Ornstein, Alfred Pfabigan, Magda Pfabigan, Eric Plakun, Lisa Raskin, Karen Remmler, Jürgen Reulecke, Ileene Smith, Matthias Siebeck, Yana Skorobogatov, Christian Thorne, Jane Tillman, Dorothee Wierling und James Wilk.

Zwei Gruppen von Psychoanalytikern, die eine in den USA, die andere in Österreich, haben das Manuskript in Teilen oder vollständig gelesen. Ich danke ihnen für ihre Bereitschaft, sich mit meiner Arbeit zu beschäftigen. Im November 2018 fanden sich Mitglieder des Ferenczi Center of the New School for Social Research, des Erikson Institute for Education and Research of the Austen Riggs Center sowie der Gruppe »Psychology and the Other« der Boston College Study Group zusammen, um das Manuskript zu diskutieren. Mit rund 30 Teilnehmern war die Gruppe, wie ihr Name schon ahnen lässt, zu groß, als dass ich ihnen allen persönlich danken könnte. Besonders erwähnen möchte ich aber Adrienne Harris und Edward Shapiro, für deren hilfreiche Kommentare während und insbesondere nach der Veranstaltung ich dankbar bin. Der Gruppe österreichischer Psychoanalytiker bin ich zu noch größerem Dank verpflichtet. Ihre Mitglieder setzten sich im Rahmen der Reihe »Psychoanalytische Abende« sieben Mal mit mir zusammen und diskutierten jeweils über zwei Stunden lang einzelne Kapitelentwürfe des Buches. Ich danke Erwin Bartosch, Andrea Harms, Peter Hohenbalken, Maria Lindner, Christa Paulinz, Armin Vodopiutz und Karoline Windhager. Diese intelligenten, gedankenreichen, einsichtsvollen und warmherzigen Diskussionen waren ein Highlight meiner Arbeit an diesem Projekt. Danken möchte ich auch Jennifer French, Jeffrey Israel, Bojana Mladenovic, Gail Newman und Jana Sawicki, allesamt Mitglieder der Lesegruppe Psychoanalytische Bindungstheorie am Williams College für ihre durchdachte und hilfreiche Diskussion mehrerer Kapitel im Herbst 2018.

Ich spreche zwei Menschen meinen Dank aus, die ich erst in den vergangenen Jahren kennengelernt habe und die dennoch in dieser relativ kurzen Zeit zu engen Kollegen und Freunden geworden sind, nämlich Roger Frie und Donna Orange. Sowohl Roger als auch Donna haben erheblich dazu beigetragen, dass dieses Buch bei Routledge erscheinen konnte, doch noch schwerer wiegen ihre Beiträge zu diesem Projekt, zu meiner Arbeit insgesamt und zu meinem intellektuellen und persönlichen Leben.

Lori Dubois, Auskunftsbibliothekarin am Williams College, danke ich für ihre Geduld, ihren Großmut und ihre intelligenten Ratschläge. Von ihr habe ich nicht nur gelernt, für dieses Projekt mit dem Programm EndNote zu arbeiten, sondern auch viele andere wertvolle Anregungen erhalten. Ich danke meiner Lektorin bei Routledge, Susannah Frearson, dafür, mein Manuskript angenommen zu haben, aber auch für ihre klugen und intelligenten Ratschläge, für ihre Ermunterung und ihr Entgegenkommen während des Verhandlungsprozesses. Es war ein Vergnügen, mit ihr zu arbeiten. Gleiches gilt für meine Zusammenarbeit mit Heather Evans, die mir als Senior Editorial

Assistant bei Routledge während des Herstellungsprozesses zur Seite stand. Mit ihrer Effizienz, Umsicht, Intelligenz und Klugheit hat Heather die Produktion des Buches für mich zu einer durch und durch erfreulichen Erfahrung gemacht. Und schließlich danke ich Maria Anson für ihr strenges und wohldurchdachtes Lektorat des Manuskripts.

Ich danke Andrea Harms für ihre Empfehlung, die deutsche Ausgabe meines Buches bei Brandes & Apsel zu veröffentlichen, und dem Verleger Roland Apsel für den Erwerb der Rechte von Routledge. Rolands Unkompliziertheit und seine nachdrückliche Unterstützung haben den gesamten Vorbereitungsprozess für mich zu einer konstruktiven, angenehmen Erfahrung werden lassen.

Die Zusammenarbeit mit meiner Übersetzerin Elisabeth Vorspohl war wie im Fall meines vorherigen Buches, *Eine deutsche Generation*, auch diesmal eine reine Freude. Dank Elisabeths ebenso intelligenter und kenntnisreicher wie umsichtiger und sorgfältiger Übersetzungsarbeit ist die deutsche Fassung meines Buches mindestens genauso gut, wenn nicht besser gelungen als das englischsprachige Original, das ich mehr oder weniger allein verfasst habe. Im Laufe unserer Zusammenarbeit an meinen beiden auf Deutsch erschienenen Büchern ist mir Elisabeth zu einer geschätzten Kollegin und Freundin geworden.

Dem Williams College danke ich für die Übernahme eines Großteils der Übersetzungskosten der deutschen Ausgabe. Mein Dank richtet sich auch an den Präsidenten, den Fakultätsdekan, den stellvertretenden Fakultätsdekan und das Kuratorium des Williams College für das Sabbatical und für die großzügige finanzielle Unterstützung, die ich im Laufe der beiden Sabbatjahre, in denen ich für dieses Buch forschen und das Manuskript schreiben konnte, erhalten habe. Die Unterstützung durch das College zeugt von der Bedeutung, die Williams einem Kollegium aktiver und produktiver Wissenschaftler beimisst.

Ein ganz besonderer Dank gilt meiner Kollegin und Freundin Alexandra Garbarini. Nichts, was ich geschrieben habe, ist von Alexandra nicht gelesen worden. Es gibt keine schwierige intellektuelle Frage, die ich nicht mit ihr hätte erörtern können. Ali hat jeden Satz in diesem Buch mindestens ein Mal und häufig öfter als ein Mal gelesen. Dieses Buch wäre ohne ihre Unterstützung, ihren Rat und ihre Intelligenz nicht geschrieben worden. Mir ist vollauf bewusst, welch großes Glück es ist, Ali als Freundin und Kollegin zu haben. Dass sie im Fachbereich Geschichte am Williams College tatsächlich meine Kollegin ist, erscheint mir manchmal fast wie ein Wunder. Abschließend danke ich meiner Frau Susan, meiner lebenslangen Freundin und Partnerin bei all meinen intellektuellen und persönlichen Unternehmungen.

Einleitung

Empathie in der Geschichtswissenschaft – das Unbehagen mit dem Konzept

Obwohl die meisten oder doch zumindest sehr viele Historikerinnen und Historiker ihr Einfühlungsvermögen nutzen, scheinen sie wenig geneigt, dies anzuerkennen.[1] Sie tun sich eher schwer mit dem vagen, nicht stringent definierten Konzept der »Empathie«.[2] Viele Menschen assoziieren damit Weichheit, Sanftheit, das heißt Eigenschaften, die gemeinhin eher als weiblich denn als männlich gelten.[3] In diesem Sinn verstanden, wäre Empathie gegenüber den Menschen der Vergangenheit gleichbedeutend mit Versöhnlichkeit, Mitgefühl oder sogar Liebe. In krassem Gegensatz zu harter Evidenz, kühlem Verstand und strenger Logik scheinen die Merkmale, die der Empathie zugeschrieben werden, kaum vereinbar zu sein mit einer Disziplin, die sich vielleicht nach wie vor als rationalistisch, empirisch und objektiv, als eine »Social Science«, sehen möchte.[4]

---

1 Peter Loewenberg und Barbara Taylor sind der mehr oder weniger uneingestandenen Verwendung der Empathie durch Historiker, die Menschen der Vergangenheit zu verstehen versuchen, auf den Grund gegangen. Loewenberg (2007). Cultural History and Psychoanalysis. In: *Psychoanalysis and History* 9(1), S. 19; Taylor (2012), Historical Subjectivity, in: *Psyche and History.* Hg. von Sally Alexander und Barbara Taylor. Basingstoke (Palgrave Macmillan), S. 199. Siehe auch das vor wenigen Jahren erschienene Buch *Empathy and History: Historical Understanding in Re-Enactment, Hermeneutics and Education.* New York/Oxford (Berghahn) 2018, S. 2f., von Tyson Retz. Als hilfreich für meine Untersuchung der Empathie hat sich mir die von engagierter, intelligenter und gedankenvoller Arbeit zeugende unveröffentlichte Dissertation von Frederic William Lieber, *The Legacy of Empathy: History of a Psychological Concept* (Indiana University) 1995, erwiesen.

2 Nicht nur Historikerinnen und Historiker, sondern auch Psychoanalytikerinnen und -analytiker, die Empathie als ein weithin anerkanntes, zentrales Konzept betrachten, klagen häufig über die lockere, Stringenz vermissen lassende Anwendung des Begriffs, über seine Vagheit und die Vielfalt seiner Bedeutungen. Siehe z. B. Stefano Bolognini (1997). Empathy and ›Empathism‹. *International Journal of Psycho-Analysis* 78; Warren Poland (2007). Clinician's Corner: The Limits of Empathy. *American Imago* 64.

3 Persön. Mitteilung der Psychoanalytikerin Jane Tillman.

4 Dominick LaCapra (2001). *Writing History, Writing Trauma.* Baltimore (Johns Hopkins University Press), S. 38; LaCapra (2004). Tropisms of Intellectual History. *Rethinking History* 8/4): 503.

Das englische Wort *empathy* ist relativ junger Herkunft. Es wurde tatsächlich erst 1909 geprägt, und zwar von dem Psychologen Edward Titchener als Übersetzung des deutschen Wortes *Einfühlung*. Als wissenschaftlicher Fachterminus war *Einfühlung* wiederum 1873 von dem Philosophen Robert Vischer in seiner Dissertation über Ästhetik theoriefähig gemacht worden.[5] Das deutsche Wort *Empathie* ist also eine Rückübersetzung der englischen Übersetzung von »Einfühlung«. Die Vagheit des englischen *empathy* hat einige Forscher zu etymologischen Analysen des Begriffs, der sich von dem griechischen *empatheia* herleitet, bewogen, weil sie hofften, auf diese Weise den Schlüssel zu seiner eigentlichen Bedeutung zu finden. Dabei haben sie freilich übersehen, dass er direkt auf Titcheners eigenwillige Übersetzung zurückgeht.[6] Zur Verwirrung trägt auch bei, dass das, was – im Englischen – unter *empathy* verstanden wird, häufig mit *sympathy* in der von dem Philosophen David Hume eingeführten und bis weit ins 20. Jahrhundert hinein geläufigen Bedeutung, nämlich *sympathetic understanding – einfühlsames Verstehen,* nicht etwa Mitleid – gleichgesetzt wird. Die Bedeutung deutscher, synonym mit Einfühlung verwendeter Formulierungen wie *sich hineinversetzen, nacherleben* und *nachbilden* wird ebenfalls vom englischen *empathy* abgedeckt. Deutschsprachige Wissenschaftler und Wissenschaftlerinnen, sowohl Historikerinnen als auch Literaturwissenschaftlerinnen, vornehmlich aber Psychoanalytikerinnen, sprechen aufgrund des Unbehagens, das sie bei dem Begriff *Einfühlung* beschleicht, stattdessen von Empathie, verwenden also die Rückübersetzung. Etliche der theoretisch differenziertesten und nachdenklichsten Befürworter einer empathischen Geschichtsforschung und einige der sensibelsten und einfühlsamsten Historikerinnen und Historiker haben den Begriff *Einfühlung* bzw. *Empathie* über-

5 Karsten Stueber (2014). Empathy. In: *Standford Encyclopedia of Philosophy.* Hg. von Edward Zalta. Palo Alto (Stanford University Press); Jay Winter (2016). From Sympathy to Empathy: Trajectories of Rights in the Twentieth Century. In: *Empathy and Its Limits*. Hg. von Aleida Assmann & Ines Detmers. London/New York (Palgrave Macmillan), S. 101. Für eine bündige Darlegung der Rolle der Einfühlung in Vischers Theorie der Ästhetik siehe Retz, *Empathy and History*, S. 75. Auch wenn der Begriff bei ihm nicht auftaucht, scheint Johann Gottfried Herder das, was er besagt, schon 100 Jahre vor Fischer formuliert zu haben. Laura Hyatt Edwards (2013). A Brief Conceptual History of Einfühlung: 18th Century Germany to Post-World War II U.S. Psychology. *History of Psychology* 16(4): 272f.

6 George Pigman weist darauf hin, dass *empathy* in Wirklichkeit gar nichts mit dem griechischen *empatheia* zu tun hat. Pigman (1995). Freud and the History of Empathy. *International Journal of Psycho-Analysis* 76: 243. Etymologisch ergibt es mehr Sinn, sich auf die Wurzeln von *Einfühlung* zu besinnen, wie Laura Hyatt Edwards es getan hat. Aus dem Mittelhochdeutschen hergeleitet, bedeutet *fühlen* so viel wie »durch Berührung ergreifen, erfassen, mit Sicherheit wissen«, »›die Art und Weise, etwas zu betrachten, was man nicht sehen kann‹ […}, mit allen holistisch vereinten Sinnen«. Edwards, A Brief Conceptual History of Einfühlung, S. 271.

haupt nie erwähnt. Tatsächlich tauchen die Begriffe in den Schriften Reinhart Kosellecks, dessen Diskussion einfühlenden – oder empathischen – Verstehens in meinen Überlegungen eine wesentliche Rolle spielen wird, meines Wissens nicht auf. Indem Historiker und Historikerinnen ebenso wie andere Wissenschaftlerinnen das Wort *Einfühlung* bzw. *Empathie* vermeiden, möchten sie vielleicht leugnen oder verbergen, dass »Fühlen« und Forschen etwas miteinander zu tun haben könnten.

Das Unbehagen mit der Einfühlung oder der Empathie als Verfahren, menschliche Vergangenheit zu erforschen und zu verstehen, hat vielleicht nicht nur mit der semantischen Unschärfe oder mit den stereotypen Missverständnissen des Begriffs zu tun. Empathie stützt sich auf Evidenz, Logik, Vernunft und andere unumstrittene Instrumente der Geschichtsforschung, bezieht aber darüber hinaus Vorstellungskraft, Phantasie, Einsicht, Sensibilität für Menschen, emotionale Intelligenz, ja sogar emotionale Resonanz mit ein. Wenngleich diese Merkmale der Empathie nüchtern denkenden Empirikern ein unbehagliches Gefühl vermitteln können, sind es doch ebendiese Attribute, die die historische Praxis zu einem faszinierenden, kreativen und zutiefst menschlichen Unterfangen machen. Ohne sie kann man weder die menschlichen Beweggründe früherer Ereignisse verstehen noch die Art und Weise, wie Menschen der Vergangenheit sich selbst oder die Welten, in denen sie lebten, wahrgenommen haben. Infolgedessen benutzen die meisten Historikerinnen und Historiker ihr Einfühlungsvermögen, um die Vergangenheit zu studieren, auch wenn sie dies gegenüber ihren Lesern – oder gegenüber sich selbst – so gut wie nie anerkennen. Zum Beispiel schreibt Barbara Taylor: »[…] unsere Interpretationen von Subjektivitäten der Vergangenheit stützen sich auf unsere imaginativen bewussten und unbewussten Identifizierungen mit den Menschen, die wir erforschen. Diese durch Empathie gewonnene Erfahrung ist, so meine These, nicht optional; ohne sie ist Geschichtsschreibung gar nicht möglich.«[7] Weder durch eine generelle Abneigung, ihre Vergangenheitsforschung konsequent zu reflektieren, noch durch ein mögliches Missbehagen ob der imaginativen und emotionalen Dimensionen ihrer Arbeit sollten Historikerinnen und Historiker sich beirren und daran hindern lassen, mit ihrer Empathiefähigkeit zu arbeiten. Sie müssen den Beitrag, den das Einfühlungsvermögen zur Geschichtsforschung leistet, anerkennen, sich ihres eigenen empathischen Vorgehens bewusst sein und systematisch und stringent über die Bedeutung, die Anwendungen, Implikationen und Grenzen der Empathie nachdenken.[8]

7 Taylor, Historical Subjectivity, S. 205-206.

8 Ebd.

Empathie im heutigen Fokus der wissenschaftlichen Aufmerksamkeit – allerdings nicht in der Geschichtswissenschaft

Obgleich Historiker und Geschichtsphilosophen der Empathie mit einigen wenigen bemerkenswerten Ausnahmen in den vergangenen Jahrzehnten keine systematische Aufmerksamkeit geschenkt haben, selbst wenn sie sich ihrer bedienten, steht sie heute im Fokus beträchtlichen wissenschaftlichen Interesses. Die Empathie ist zum Gegenstand einer umfangreichen und weiterhin wachsenden Literatur der Neurowissenschaften, der Zoologie, der Ethologie, der Philosophie des Geistes und der Phänomenologie, der Kognitionspsychologie, Entwicklungspsychologie und Sozialpsychologie, der Psychoanalyse sowie weiterer Disziplinen avanciert.[9] Die Philosophin Amy Coplan hat vor einigen Jahren dreizehn Fachgebiete aufgelistet, welche die Empathie in ihren Fokus gerückt haben. Die Geschichtswissenschaft aber sucht man auf dieser Liste vergebens.[10] Einer der Hauptgründe für die Aufmerksamkeit, die so viele andere Disziplinen der Empathie heute widmen, ist eine Entwicklung, die seit etlichen Jahrzehnten quasi zu ihrer »Naturalisierung« geführt hat. Neurowissenschaftliche Studien lassen vermuten, dass Menschen mit der neurobiologischen Fähigkeit ausgestattet sind, »*die (expressive) Situation von Artgenossen automatisch zu identifizieren und empathisch zu verstehen*«, wie Georg Vielmetter es formuliert hat.[11] Vor dem Hintergrund der in den vergangenen zwei oder drei Jahrzehnten gewonnenen neurowissenschaftlichen Erkenntnisse gilt die Empathie, die in der zweiten Hälfte des 20. Jahrhunderts in Verruf stand, mittlerweile als eine grundlegende Eigenschaft, die es Menschen ermöglicht, einander zu »lesen« und zu verstehen.

9 Der Geschichtsphilosoph Dominick LaCapra ist eine dieser bemerkenswerten Ausnahmen. Erst jüngst publizierte Tyson Retz ein Buch, das den Status der Empathie in der Geschichtsforschung im Zusammenhang mit der Geschichte des Historismus, das Denken R.G. Collingwoods und Hans-Georg Gadamers und insbesondere die Ausbildung von Sekundarschullehrern in Großbritannien, Kanada und Australien zum Thema hat. Offenbar hat Retz sich letztlich dafür entschieden, Collingwood und Gadamer auf eine Weise zusammenzuführen, die »eine bessere Alternative zur Empathie« als Möglichkeit, Ereignisse und Ideen historisch zu verstehen, bietet. Retz, *Empathy and History*, S. 11; siehe auch S. 113, 122, 127, 128, 131, 153, 154, 157, 166, 215.

10 Amy Coplan (2011). Understanding Empathy: Its Features and Effects. In: *Empathy: Philosophical and Psychological Perspectives.* Hg. von Amy Copland & Peter Goldie. Oxford (Oxford University Press), S. 2.

11 Georg Vielmetter (2000). The Theory of Holistic Simulation: Beyond Interpretivism and Postempiricism. In: *Empathy and Agency: The Problem of Understanding in the Social Sciences.* Hg. von Hans Herbert Kogler & Karsten Stueber. Boulder (Westview), S. 87.

Dass Einfühlung oder Empathie heute solch große Aufmerksamkeit findet, unterstreicht ihre Bedeutsamkeit. Gleichzeitig aber lassen die einschlägige Forschung auf vielen Feldern und die entsprechend florierende Literatur das Konzept noch verwirrender erscheinen. Repräsentanten verschiedener Disziplinen haben zahlreiche Empathie-Definitionen formuliert, die einander teils ergänzen, teils widersprechen. Der Sozialpsychologe C. Daniel Batson hat nicht weniger als acht verwandte, aber unterschiedliche Definitionen von Empathie identifiziert.[12] Die Begriffsverwirrung lässt sich unter anderem darauf zurückführen, dass all die Disziplinen, für welche die Empathie heute so wichtig geworden ist, je eigene Gegenstände untersuchen und eigene Prioritäten setzen. Einige von ihnen, insbesondere die Philosophie des Geistes und die Phänomenologie, fokussieren in erster Linie auf die kognitive Dimension der Empathie, andere, insbesondere die Entwicklungspsychologie, auf ihre emotionale oder affektive Dimension, und wieder andere, vor allem die Zoologie und Ethologie, auf ihre »prosoziale« oder altruistische Dimension. Vor allem die kognitive Neurowissenschaft, die Philosophie, die Sozialpsychologie und die Psychoanalyse sind wiederum bestrebt, zwei oder sogar drei dieser Dimensionen zusammenzuführen. Immerhin drehen sich heutige Diskussionen über Empathie zumeist um die Frage, wie wir lesen und verstehen können, was andere Menschen denken und fühlen, denen wir *direkt*, von Angesicht zu Angesicht, im Hier und Jetzt gegenüberstehen. Welche Rolle die Empathie dabei spielt, das Denken und Fühlen von Menschen aus der Vergangenheit zu ergründen und zu begreifen, die wir lediglich *indirekt*, durch ihre Äußerungsweisen und Hervorbringungen, kennenlernen, wird in diesen Debatten eher selten gefragt – und wenn, dann in erster Linie deshalb, weil Geschichtsphilosophen wie Wilhelm Dilthey und R.G. Collingwood prominente Theoretiker der Empathie gewesen sind. Die Bedeutung der Empathie für die Erforschung der Vergangenheit scheint also gegenüber dem Verstehen anderer Menschen in der Gegenwart sekundär zu sein.

Ziele des Buches

Dieses Buch handelt nicht von der Empathie als einem *Gegenstand* historischen Wissens, d.h. von der Rolle, die die Empathie und ihr Fehlen in der Geschichte gespielt haben. Dies ist ein legitimes und wichtiges Thema der historischen Forschung. In diesem Buch aber geht es um die Empathie als Instrument, Menschen der Vergangenheit *historisch zu erforschen und zu verstehen*. Das Buch erörtert die Geschich-

12 C. Daniel Batson (2009). These Things Called Empathy: Eight Related but Distinct Phenomena. In: *The Social Neuroscience of Empathy*. Hg. von Jean Decety & William John Ickes. Cambridge, MA (MIT Press).

te des Konzeptes Empathie bzw. Einfühlung und seine wichtigsten Darstellungen in verschiedenen Disziplinen (einschließlich der Philosophie, Psychologie, Soziologie und Psychoanalyse) und schafft auf diese Weise die Grundlage für eine Untersuchung der Verwendung der Empathie in der Geschichtswissenschaft. Ein Hauptziel besteht dabei darin, Historikerinnen und Historiker zu einer sachlich fundierten und strengen Diskussion über die Rolle der Empathie in ihrer Disziplin anzuregen. Vielleicht lässt sich auf diese Weise auch die Skepsis überwinden, mit der manche von ihnen das Konzept betrachten. Das Buch plädiert für eine durchdachte, selbstreflektierte und selbstkritische Verwendung der Empathie als legitimes und wichtiges Instrument historischer Forschung.

Aufgrund der Vielzahl oft widersprüchlicher Auffassungen der Empathie müssen empathisch forschende Historiker über eine explizite Definition des Begriffs verfügen, die den Lesern und erst recht ihnen selbst klar ist und an der sie in ihrer Arbeit konsequent festhalten. In diesem Sinn wird Empathie hier als ein Erkenntnisverfahren, als Beobachtungsmodus und als Beobachtungsblickwinkel beschrieben, um die Menschen der Vergangenheit, ihr Fühlen, Denken und Handeln, zu ergründen und zu verstehen, indem man sich ihr Erleben vorstellt, es be-denkt und sich vielleicht sogar in ihr Erleben einzufühlen versucht. Obwohl dieses Sich-Hineinversetzen in Menschen vergangener Zeiten zu keinem geringen Grad ein rationales Geschehen ist, betont das Buch die entscheidende Rolle, die der Vorstellungskraft für die Geschichtsforschung zukommt, denn sie ermöglicht es Historikerinnen und Historikern, Menschen vergangener Epochen und Erfahrungen, die nicht ihre eigenen sind, zu verstehen. In der ewigen Streitfrage, ob in der Geschichtsschreibung die Gegenwart die Vergangenheit oder die Vergangenheit die Gegenwart dominiert, verlagert ein empathisches Geschichtsverständnis das Machtverhältnis zugunsten der Vergangenheit und räumt ihren Menschen, deren Wahrnehmungen, Erfahrungen und Gefühlen eine größere Autorität ein, als Historiker es traditionell zu tun pflegten. Wir sollten die Menschen der Vergangenheit tatsächlich weniger als passive Untersuchungsgegenstände denn als unsere Mitarbeiter betrachten, mit denen uns eine affektive und kognitive Beziehung verbindet, die alles, was wir über sie wissen und schreiben, zutiefst beeinflusst. Indem wir historische Subjekte empathisch, d. h. unter ihrem eigenen Blickwinkel statt unter dem der Gegenwart lesen, finden wir einen nicht-deterministischen Zugang zur Geschichte. Indem empathische Geschichtsforschung die Erfahrungen ernstnimmt, die von Menschen vergangener Zeiten ernstgenommen wurden, beleuchtet sie Möglichkeit und Kontingenz – nicht das, was letztlich geschehen ist, sondern was hätte geschehen können. Da die Position des Beobachters oder der Beobachterin vorgibt, was er oder sie zu sehen vermag, versucht das Buch zu zeigen, dass Geschichte, geschrieben unter einem empathischen Blickwinkel, also unter dem des historischen

Subjekts, anders ist als Geschichtsschreibung, die sich den Vorteil der Rückschau zunutze macht – anders, aber ihr ebenbürtig.

Ich unterscheide in diesem Buch konsequent zwischen der äußeren und der empathischen Beobachtungsposition. Vom äußeren Beobachtungsstandort aus betrachten Geschichtswissenschaftler historische Phänomene unter ihrem eigenen Blickwinkel, mit all den Vorteilen, die Rückschau, Distanz und Weite der Sicht mit sich bringen. Von der inneren oder empathischen Beobachtungsposition aus betrachten sie historische Phänomene unter dem Blickwinkel der Menschen der Vergangenheit, um deren Welt so zu sehen und zu verstehen, wie sie selbst sie gesehen und verstanden haben. Obwohl manche Historiker (z. B. Wirtschafts- und viele Sozialhistoriker) diese Position der äußeren Beobachterin mehr oder weniger ausschließlich einnehmen, beziehen andere, die sich für die Erfahrung und das Erleben der Menschen interessieren (z. B. viele Kulturhistorikerinnen), häufig die empathische Beobachtungsposition, um die Gefühle, Gedanken und Handlungen ihrer historischen Subjekte zu erforschen und zu verstehen. Doch auch einfühlend forschende Historiker beziehen die äußere Beobachtungsposition, bevor, nachdem und während sie sich in Menschen vergangener Zeiten einfühlen. Denn weil auch sie nicht völlig aus ihrer eigenen Haut herauskönnen und auf einer bestimmten basalen Ebene sie selbst bleiben *müssen*, bleibt ihre Empathie immer begrenzt und partiell. Sie bestätigt die Andersheit, auch wenn sie die Differenz zu erforschen und zu verstehen sucht.

Dieses Buch plädiert somit für eine selbstreflektierte Einstellung der Historikerin, die die Perspektive des historischen Subjekts einnehmen möchte. Für Historiker ist es von entscheidender Bedeutung, sich der eigenen Beobachtungsposition stets bewusst zu sein – nicht zuletzt deshalb, weil sich Geschichte, wie schon erwähnt, unter dem äußeren Blickwinkel anders als unter dem empathischen darstellt. Ich habe den Eindruck, dass Historiker und Historikerinnen vielleicht auch wegen dieser Schwierigkeit nur selten bewusst darauf achten, wann sie sich in historische Subjekte einfühlen und wann nicht. Die Notwendigkeit zu unterstreichen, sich der eigenen Beobachtungsposition bewusst zu vergewissern, ist eines der wesentlichen Anliegen des Buches.

Und schließlich eignet dem Buch auch eine persönliche Dimension. Dass ich Historiker bin und darüber hinaus auch eine psychoanalytische Ausbildung absolviert und für kurze Zeit als Psychotherapeut gearbeitet habe, ist das eine. Hinzu kommt, dass ich mich hier mit dem Werk meines Vaters, des Psychoanalytikers Heinz Kohut, auseinandersetze, der die Empathie nicht nur ins Zentrum seiner Theorie gerückt hat, sondern Introspektion und Empathie als diejenigen Attribute betrachtete, welche die Psychoanalyse als ein dem psychischen Leben der Menschen gewidmetes Forschungsfeld definieren. Die zentrale These des Buches – dass nämlich Historiker und Historikerinnen, die die Vergangenheit erforschen, jeweils zwei unterschiedliche

Beobachtungspositionen beziehen – geht im Grunde auf die Unterscheidung meines Vaters zwischen der von ihm so genannten »Extrospektion« und der »empathischen« Beobachtungsposition zurück. Heinz Kohut zufolge beobachten wir die äußere Welt, die wir verstehen möchten, von der extrospektiven Position aus, indem wir unsere Sinnesorgane benutzen und bei Bedarf auch Instrumente wie Teleskope oder Mikroskope zu Hilfe nehmen. Im Gegensatz dazu beobachten wir die innere Welt der Menschen, die wir verstehen möchten, introspektiv, durch Beobachtung unseres eigenen Lebens und durch Empathie, von Kohut mitunter auch als »stellvertretende Introspektion« oder »Anwendung des introspektiven Beobachtungsmodus auf einen anderen Menschen«[13] bezeichnet. Insoweit sich Psychoanalytikerinnen und Historikerinnen auf Empathie stützen, versuchen sie, sich in das Erleben anderer Menschen hineinzudenken, einzufühlen und hineinzuversetzen.[14] In diesem Buch zeige ich Parallelen und Unterschiede auf zwischen der Art und Weise, wie Psychoanalytikerinnen Empathie verwenden, um Menschen in der Gegenwart zu verstehen, und der Art und Weise, wie Historiker und Historikerinnen Empathie verwenden, um Menschen aus der Vergangenheit zu verstehen.

13 Lotte Köhler (2013). Von der Freud'schen Psychoanalyse zur Selbstpsychologie Heinz Kohuts: Eine Einführung. In: *Von der Selbsterhaltung zur Selbstachtung: Der geschichtlich bedingte Wandel psychoanalytischer Theorien und ihr Beitrag zum Verständnis historischer Entwicklungen.* Hg. von Hans Kilian & Lotte Köhler. Gießen (Psychosozial), S. 39. Heinz Kohut hat seine Auffassung, dass Introspektion und Empathie die Psychoanalyse als Forschungsfeld definieren, in zwei wichtigen Essays dargelegt. Der erste wurde 1959 und der zweite 1982, ein Jahr nach seinem Tod, publiziert: Heinz Kohut (1977 [1959]). Introspektion, Empathie und Psychoanalyse: Zur Beziehung zwischen Beobachtungsmethode und Theorie. Übers. von Käte Hügel. In: ders., *Introspektion, Empathie und Psychoanalyse.* Frankfurt am Main (Suhrkamp), S. 9–35; (2016 [1982]). Introspektion, Empathie und der Halbkreis der psychischen Gesundheit. Übers. von Elisabeth Vorspohl. In: ders., *Psychoanalyse in einer unsicheren Welt. Texte aus den Jahren 1960–1981. Gesammelte Werke Bd. 1.* Hg. von Eva Rass & Lotte Köhler. Gießen (Psychosozial), S. 211–234.

14 Thomas A. Kohut (1986). Psychohistory as History. *American Historical Review* 91(2).

1. Kapitel
Historischer Exkurs

Empathie in den Debatten über Erkenntnisgewinn in den Natur- und Geisteswissenschaften

Auch wenn die Rolle, die der Empathie für den Erkenntnisgewinn in der Geschichtswissenschaft zukommt, bis heute nur wenig Beachtung findet, wurde die Einfühlung – oder das, was der Begriff bezeichnen soll – implizit und häufig auch explizit im Rahmen der allgemeineren Diskussionen betrachtet, die sich während eines Großteils des 19. und mehrerer Jahrzehnte des 20. Jahrhunderts um die Beziehung zwischen dem Wissen in den Naturwissenschaften einerseits und in den Geisteswissenschaften andererseits drehten. In diesem Zusammenhang wurde die Einfühlung häufig zum entscheidenden Merkmal der einzigartigen Methode unseres Verstehens der menschlichen Welt erhoben.[15] Beträchtliche Aufmerksamkeit fand sie vor allem in zwei Disziplinen, die sich im Laufe des 19. Jahrhunderts anschickten, Menschen und ihre Lebenswelten zu erforschen: erstens in der Geschichtswissenschaft als Studium der Menschen und ihrer Gesellschaften in der Vergangenheit, und zweitens in der Soziologie als Studium der Menschen und ihrer Gesellschaften in der Gegenwart.[16]

Der Status der Empathie in der sich entwickelnden Geschichtswissenschaft

Die Rolle, die der Empathie für unsere Kenntnis der menschlichen Welt im Allgemeinen und der Vergangenheit des Menschen im Besonderen zukommt, lässt sich mindestens bis zu Giambattista Vico, einem Philosophen und Historiker des frühen 18. Jahrhunderts, zurückverfolgen. Vico entwickelte seine Geschichtsphilosophie in Reaktion auf seinen jüngeren Zeitgenossen David Hume, der die Ansicht vertrat, dass der »Hauptnutzen« der Geschichte

15 Karsten Stueber (2006). *Rediscovering Empathy: Agency, Folk Psychology, and the Human Sciences.* Cambridge, MA (MIT Press), S. 15.

16 Der folgende historische Exkurs fokussiert weitgehend auf Historiker und Soziologen, die der Empathie wohlgesinnt waren, und nicht auf Kritiker der Empathie.

»nur darin [liege], die beständigen und allgemeinen Prinzipien der menschlichen Natur zu entdecken, indem sie die Menschen in den verschiedensten Verhältnissen und Lagen darstellt [...]. Diese Berichte über Kriege, Intrigen, Klüngel und Revolutionen sind ebensoviel Sammlungen von Erfahrungstatsachen *(experiments)*, aus denen der Politiker oder Geisteswissenschaftler *(politician or moral philosopher)* die Prinzipien seiner Wissenschaft feststellt; in der gleichen Art, wie der Physiker oder Naturwissenschaftler *(physician or natural philosopher)* die Beschaffenheit der Pflanzen, Mineralien und anderer äußerer Gegenstände durch die Erfahrungstatsachen kennenlernt, die er hierzu zusammenstellt.«[17]

Im Gegensatz zu Hume bestritt Vico, dass die menschliche Welt in gleicher Weise gekannt werden könne wie die Welt der Natur. Mit seinem berühmten Verum-factum-Prinzip – *Verum et factum convertuntur* oder: Das Wahre und das Gemachte sind austauschbar – legte Vico sowohl die Unterscheidung zwischen der Welt der Natur und der menschlichen Welt als auch die Rechtfertigung unseres einzigartigen, privilegierten Zugangs zu letzterer auf eine Weise dar, die wir mühelos zur Empathie in Beziehung setzen können.[18] Allein Gott, so Vico, kennt die *Wahrheit* über die natürliche Welt, denn diese ist seine *Schöpfung.* Wir können die physikalische Welt nur von außen beobachten oder indem wir experimentieren und Gottes Erschaffung der natürlichen Welt im Labor nachzubilden versuchen. Die *Wahrheit* über die menschliche Welt hingegen können wir von innen ergründen, da wir selbst sie gemacht oder *erschaffen* haben, und deshalb »muss ihr Wesen in den Modifikationen unseres eigenen menschlichen Geistes zu finden sein«.[19] Laut dem Philosophen und Ideengeschichtler Isaiah

17 David Hume (2018 [1748]). *Eine Untersuchung über den menschlichen Verstand.* Übers. von Raoul Richter. Durchgesehen und überarbeitet von Lambert Wiesing. Frankfurt am Main (Suhrkamp), S. 111. Vgl. auch Humes Behauptung, »[d]ass Politik sich auf eine Wissenschaft reduzieren lasse«, die ebenso wie die mathematischen Wissenschaften universale Gültigkeit besitze. In: Hume (1988 [1742]). *Politische und ökonomische Essays.* Übers. von Susanne Fischer. Mit einer Einleitung herausgegeben von Udo Bermbach. Teilband 1. Hamburg (Felix Meiner Verlag), S. 7-24.

18 Roger Hausheer (1996). Three Major Originators of the Concept of Verstehen: Vico, Herder, Schleiermacher. In: *Verstehen and Humane Understanding.* Hg. von Anthony O'Hear, Royal Institute of Philosophy Suppl. 41. Cambridge (Cambridge University Press), S. 49. Retz, *Empathy and History*, S. 85f.

19 Giambattista Vico (2000 [1725]). *Die neue Wissenschaft über die gemeinschaftliche Natur der Völker.* Übers. und eingeleitet von Erich Auerbach. Berlin/New York (de Gruyter), S. 139; siehe auch Hausheer, *Three Major Originators of the Concept of Verstehen*, S. 49; Giambattista Vico (2010 [1744]). *On the Most Ancient Wisdom of the Italians: Drawn out from the Origins of the Latin Language.* Übers. von Jason Taylor. New Haven/London (Yale

Berlin argumentierte Vico, dass wir »den Prozess der Erschaffung« der menschlichen Welt »in unserer Vorstellung nacherleben« und ein »wahres« Wissen über die menschliche Vergangenheit erwerben können, weil die menschliche Welt von Menschen wie uns selbst hervorgebracht wurde, deren Gedanken und Handlungen wir zu teilen vermögen.[20]

Häufig ohne sich darüber im Klaren zu sein, vertraten deutsche Philosophen, die sich im 19. Jahrhundert gegen die Repräsentanten des aufgeklärten Rationalismus wandten, dieselbe Unterscheidung wie Vico zwischen Erkenntnissen in den Naturwissenschaften als einer Form des äußeren Wissens und geisteswissenschaftlichen Erkenntnissen als einer Form des inneren Wissens, das auf Verstehen beruht, das heißt auf einem Prozess, der mit dem, was wir heute als Empathie bezeichnen, identisch ist oder ihm doch sehr nahekommt. Tatsächlich verwandte Johann Gottfried Herder die Formulierung »sich hinein fühlen«, als er behauptete, man müsse sich in Menschen »einfühlen«, um sie und ihre Schöpfungen verstehen zu können. Herder sah den Zusammenhang von Wissen und Fühlen nicht auf die menschliche Welt beschränkt, sondern bezog ihn auf das Wissen über die Welt insgesamt. Dennoch erhob er mit seiner These, dass jede Kultur ihren eigenen Geist und Wert besitze und man sich in andere Kulturen einfühlen müsse, um deren Geist und Wert kennenlernen und würdigen zu können, die Einfühlung zu der Methode, Zeit, Ort und Geschichte eines Volkes zu erfassen.[21]

Im Gefolge Herders erhielt die Empathie im Sinne des Sich-Hineinfühlens für die meisten späteren Versuche, die Art des für die Geisteswissenschaften, insbesondere die Geschichte, charakteristischen Wissens zu definieren und zu artikulieren, zentrale Bedeutung.[22] In den 1830er Jahren gab Leopold von Ranke, der als Begründer der

Univ. Press), S. 17, 27, 51. *The New Science of Giambattista Vico.* Gekürzte Übers. der 3. Aufl (1744). Hg. von Thomas Goddard Bergin & Max Herold Fisch. Ithaca, NY (Cornell Univ. Press), S. 53, 62f.

20 Isaiah Berlin (1976). *Vico and Herder: Two Studies in the History of Ideas.* London (Hogarth), S. 112. Hausheer expliziert Vicos Ansicht, dass wir die menschliche Welt mithilfe der Empathie, wie wir es ausdrücken würden, verstehen können, in »Three Major Originators of the Concept of Verstehen«, S. 50f.

21 Isaiah Berlin, *Vico and Herder*, S. 186f. Edwards, A Brief Conceptual History of Einfühlung, S. 272f.; Hausheer, Three Major Originators of the Concept of Verstehen, S. 53, 55; Retz, *Empathy and History*, S. 87f.

22 Jede Übersicht der Geschichte der Empathie muss das Werk Friedrich Schleiermachers berücksichtigen. Weil er sich in erster Linie auf den Beitrag der Empathie zum Verständnis und zur Interpretation von Texten, insbesondere religiösen Texten, konzentrierte, gehe ich hier nicht näher auf ihn ein. Für eine Zusammenfassung seiner Verwendung der Empathie siehe Hausheer, Three Major Originators of the Concept of Verstehen, S. 65–70. Hans-Georg

modernen quellenbasierten Geschichtswissenschaft gilt, Vico Resonanz, indem er behauptete, dass die »Essenz« oder der »Gehalt« eines jeden historischen Phänomens »geistig« seien und deshalb nur »durch geistige Apperzeption« erkannt werden könnten. Die »Apperzeption« dieser geistigen Essenz durch den Historiker beruht Ranke zufolge »auf der Übereinstimmung der Gesetze, nach welchen der betrachtende Geist verfährt, mit denen, durch welche das betrachtete Objekt hervortritt«.[23] Auch wenn Ranke von seinem Zeitgenossen Gustav Droysen dafür kritisiert wurde, wenig mehr zu tun »als Fakten zu sammeln«, betrachtete Droysen historische Erkenntnis genauso wie der ältere Kollege als »geistige Apperzeption«[24] und als Erkenntnisweise, die nicht allein die historische Wissenschaft charakterisiert, sondern sämtliche Geisteswissenschaften. Was diese von den Naturwissenschaften unterscheide, sei, so Droysen, die Tatsache, dass letztere die physikalische Welt der Natur *erklären*, während die Geisteswissenschaften die geistige Welt des Menschen *verstehen*. Die Naturwissenschaften erklären, indem sie formale Verallgemeinerungen konstruieren, die die Gestalt universaler Gesetze »repetitiver Kausalketten« annehmen, während die Geschichts- und anderen Geisteswissenschaften »die einzigartige innere Welt des Geistes« durch Einfühlung verstehen.[25] Ebenso wie Vico war Droysen überzeugt, dass unser Wissen über die Welt der Natur oberflächlich sei, weil alles, was zur Natur gehört, »uns kein individuelles, wenigstens kein persönliches Sein« besitzt, während die Spuren, die Menschen der Vergangenheit hinterlassen haben, uns verständlich sind

---

Gadamer hat Schleiermachers empathische Hermeneutik wohlüberlegt, wenngleich kritisch in *Wahrheit und Methode* analysiert. Siehe Hans-Georg Gadamer (1990 [1960]). *Wahrheit und Methode. Grundzüge einer philosophischen Hermeneutik. Gesammelte Werke Bd. 1.* Tübingen (Mohr), S. 188-201.

23 Leopold von Ranke (1975). Vorlesungseinleitungen. In: ders., Historisch-kritische Ausgabe. Aus Werk und Nachlaß Bd. 4. Hg. von Volker Dotterweich und Walther Peter Fuchs. München (Oldenbourg), S. 78; Eberhard Kessel (1954). Rankes Idee der Universalhistorie. *Historische Zeitschrift* 178(2), S. 296.

24 Georg G. Iggers (1968). *The German Conception of History: The National Tradition of Historical Thought from Herder to the Present.* Middletown, CT (Wesleyan Univ. Press), S. 105.

25 Jacques Bos (2010). Individuality and Interpretation in Nineteenth-Century German Historicism. In: *Perspectives on Erklären and Verstehen.* Hg. von Uljana Feest. Dordrecht (Springer), S. 216; Michael J. Maclean (1982). Johann Gustav Droysen and the Development of Historical Hermeneutics. *History and Theory* 21(3): 348; Karl-Otto Apel (1982). The Erklären-Verstehen Controversy in the Philosophy of the Natural and Human Sciences. In: *Contemporary Philosophy: A New Survey.* Hg. Von Guttorm Fløistad. Den Haag (Martinus Jijhoff), S. 21f.; für eine bündige Darlegung des Historismus des 19. Jahrhunderts und der Rolle des Verstehens in den Geisteswissenschaften siehe Retz, *Empathy and History*, S. 91–105.

und zu uns sprechen: »Die Möglichkeit des Verstehens besteht in der uns kongenialen Art der Äußerungen, die als historisches Material vorliegen.«[26] In der Geschichtswissenschaft können wir die innere Verfassung der Menschen der Vergangenheit durch die Äußerungen, die sie hinterlassen haben, nachvollziehen, weil wir selbst das Produkt der Geschichte sind und das, was wir wissen wollen, bereits in uns enthalten ist, das Ergebnis, wie Droysen es formulierte, »des ganzen geistigen Inhalts [der Vergangenheit], den wir unbewusst in uns gesammelt und zu unserer geistigen Welt subjektiv geformt haben«. Letztlich ist es unsere eigene Geschichtlichkeit, die es uns ermöglicht, die Vergangenheit zu kennen.[27]

Der Philosoph, mit dem die Unterscheidung zwischen Geistes- und Naturwissenschaften am häufigsten in Verbindung gebracht wird, ist Wilhelm Dilthey. Er betrachtete die Geschichte als paradigmatische Disziplin der Geisteswissenschaften. In einer beeindruckenden Reihe von Schriften, die allesamt durch reiche Vorstellungskraft und tiefe Einsicht, aber auch durch wechselnde Ansichten und einen gewissen Mangel an intellektueller Stringenz charakterisiert sind, versuchte sich Dilthey im Gefolge Kants an einer »Kritik der historischen Vernunft«, die als »erkenntnistheoretische Grundlegung der Geisteswissenschaften« dienen sollte.[28] Während die Naturwissenschaften die physikalische Welt der Natur untersuchen, beschäftigen sich die Geisteswissenschaften mit der geistigen und/oder psychischen Welt der Menschen. Ebenso wie Vico und Droysen betrachtet auch Dilthey die physikalische Welt als «bloße[n] Schatten, den eine uns verborgene Wirklichkeit wirft, [...] Realität, wie sie ist, besitzen wir nur an den in der inneren Erfahrung gegebenen Tatsachen des Bewußtseins«.[29] Für Dilthey bestand der Unterschied zwischen Natur- und Geisteswissenschaften weniger in ihren Untersuchungsgegenständen als vielmehr in ihrer Untersuchungsweise, speziell in der Beziehung des Beobachters zu seinem Untersu-

26 Johann Gustav Droysen (2020 [1893]). *Grundriß der Historik.* Bonn (minifanal), S. 24.

27 Johann Gustav Droysen (1977 [1857]). *Historik.* Bd. 1. Hg. von Peter Leyh. Stuttgart-Bad Cannstatt, S. 107. Maclean, Droysen and the Development of Historical Hermeneutics, S. 355; Philipp Müller (2008). Understanding History: Hermeneutics and Source-Criticism in Historical Scholarship. In: *Reading Primary Sources: The Interpretation of Texts from Nineteenth- and Twentieth-Century History.* Hg. von Miriam Dobson & Benjamin Ziemann. London/New York (Routledge), S. 28. Für eine Untersuchung der Rolle, die Droysen dem Historiker, seinen Interessen, Methoden, Zielen und seiner Kultur für die Erforschung der Vergangenheit zuschrieb, siehe Retz, *Empathy and History*, S. 97f.

28 Wilhelm Dilthey (1922). *Einleitung in die Geisteswissenschaften: Versuch einer Grundlegung für das Studium der Gesellschaft und ihrer Geschichte.* Leipzig/Berlin (B. G. Teubner), S. 22, passim.

29 Ebd., S. 21.

chungsgegenstand.[30] In den Naturwissenschaften können wir die physikalische Welt lediglich von außen, durch Sinneswahrnehmung, studieren. In den Geisteswissenschaften können wir die Welt des Denkens und Fühlens von innen, indem wir sie erleben, erkennen.[31] Mit Droysen behauptete Dilthey, dass die Naturwissenschaften lediglich erklären, da wir »die Prozesse der Natur nicht verstehen [...]. Anders verhält es sich im Bereich der moralischen [menschlichen] Welt. Hier verstehe ich alles.«[32] Geisteswissenschaftliches Wissen gründet demnach »im Erleben und Verstehen, und in beiden machen sich sogleich durchgreifende Unterschiede von den Naturwissenschaften geltend, welche dem Aufbau der Geisteswissenschaften seinen eigenen Charakter geben«.[33]

Dilthey war überzeugt, dass objektives Wissen in den Geisteswissenschaften aufgrund der Identität von Subjekt und Objekt des Wissens möglich sei:[34]

> »Die erste Bedingung für die Möglichkeit der Geschichtswissenschaft liegt darin, dass ich selbst ein geschichtliches Wesen bin, dass der, welcher die Geschichte erforscht, derselbe ist, der die Geschichte macht. [...] Im Erleben ist die Totalität unseres Wesens. Eben dieselbe bilden wir im Verstehen nach.«[35]

Das heißt also, objektives Wissen ist Dilthey zufolge in den Geisteswissenschaften im Allgemeinen und in der Geschichte im Besonderen möglich, weil Mittel und Zweck der Erkenntnis identisch sind. Erfahrung ist das, was wir zu wissen bestrebt sind, und zugleich das Medium, durch das wir es kennenlernen. Dilthey konzipierte speziell das historische Verstehen als Resultat des Nacherlebens vergangener Erfahrung durch den Historiker. Auch wenn er das Wort »Einfühlung« nie benutzte, zeigen Wörter und Formulierungen wie *sich hineinversetzen*, *nacherleben* und *nachbilden*, dass wir innere Erfahrung – die »Tatsachen des Bewusstseins«, die die menschliche

30 Ebd., S. 413.

31 Dilthey (1922). *Einleitung in die Geisteswissenschaften*, S. 208.

32 Wilhelm Dilthey (1990 [1867–1868]). Die Intuition. In: *Logik und System der philologischen Wissenschaften. Vorlesungen zur erkenntnistheoretischen Logik und Methodologie (1864-1903). Gesammelte Schriften Bd. 20.* Hg. von Hans-Ulrich Lessing und Frithjof Rodi. Göttingen (Vandenhoeck und Ruprecht), S. 100.

33 Wilhelm Dilthey (2017 [1910]). *Der Aufbau der geschichtlichen Welt in den Geisteswissenschaften.* Berlin (Holzinger), S. 70.

34 Mark Bevir (2007). Introduction: Historical Understanding and the Human Sciences. *Journal of the Philosophy of History* 1: 262. Siehe auch Müller, Understanding History, S. 31.

35 Wilhelm Dilthey (1979 [1927]). Plan der Fortsetzung zum Aufbau der geschichtlichen Welt in den Geisteswissenschaften. *Gesammelte Schriften Bd. 7.* Tübingen (Mohr), S. 278.

Welt konstituieren – durch »eine Art Transposition« kennenlernen, d.h. indem wir uns in die Lage des Anderen hineinversetzen und sein Erleben nacherleben.[36]

Im Allgemeinen unterscheiden Wissenschaftler zwischen dem frühen Dilthey der *Einleitung in die Geisteswissenschaften* von 1883 und dem späten Dilthey, der 1910 *Der Aufbau der historischen Welt in den Geisteswissenschaften* veröffentlichte. Der frühe Dilthey war überzeugt, dass objektives Wissen in den Geisteswissenschaften möglich sei, weil wir und die Menschen, die wir erforschen, einander psychisch, wesenhaft, ähnlich seien. In der Geschichte können wir Erfahrungen der Vergangenheit ergründen, weil der Historiker und die Menschen jener Vergangenheit sich »nicht als zwei unvergleichbare Thatsachen gegenüber[stehen]: auf der Grundlage der gemeinen Menschennatur haben sich beide gebildet«. Ebendiese gemeinsame menschliche Natur ermöglicht Verstehen im Allgemeinen und historisches Verstehen im Besonderen.[37] Erfahrungen der Vergangenheit oder, wie Dilthey sagt, »Tatbestände in der Gesellschaft« »sind uns von innen verständlich, wir können sie in uns, auf Grund der Wahrnehmung unserer eigenen Zustände, bis auf einen gewissen Punkt nachbilden«.[38] Wir erforschen die menschliche Welt in einem Prozess des Erlebens, des Ausdrucks und des Verstehens. Unsere empathische Vorstellungskraft, unsere gemeinsame Menschlichkeit und unser eigenes Erleben befähigen uns, frühere Erfahrung in der eigenen Psyche nachzubilden.[39] Durch Introspektion können wir beobachten, was wir nach-erlebt haben, wir können es identifizieren, ausdrücken, verstehen und interpretieren.

36 Dilthey (1994), *Die geistige Welt. Einleitung in die Philosophie des Lebens. Gesammelte Schriften Bd. 5*, S. 250; Michael Ermarth (1978). *Wilhelm Dilthey: The Critique of Historical Reason.* Chicago (Univ. of Chicago Press), S. 250, 256; Rudolf A. Makkreel (1996). How is Empathy Related to Understanding? In: *Issues in Husserl's Ideas II.* Hg. von Thomas Nenon & Lester Embree. Contributions to Phenomenology. Dordrecht (Springer), S. 205. Weil Rudolf Makkreel »empathy« eng als Einfühlung definiert und sie letztlich als eine Projektion des beobachtenden Selbst auf den beobachteten Anderen betrachtet, versucht er, Dilthey von »empathy« zu separieren. Meiner Ansicht nach zu Unrecht lehnt er »empathy« als Übersetzung von *Nacherleben* (»re-experience«) oder von *Sich-Hineinversetzen* (»putting oneself in the place of«) ab, d.h. als Übersetzung von Formulierungen, die Dilthey häufig verwendete und die das Wesen der Empathie, so wie sie hier beschrieben und verstanden wird, erfassen. Rudolf A. Makkreel (1992). *Dilthey: Philosopher of the Human Sciences.* Princeton, NJ (Princeton Univ. Press), S. 6f., 252; How is Empathy Related to Understanding?, S. 205, 212.

37 Wilhelm Dilthey (1924 [1900]). *Die Entstehung der Hermeneutik.* In: *Gesammelte Schriften* Bd. 5, S. 200.

38 Dilthey, *Einleitung in die Geisteswissenschaften*, S. 51.

39 Dilthey, Die Intuition. In: *Logik und System der philologischen Wissenschaften*, S. 98.

Der spätere Dilthey distanzierte sich von der Vorstellung, dass eine menschliche Universalpsychologie uns Zugang zu früheren Erfahrungen gewähre, und übernahm die eher hegelianische Sicht, dass historisches Verstehen möglich sei, weil der Historiker ebenso wie die Vergangenheit teilhat an einem vage definierten »objektiven Geist«, den er als »Lebensphilosophie« bezeichnete und in dem »die Vergangenheiten, in denen sich die großen Totalkräfte der Geschichte gebildet haben, Gegenwart« sind.[40] Droysen folgend, ermöglicht uns also laut Dilthey eine gemeinsame Historizität Zugang zu Erfahrungen der Vergangenheit. Das Individuum, so schreibt er, »versteht die Geschichte, weil es selbst ein historisches Wesen ist«.[41] Einige Wissenschaftler sind der Ansicht, dass Dilthey sich hier von der Empathie entfernt und historisches Verstehen in einer universalen Hermeneutik zu gründen versucht, in »einer gemeinsam geteilten und gemeinsam verstandenen historischen Welt«.[42] Der frühe Dilthey hatte angenommen, dass wir die Vergangenheit erkennen können, indem wir uns in die Menschen der Vorzeit hineinversetzen und eigene Erfahrungen wiedererleben, die mit ihren Erfahrungen identisch sind – sie haben den gleichen Inhalt. Im Gegensatz dazu nahm der späte Dilthey an, dass wir unser Wissen um die Erfahrungen der Vergangenheit, auch die, die sich von unseren eigenen deutlich unterscheiden, erwerben, weil wir und die Menschen der Vergangenheit am selben universalen Prozess der Objektifizierung der Erfahrung teilhaben. Um es mit den Worten des Soziologen Jürgen Habermas zu sagen: Für den späteren Dilthey »ist das erkennende Subjekt zugleich Teil des Prozesses, aus dem die kulturelle Welt selber hervorgeht«.[43] Indem er zu dem Zusammenhang von Erleben, Ausdruck und Verstehen zurückkehrte, betonte der frühere Dilthey in erster Linie unsere empathische Einbildungskraft, unsere gemeinsame Menschlichkeit und unsere eigenen Erlebnisse, die es uns ermöglichen, vergangene Erlebnisse in uns selbst nachzubilden. Der spätere Dilthey betonte in erster Linie den

40 Dilthey, *Der Aufbau der geschichtlichen Welt*, S. 83; siehe auch Retz, *Empathy and History*, S. 102; Rudolf A. Makkreel & Frithjof Rodi (2002). *Wilhelm Dilthey: Selected Works*. Vol. 3. Princetoon (Princeton Univ. Press), S. 1.

41 Dilthey, *Der Aufbau der geschichtlichen Welt*, S. 83, passim; Dilthey (1979 [1927]). Plan der Fortsetzung zum Aufbau der geschichtlichen Welt in den Geisteswissenschaften), S. 278.

42 Hans Herbert Kögler & Karsten R. Stueber (2000). Introduction: Empathy, Simulation, and Interpretation in the Philosophy of Social Sciences. In: *Empathy and Agency: The Problem of Understanding in the Social Sciences*. Hg. von Hans Herbert Kögler & Karsten R. Stueber. Boulder, CO (Westview), S. 27.

43 Jürgen Habermas (1999 [1968]). *Erkenntnis und Interesse. Mit einem neuen Nachwort*. Frankfurt am Main (Suhrkamp), S. 189, 188. Habermas lehnte Diltheys spätere Erklärung als »überhaupt unbefriedigend für eine Logik der Wissenschaften« (ebd., S. 190) ab. Indem Dilthey unser Wissen mit unserer Erkenntnisweise gleichsetzt, verstrickt er sich laut Habermas »allerdings in einen schlechten Zirkel« (ebd., S. 189).

Prozess, durch den wir beobachten, konzeptualisieren, verstehen und interpretieren, was wir nacherlebt haben.[44] Soweit ich sehe, betrachtete Dilthey Erfahrung, die konzeptualisiert, verstanden und interpretatorisch gefasst wurde, als »objektivierte« Erfahrung, als ein Erleben, das aus den zeitlichen und räumlichen Zwängen befreit wurde, die es haben entstehen lassen, und das den Status objektiven Wissens, ja vielleicht historischer Wahrheit, angenommen hat.[45]

Vor Ausbruch des Ersten Weltkriegs folgte der Philosoph, Humanist und – gelegentlich auch – Politiker Benedetto Croce sowohl seinem Idol Vico als auch Dilthey, indem er den grundlegenden epistemologischen Unterschied zwischen dem Erkennen der Natur und dem Erkennen der Geschichte hervorhob. Wenn wir die Vergangenheit der Menschheit »von außen« betrachten und darüber ihre geistige Essenz vernachlässigen, verwandelt sich diese Geschichte laut Croce in eine »vertrocknete und mechanische« Form der Naturgeschichte.[46] Er stellte die Chronik (eine reine Ereignisschilderung) der lebendigen, gegenwärtigen Geschichte gegenüber[47] und sah in dem Historiker denjenigen, der den toten Fakten der Vergangenheit Leben einhaucht, indem er früheres Denken in seiner eigenen Vorstellung wiederaufleben lässt.[48] Mit seiner Sichtweise, dass der Historiker Denken der Vergangenheit erneut denkt und Erfahrungen der Vergangenheit nachbildet, antizipierte Croce R.G. Collingwood (der sein Werk später ins Englische übersetzen sollte).[49] Doch anders als sein Nachfolger Collingwood, dessen Hauptaugenmerk der Kausalität in der Geschichte galt, lehnte Croce eine auf Ursachen fokussierende Geschichtsschreibung ab, weil sie das historische Besondere seiner Ansicht nach auf ein Mittel zum Zweck reduziert. Stattdessen betrachtete er das Partikuläre in Form früherer Ideen und Erfahrungen als den eigentlichen Gegenstand historischer Forschung.[50] Und anders als sein Vorgän-

44 Ermarth, *Wilhelm Dilthey*, S. 259f., 264.

45 Makkreel, *Dilthey*, S. 213, 251; Dilthey, *Der Aufbau der geschichtlichen Welt*, S. 78ff.; Hans-Georg Gadamers Bemühungen, »Diltheys Thesen bezüglich der Besonderheit von Geschichtswissenschaft und Kulturwissenschaften zu erhärten, wenngleich mit einer anderen Begründung« des Erkenntnisgewinns in den Geisteswissenschaften, wird im 6. Kap. erörtert. Dieter Misgeld (1979). On Gadamer's Hermneneutics. *Philosophy of the Social Sciences* 9(2), S. 224.

46 Benedetto Croce (1915 [1911]). *Theorie und Geschichte der Historiographie*. Übers. von Enrico Pizzo. Tübingen (Mohr), S. 121.

47 Ebd., S. 14.

48 Ebd., S. 65.

49 Ebd., 62. Zur Beziehung zwischen den Geschichtsphilosophien von Croce und Collingwood siehe Retz, *Empathy and History*, S. 107f.

50 Croce, *Theorie und Geschichte*, S. 65.

ger Dilthey war es Croce weniger um den Nachweis zu tun, dass objektives Wissen über die Vergangenheit möglich sei. Er wollte vielmehr zeigen, dass die Vergangenheit nur wieder lebendig werden könne, wenn sie in der Gegenwart eine Bedeutung hat – eine Überzeugung, die er in den berühmten Aphorismus fasste, dass »jede wahre Geschichte Geschichte der Gegenwart ist«.[51]

Der Status der Empathie in der neuen Disziplin der Soziologie

Nicht nur in der sich entwickelnden Geschichtswissenschaft, sondern auch in der Soziologie, die als eine »Sozialwissenschaft« am Ende des 19. Jahrhunderts auftauchte, waren Status und Art des Wissens über die menschliche Welt und die menschliche Gesellschaft von zentraler Bedeutung. Soziologen in Deutschland und in den Vereinigten Staaten betonten ebenso wie ihre Historikerkollegen im letzten Jahrzehnt des 19. und in den ersten Jahrzehnten des 20. Jahrhunderts die Besonderheit ihrer Disziplin und untersuchten die Bedeutung, die Einfühlung oder Empathie für das Wissen um die menschliche Welt im Allgemeinen und die menschlichen Gesellschaften, einschließlich vergangener, im Besonderen besitzen.

Wie Vico, Droysen und Dilthey nahm Georg Simmel an, dass »kein Geist ins Innere der Natur dringen könne«, wohl aber »in das eines anderen Geistes, den er völlig adäquat in sich abzuspiegeln vermöge«.[52] In der Vergangenheit wie auch in der Gegenwart müssen wir uns »in die Seele der Personen versetzen« können.[53] Weil der Historiker nicht lediglich bewusstes, artikuliertes Denken zu rekonstruieren und zu verstehen sucht, »sondern auch Gewolltes und Gefühltes, so ist diese Aufgabe nur lösbar, indem in irgendeinem Modus psychischer Umsetzung das Gewollte mitgewollt, das Gefühlte mitgefühlt wird«.[54] Ebenso wie der frühe Dilthey nahm auch Simmel an, dass eine gemeinsame Psychologie oder gemeinsame psychische Erlebnisse ein solches Sich-Hineinversetzen ermöglichen. Er ging sogar so weit, die Geschichtswissenschaft als »eine ›Anwendung‹ psychologischer Gesetze« zu bezeichnen.[55] Zudem haben, so Simmel, die »früheren Generationen [...] die organischen Modifikationen, die mit ihren Seelenvorgängen in unaufgeklärter Weise verbunden waren, auf die späteren in irgendeiner Form vererbt«, und

51 Ebd., S. 2f., passim. Die Formulierung taucht in Croces Werk häufig auf.

52 Georg Simmel (1997 [1905/07]). *Die Probleme der Geschichtsphilosophie.* Frankfurt am Main (Suhrkamp), S. 265.

53 Ebd., S. 262.

54 Ebd., S. 264.

55 Ebd., S. 235. Einfache Anführung im Original.

auch dieses unbewusste oder latente Erbe ermöglicht es uns, »entschwundene Menschen mit der ganzen Fülle ihrer innerlichsten Triebe in uns nach[zu]bilden«.[56] Trotz seiner Absicht, die Möglichkeit objektiven Wissens in den Geisteswissenschaften offenzuhalten, erkannte Simmel im Einklang mit Croce an, dass der Historiker eine aktive Rolle bei der Generierung historischen Wissens spielt und historische Erkenntnis auch eine »Umformung realer Erfahrung« ist. Weil in der Geschichte »*Geist* zum Geiste spricht«, ist historisches Verstehen nicht lediglich die subjektive Erfahrung der Person der Vergangenheit, die der Historiker in sich aufnimmt, oder die subjektive Erfahrung des Historikers, der sich in diese Person hineinversetzt, sondern ein Amalgam aus beidem.[57]

Auch Simmels Zeitgenosse Max Weber verteidigte die Eigenständigkeit der Geisteswissenschaften und begründete dies damit, dass sie andere Forschungsziele und -gegenstände hätten und mit etwas anderen Methoden arbeiteten als die Naturwissenschaften. Diese beschäftigten sich mit physikalischen Objekten und deren Bewegungen, auf die wir kausale Regeln, universale Gesetze, anwenden können, um sie zu erklären. Aber wir können die natürliche Welt nicht »verstehen«. In gleicher Weise kann naturwissenschaftliche Forschung »subjektiv gemeinten Sinn« nicht erfassen – erst recht nicht den subjektiv gemeinten Sinn komplexer menschlicher Handlungen (ihre Beweggründe und ihre Auswirkungen), denen die Geisteswissenschaften ihre Aufmerksamkeit widmen.[58] Universale Gesetze haben deshalb in den Geisteswissenschaften keinen Platz.[59] Diese aber bleiben in Webers Augen gleichwohl empirische und wissenschaftliche Disziplinen. Freilich erkannte er an, dass die Geisteswissenschaften zentral auf das Verstehen fokussiert sind. Und er räumte auch die Möglichkeit ein, dass ein gewisses Verstehen »einfühlend nacherlebend«, wie er es ausdrückte, sein könne und mit dem Nacherleben »des erlebten Gefühlszusammenhangs« einhergehe.[60] Die »volle ›Nacherlebbarkeit‹« ist allerdings, so Weber, »für die Evidenz des Verstehens wichtig, nicht aber absolute Bedingung der Sinndeutung«.[61] Auch wenn einfühlendes Nacherleben dem Sozialwissen-

56 Ebd., S. 303.

57 Ebd., S. 301, 294.

58 Max Weber (1980 [1921/25]). *Wirtschaft und Gesellschaft. Grundriß der verstehenden Soziologie.* Tübingen (Mohr), S. 1f., passim.

59 Guy Oakes (1975). Introductory Essay. In: Max Weber, *Roscher and Knies: The Logical Problems of Historical Economics.* Übers. von Guy Oakes. New York (Free Press), S. 32f.

60 Weber, *Wirtschaft und Gesellschaft*, S. 2, 6. Max Weber (1985 [1903-1906]). Roscher und Knies und die Probleme der historischen Nationalökonomie. In: *Gesammelte Aufsätze zur Wissenschaftslehre. Hg. von Johannes Winckelmann.* Tübingen (Mohr), S. 67, 70, 111, 115, 119.

61 Auch wenn wir Logik und Verstand aktivieren, um den rationalen Kontext einer Handlung zu erfassen, sind wir laut Weber nicht unbedingt auf Einfühlung angewiesen, um ihren emotionalen Kontext zu begreifen. *Wirtschaft und Gesellschaft*, S. 2.

schaftler helfen kann, den subjektiv gemeinten Sinn einer Handlung zu verstehen, muss dieses Verstehen durch strenge empirische, kausale Analyse ergänzt, d.h. objektiviert werden.[62] Unser Verständnis subjektiv gemeinter Bedeutung in der menschlichen Welt kann wissenschaftlich, objektiv valide, sein, solange unsere Konzeptualisierung logisch und kohärent ist, unsere Interpretation durch empirisch basierte Evidenz bestätigt wird und unsere Ergebnisse mit den nachgewiesenen Erkenntnissen anderer Sozialwissenschaftler übereinstimmen.[63] Daraus, dass Forscher subjektive Bedeutung in der Welt des Menschen untersuchen, »folgt nun aber selbstverständlich *nicht*, daß auch die kulturwissenschaftliche *Forschung* nur *Ergebnisse* haben könne, die ›subjektiv‹ in *dem* Sinne seien, daß sie für den einen *gelten* und für den andern nicht. Was wechselt, ist vielmehr der Grad, in dem sie den einen *interessieren* und den andern nicht.«[64] Somit hielt Weber es durchaus für möglich, in den Geisteswissenschaften objektive, wissenschaftliche Erkenntnisse über subjektive menschliche Bedeutung zu gewinnen.[65]

Sieben Jahre, bevor der Psychologe Edward Titchener 1909 das Wort *empathy* als Übersetzung für *Einfühlung* prägte, traf der Soziologe Charles Cooley auf der anderen Seite des Atlantiks die maßgebliche Unterscheidung zwischen der äußeren und der, wie ich sie hier nenne, empathischen Beobachtungsposition. Letztere, so Cooley, charakterisiert die damals auftauchende Wissenschaft der Soziologie. Von der äußeren Beobachtungsposition aus können wir die physikalischen Aspekte der menschlichen Welt betrachten, die Cooley allerdings für zweitrangig hielt. Als äußerer Beobachter

62 Weber, *Roscher und Knies*, S. 89, 111, 124f.

63 Max Weber (1985 [1906]). Kritische Studien auf dem Gebiet der kulturwissenschaftlichen Logik. In: ders., *Gesammelte Aufsätze zur Wissenschaftslehre.* Hg. von J. Winckelmann. Tübingen (Mohr Siebeck), S. 278f.

64 Max Weber (1985 [1904]). Die »Objektivität« sozialwissenschaftlicher und sozialpolitischer Erkenntnis. In: ders., *Gesammelte Aufsätze zur Wissenschaftslehre.* Tübingen (Mohr Siebeck), S. 183f.

65 Weber, Roscher und Knies, S. 126. Im Gefolge Webers hat Jürgen Habermas versucht, die Kluft zwischen Geistes- und Naturwissenschaften zu überbrücken, indem er subjektives Verstehen und objektive Gesellschaftsanalyse zusammenführte. Er hielt die Psychoanalyse aufgrund ihres theoretisch objektivierenden Zugangs zu subjektiver Bedeutung für ein geeignetes Modell dieser Integration. Theorie ist notwendig, um das beobachtende Selbst aus seiner Einbettung in situierte und interpretative Kontexte herauszulösen; vgl. Jürgen Habermas (2016 [1985]). *Zur Logik der Sozialwissenschaften.* Berlin (Suhrkamp). Gleichwohl gilt unser Interesse einer »historisch und kulturell *verstandenen* Welt«, und wir gehören einer historischen und kulturellen Welt an, die »die Identifizierung der zu erklärenden Bedeutung« beeinflusst (Kogler & Stueber, Introduction, S. 41f.). Objektivierte Theorie ist folglich auf beiden Seiten von Subjektivität flankiert. Hier kommt Habermas offenbar Weber nahe, dessen objektivierten Idealtyp er durch die objektivierte Theorie ersetzt.

lernt man die menschliche Welt nur oberflächlich kennen. Für die Soziologie ist daher laut Cooley die Vorstellung von entscheidender Bedeutung, und zwar sowohl für die Art, *wie* man forscht, als auch für das, *was* man erforscht. Einerseits gilt es, »Personen und Gesellschaft in erster Linie in der Vorstellung zu erforschen«. Andererseits verfolgt die Soziologie das Ziel, »die Vorstellungen« zu erforschen, »die Menschen von einander haben«.[66] Cooley definierte »sympathy« als ein »teilendes Sich-Hineinversetzen in das Denken und Fühlen anderer Menschen« – heute würden wir von Empathie sprechen. Ausdrücklich unterschied er zwischen »sympathy«, Mitgefühl, und »compassion«, Mitleid.[67] Empathie ist also keineswegs für diejenigen reserviert, mit denen wir uns identifizieren können; vielmehr nahm Cooley an, dass wir auch einem Verbrecher »sympathy« – Empathie – entgegenbringen können: »Wenn ein Mann einen anderen niederschlägt, um ihn auszurauben oder um Rache zu üben, können wir uns den psychischen Zustand des Angreifers vorstellen [...]. Eine *Handlung* zu verstehen heißt, sie in Gedanken selbst auszuführen.«[68]

In seiner Ansprache als Präsident der Michigan Academy of Science, Arts, and Letters traf Cooley 1926 die uns jetzt geläufige epistemologische Unterscheidung zwischen den Natur- und den Geisteswissenschaften: Naturwissenschaften erforschen eine Welt, die von außen beobachtet und ergründet werden kann, während Geisteswissenschaften eine Welt untersuchen, die wir nur durch »sympathetic knowledge«, d. h. »von innen«, durch Empathie, kennenlernen können.[69] Um die materielle Welt zu erforschen, benutzen wir unsere Sinnesorgane und die Instrumente, die wir erfunden haben, um die Sinne zu optimieren und Daten zu sammeln, die unser Verstand in messbares und verifizierbares Wissen transformiert. Wenn wir die menschliche Welt erforschen, spielen unsere Sinne jedoch nur eine Nebenrolle. Sie leiten den Erkenntnisprozess lediglich ein, der sich unser »reiches Wahrnehmungs- und Auffassungsvermögen« zunutze macht, das uns hilft, unsere Beobachtungen in »einfühlsames – ›sympathetic‹ – persönliches oder soziales Wissen« zu transformieren.[70] Theodor Lipps und die heutige Simulationstheorie (mehr dazu im 2. Kapitel) klingen an, wenn Cooley erläutert, dass wir persönliche Kenntnis vom Anderen erlangen, indem wir seine Äußerungen lesen; aber diese Kenntnis »besteht auch aus inneren Empfindungen, die man selbst zu einem gewissen Grad verspürt, wenn man sich den

66 Charles H. Cooley (1964). *Human Nature and the Social Order.* New York (Schocken), S. 120f.

67 Ebd., S. 136, und insbesondere die Fußnote S. 137.

68 Ebd., S. 417f.

69 Charles H. Cooley (1926). The Roots of Social Knowledge. *American Journal of Sociology* 32(1): 59.

70 Ebd., S. 60.

Anderen in diesen Situationen vorstellt, sie ihm zuschreibt«.[71] Cooley nahm an, dass wir uns auf Mitgefühl und Introspektion verlassen, um »soziales Wissen« zu erwerben. Das heißt, wir teilen die Empfindungen anderer Menschen zunächst und verstehen sie dann, indem wir in uns selbst hineinschauen.[72] Unser Wissen um Andere ist demnach kein persönliches oder idiosynkratisches; es ist vielmehr sozial konditioniert, und zwar nicht zuletzt durch die Sprache, die wir benutzen, um Andere und uns selbst zu verstehen und um unser Verstehen zu vermitteln.[73] Somit beruhen sämtliche Geisteswissenschaften »zu einem Großteil auf mitfühlender Introspektion oder auf dem Verstehen des Bewusstseins des Anderen mithilfe des eigenen und tragen dem mentalen-sozialen Komplex vollumfänglich Rechnung«.[74]

Der Soziologe, Philosoph und Psychologe George Herbert Mead schließlich setzte, was wir unter *empathy* verstehen, mit *sympathy* gleich – in den deutschen Mead-Übersetzungen zutreffend mit »Mitgefühl« wiedergegeben – und definierte *sympathy* in einer über Jahrzehnte gehaltenen Reihe von Vorlesungen, die seine Schüler schließlich zusammenstellten und 1934 veröffentlichten, als »die Fähigkeit, die Rolle des Anderen zu übernehmen und alternative Perspektiven auf sich selbst einzunehmen«.[75] Ebenso wie Cooley (und, wie wir sehen werden, auch Lipps und heutige Simulationstheoretiker) definierte Mead *sympathy* als ein »Auslösen« der Haltung des Anderen in sich selbst: »Bei der Haltung des Mitgefühls aber setzen wir voraus, daß unsere Haltung in uns die Haltung der hilfebedürftigen Person auslöst. Wir fühlen mit ihr und können uns in diese andere Person hineindenken, weil wir durch unsere eigene Haltung in uns selbst die Haltung dieser Person ausgelöst haben.«[76] Mead betrachtete das Mitgefühl als einen wesentlichen Aspekt des gesellschaftlichen Lebens:

71 Ebd., S. 65. In seinem Buch *Social Theory and Social Research* (New York, Holt, 1930) definiert Cooley »sympathy« wie folgt: »Wenn man einen anderen Menschen diese Dinge tun sieht, wiederholt man mitfühlend [sympathetically] seine eigene innere Reaktion zu früheren Gelegenheiten und erweitert so sein Menschenverständnis« (S. 293f.); zit. nach Gerald A Gladstein (1984). The Historical Roots of Contemporary Empathy Research. *Journal of the History of the Behavioral Sciences* 20(1): 44.

72 Cooley, Roots of Social Knowledge, S. 68f.

73 Ebd., S. 69.

74 Ebd., S. 70.

75 Janet Strayer (1987). Affective and Cognitive Perspectives on Empathy. In: *Empathy and Its Development.* Hg. von Nancy Eisenberg und Janet Strayer. Cambridge (Cambridge Univ. Press), S. 219.

76 George Herbert Mead (1973 [1967]). *Geist, Identität und Gesellschaft aus der Sicht des Sozialbehaviorismus.* Übers. von Ulf Pacher. Frankfurt am Main (Suhrkamp), S. 347.

»Die menschliche Gesellschaft stattet den einzelnen Menschen mit Geist aus, und gerade dieses gesellschaftliche Wesen seines Geistes verlangt von ihm, daß er sich in gewissem Ausmaß in den Erfahrungsbereich der anderen Individuen begibt – oder deren Haltungen einnimmt –, die dieser Gesellschaft angehören […].«[77]

Schon in der Kindheit werden wir zu empathischem Verhalten und zu Rollenspielen als wichtige Möglichkeit, den Anderen kennenzulernen und zu verstehen, sozialisiert: »Der übliche Ausdruck dafür ist ›sich in die Lage des anderen versetzen‹.«[78] Tatsächlich ist es ebendiese Fähigkeit, sich gedanklich in den Anderen hineinzuversetzen, die uns einen empathischen Zugang zu den Menschen der Vergangenheit erschließt.

Der Status der Empathie in den Debatten über allgemeine Gesetzesaussagen in der Geschichtswissenschaft und R. G. Collingwoods Geschichtsphilosophie

Mit der denkwürdigen Ausnahme Collingwoods und einer Handvoll weiterer Denker haben Geschichtsphilosophen während eines Großteils des 20. Jahrhunderts dem epistemologischen Status der Empathie in den Geschichtswissenschaften relativ wenig Aufmerksamkeit gewidmet. Doch in den 1940er, 1950er und 1960er Jahren, der Glanzzeit der Naturwissenschaften, des logischen Positivismus und der »Social Sciences«, rückte die Empathie erneut in den Fokus des Interesses, und zwar im Kontext einer wiederaufgeflammten Debatte über die Frage, ob es *eine* wissenschaftliche Welt gebe oder aber, wie im 19. Jahrhundert fast durchgängig behauptet, deren zwei. Die Aufmerksamkeit konzentrierte sich auf die Geschichte, die als legitime wissenschaftliche Disziplin galt, auch wenn sie sich scheinbar gänzlich anderer Methoden bediente als die Naturwissenschaften. Die meisten Philosophen, die für die Einheit des Wissens eintraten, versuchten weniger, die Geschichtswissenschaften als einen illegitimen Wissenszweig zu diskreditieren, als vielmehr zu zeigen, dass Historiker dem Anschein zum Trotz ihren Gegenstand tatsächlich ganz ähnlich untersuchen, wie Naturwissenschaftler es zu tun gewohnt sind.[79]

77 Ebd., S. 348.

78 Ebd., S. 416. Mead ist es m. E. tatsächlich um Mitgefühl und nicht um Einfühlung zu tun, betont er doch konsequent die Funktion von »sympathy« gegenüber dem hilfsbedürftigen Anderen. So auch hier: »Mitgefühl setzt immer voraus, daß man sich selbst zur Hilfeleistung und Rücksichtnahme gegenüber anderen anregt, indem man bis zu einem gewissen Grad die Haltung der hilfebedürftigen Person einnimmt.« (Ebd., S. 416).

79 Theodore Abel (1948). The Operation Called Verstehen. *American Journal of Sociology 54*; Morton White (1965): *Foundations of Historical Knowledge.* New York (Harper); Ernest

Insbesondere, so behauptete man, stützten sich Historiker, wenn auch implizit, auf allgemeine Gesetzesaussagen oder »All-Aussagen«, um historische Erklärungen zu formulieren.[80] Einige positivistische Philosophen vertraten den Standpunkt, dass die historische Erklärung jene allgemeingültigen Gesetze explizieren müsse, damit die Disziplin wissenschaftlichen Standards entspräche. So verglich Carl Hempel in seinem berühmten Artikel von 1942, »The Function of General Laws in History«, historische Erklärungen mit der wissenschaftlichen Erklärung des Zerplatzens eines wassergefüllten Autokühlers in einer Frostnacht, um zu zeigen, dass jede historische Erklärung zumindest auf einer und häufig auf mehr als einer überprüfbaren »universalen Erklärungshypothese« beruhe, die den allgemeingültigen Gesetzen vergleichbar sei, dass Wasser bei 0° C gefriert, der Wasserdruck mit abnehmender Wassertemperatur steigt und sich dann noch einmal erhöht, sobald das Wasser gefriert.[81] Weil solche Universalhypothesen, solche »allgemeinen Gesetzesaussagen«, in der Geschichte zumeist nur implizit seien, betrachtete Hempel historische Erklärungen, die sich auf sie stützen, lediglich als »Erklärungsskizzen«. Sein Ziel war es, Historiker davon zu überzeugen, die in ihren Erklärungen verwendeten universalen Erklärungshypothesen zu explizieren und auf diese Weise vollwertige wissenschaftliche Erklärungen zu formulieren.[82]

Nagel (1961). *The Structure of Science: Problems in the Logic of Scientific Analytical Philosophy of History.* Cambridge (Cambridge Univ. Press).

80 Abel, The Operation Called Verstehen, S. 216-218; White, *Foundations of Historical Knowledge*, S. 7, 128, 216; Karl R. Popper (1945). *The Open Society and Its Enemies*. Bd. 2. London (Routledge), S. 251f.

81 Carl Gustav Hempel (1942). The Function of General Laws in History. *Journal of Philosophy* 39(2): 37.

82 Hempel behauptete, dass wissenschaftlich legitime Erklärungen allesamt dieselbe Struktur hätten: Sie legen die bestimmenden Faktoren für den zu erklärenden Vorgang dar sowie eines oder mehrere allgemeine Gesetze, dem bzw. denen zufolge bei Vorliegen der beschriebenen Bedingungen Vorgänge wie der zu erklärende eintreten. Sowohl die bestimmenden Bedingungen als auch die allgemeingültigen Gesetzesaussagen können empirisch bestätigt werden oder wurden empirisch bestätigt. Alle wissenschaftlich legitimen Erklärungen haben dieselbe Struktur und im Wesentlichen denselben Status als Vorhersagen und könnten erfolgreich als solche dienen. Im Falle des zerplatzenden Autokühlers waren die bestimmenden Faktoren, dass das Auto in einer Frostnacht im Freien stand, der Kühler bis zum Rand mit Wasser gefüllt war und die Temperatur im Laufe der Nacht unter 0°C fiel. Die allgemeingültigen Gesetze besagen, dass Wasser bei 0°C gefriert, dass sich sein Volumen bei sinkender Temperatur vergrößert, zumal wenn es gefriert, dass Metall bei einer bestimmten Druckstärke platzt usw. Diese bestimmenden Bedingungen und diese allgemeingültigen Gesetze können empirisch belegt werden. Sie erklären das Zerplatzen des Kühlers, und sie hätten es, anders formuliert, vorhersagen können. Hempel war überzeugt, dass Erklärungen der Historie dieselbe Grundstruktur aufweisen, also aus empirisch belegbaren bestimmen-

Hempel selbst hielt »empathisches Verstehen« in der Geschichtswissenschaft für möglich, bestritt aber, dass diese sich epistemologisch durch Einfühlung von der Naturwissenschaft unterscheide. Er betrachtete die Einfühlung auch nicht als unverzichtbares Werkzeug des Historikers, sprach ihr jede Evidenzkraft ab und gestand ihr bestenfalls heuristischen Wert zu, da sie Erklärungsmöglichkeiten nahelegen könne, ihre Anwendung jedoch »kein Garant für die Stichhaltigkeit der historischen Erklärung, zu der sie führt«, sei: »Letztere beruht vielmehr auf der faktischen Korrektheit der empirischen Verallgemeinerungen, die die Methode des Verstehens vielleicht nahegelegt hat«. Empathisches Verstehen ist laut Hempel

> »klar zu trennen von wissenschaftlichem Verstehen. In der Geschichte wie auch anderswo in den empirischen Wissenschaften besteht die Erklärung eines Phänomens in seiner Unterordnung unter allgemeingültige empirische Gesetze; und das Kriterium ihrer Stichhaltigkeit ist nicht, ob sie unserem Vorstellungsvermögen entgegenkommt, ob sie in die Form suggestiver Analogien gefasst wird oder irgend sonst den Anschein der Plausibilität weckt – all dies können auch Pseudoerklärungen leisten; das ausschließliche Kriterium ist die Frage, ob ihr empirisch einwandfrei belegte Annahmen bezüglich der Ausgangsbedingungen und der allgemeingültigen Gesetze zugrunde liegen.«[83]

---

den Bedingungen und allgemeingültigen Gesetzen oder zumindest Universalhypothesen bestehen. Er zitiert in seinem Aufsatz die Aussage, dass »die Dust Bowl-Farmers nach Kalifornien auswanderten, ›weil‹ fortgesetzte Dürre und Sandstürme ihre Existenz mehr und mehr bedrohten und Kalifornien ungleich bessere Lebensbedingungen zu bieten schien«. Diese Erklärung der Dust Bowl-Migration enthält bestimmende Faktoren (Dürre, Sandstürme, Existenzgefährdung, das Versprechen besser Lebensbedingungen in Kalifornien) und »beruht auf mehreren Universalhypothesen«, z. B. dass »Populationen dazu tendieren, in Gebiete auszuwandern, die bessere Lebensbedingungen bieten«. Hempel erkannte an, dass es schwierig wäre, diese Universalhypothese zu beweisen und ihr den Status eines allgemeingültigen Gesetzes zuzusprechen; er behauptete aber, dass alle Erklärungen einschließlich historischer »auf der Annahme von Universalhypothesen beruhen«, die häufig lediglich »stillschweigend akzeptiert werden« (ebd., S. 36–41). Ebd., S. 36–41. Für eine luzide, wiewohl kritische Erläuterung von Hempels Theorie der »allgemeinen Gesetzesaussagen« siehe Saul Friedländer (1978). *History and Psychoanalysis: An Inquiry into the Possibilities and Limits of Psychohistory.* Übers. von Susan Suleiman. New York (Holmes and Meier), S. 3.

83 Hempel, General Laws in History, S. 44f. Siehe auch Abel, Operation Called Verstehen, S. 217; Rolf Gruner (1967). Understanding in the Social Sciences and History. *Inquiry* 10 (1–4): 160-162; Nagel, *Structure of Science*, S. 483-485. Wiewohl aus der philosophischen Tradition stammend, der Hempel, Abel und White angehörten, hat Maurice Mandelbaum die Einzigartigkeit der Geschichte anerkannt und die Bedeutsamkeit universaler Gesetze für historische Erklärungen infrage gestellt. Dennoch lehnte er die Empathie ab, weil er mit ihr eine potenzielle Einführung des Relativismus in die Geschichtswissenschaft verband.

In Reaktion auf Hempel haben Geschichtsphilosophen wie William H. Walsh, Patrick Gardiner und insbesondere William Dray den Status der Empathie für die Geschichtswissenschaft zu verteidigen versucht. Sie lenkten die Aufmerksamkeit auf Collingwoods Überlegung, dass der Historiker zu historischem Verstehen gelangt, indem er die Perspektive des historischen Akteurs übernimmt und dessen Denken wiederdenkt.[84] Collingwood hatte mit Nachdruck den Unterschied zwischen naturwissenschaftlichem und geisteswissenschaftlichen Wissen betont und die Ansicht vertreten, dass Wahrheit in der Naturwissenschaft durch Beobachtung und Experiment entdeckt werde, während die Vergangenheit, die der Historiker erforscht, »verschwunden ist und unsere Gedanken von ihr sich nicht prüfen und beweisen lassen wie die naturwissenschaftlichen Hypothesen«.[85] Der Naturwissenschaftler analysiert und klassifiziert, vergleicht Phänomene miteinander und bringt sie »auf eine allgemeine Formel oder unter ein allgemeines Gesetz der Natur«; die Geschichtswissenschaft hingegen kann als Erforschung von Veränderung nie zu einem starren Kompendium abstrakter, unwandelbarer allgemeiner Gesetze werden. Der Naturwissenschaftler kann physische Körper und ihre Bewegung lediglich »von einem äußeren Blickwinkel« studieren, der Historiker aber kann Begebenheiten »nach-erlebend und nach-denkend durchdringen […], um den ihnen innewohnenden gedanklichen Gehalt zu erkennen«.[86]

Collingwood, der in der Blütezeit der Erforschung von Ideen- und Politikgeschichte schrieb, interessierte sich in erster Linie für historisch bedeutsame Ideen, wie sie etwa in Platons *Dialogen* oder im *Codex Theodosianus* Ausdruck fanden, oder für historisch bedeutsame Ereignisse wie Cäsars Überquerung des Rubikon oder die Er-

Maurice Mandelbaum (1938). *The Problem of Historical Knowledge: An Answer to Relativism.* New York (Liveright), S. 94; ders. (1977) *The Anatomy of Historical Knowledge.* Baltimore (Johns Hopkins Univ. Press), S. 8, 15. Auch Arthur Danto sprach der Empathie jede Funktion in Bezug auf historisches Verstehen ab. Danto (1980 [1965]). *Analytische Philosophie der Geschichte.* Übers. von Jürgen Behrens. Frankfurt am Main (Suhrkamp), S. 370.

84 William Henry Walsh (1951). *An Introduction to Philosophy of History.* London (Hutchinson's University Library); Patrick Gardiner (1961). *The Nature of Historical Explanation.* Oxford (Oxford Univ. Press); ders. (1957). Interpretation in History: Collingwood and Historical Understanding. In: O'Hear, *Verstehen and Humane Understanding*; William Dray (1957). *Laws and Explanation in History.* Oxford (Clarendon); ders. (1999). *History as Re-Enactment: R. G. Collingwood's Idea of History.* Oxford (Clarendon). Siehe auch Alan Donagan (1956). The Verification of Historical Theses. *Philosophical Quarterly* 6(24); Louis O. Mink (1966). The Autonomy of Historical Understanding. *History and Theory* 5(1).

85 R.G. Collingwood (1955 [1946]). *Philosophie der Geschichte.* Übers. von Gertrud Herding. Stuttgart (Kohlhammer), S. 11.

86 Ebd., S. 225.

richtung des Hadrianswalles. Um eine große Geistesschöpfung der Vergangenheit ergründen und verstehen zu können, müsse der Historiker die Gedanken, aus denen sie hervorgegangen ist, erneut durchdenken, nachvollziehen. Um also Platons *Dialoge* verstehen zu können, müsse der Historiker die Gedanken wiederdenken, die Platon dachte, als er sie niederschrieb. In ähnlicher Weise müsse er, um historische Ereignisse verstehen zu können, die Gedanken nachvollziehen, aus denen die Geschehnisse hervorgegangen sind und Gestalt angenommen haben.[87] Collingwood betrachtete historische Ereignisse demnach lediglich als verkörperlichte Gedanken: »Die Ursache des Ereignisses ist für den Geschichtsforscher der Gedanke im Geist des Menschen, durch dessen Tat das Ereignis geschah; die Ursache ist für ihn also nicht ein außerhalb des Ereignisses Liegendes, es ist vielmehr die innere Seite des Ereignisses selbst«.[88] So ist »die ganze Geschichte […] Geschichte von Gedanken«. Doch »wie kann der Geschichtsforscher diese Gedanken auffinden und verstehen? Es gibt nur einen Weg zu diesem Ziel: Er muß sie in seinem Denken nachvollziehen, in seinem Geist nochmals denken.«[89] Collingwoods Betonung des Denkens, seine Auffassung, dass das Äußere eines historischen Ereignisses unweigerlich sein Inneres widerspiegelt und ausdrückt, seine Behauptung, dass sich der Historiker mit Ereignissen im Grunde »nur nebenbei« befasst, nämlich »nur insoweit diese Ereignisse die Gedanken enthüllen, die Gegenstand seiner Forschung sind«, ließen für die Erforschung menschlicher Aktivität unabhängig von den Gedanken, die sie hervorbrachten, wenig Platz im historischen Repertoire.[90]

Collingwoods Geschichtsphilosophie eignete sich perfekt für eine Ideen- und Politikgeschichte, d. h. für das Verstehen der Ideen bedeutender Denker und der Taten bedeutender Führungspersönlichkeiten. Sein Forschungsgegenstand war rationales, »zweckbestimmtes Handeln«, und so blieb für das Irrationale wenig Raum.[91] Collingwoods Historiker denkt die Gedanken rationaler, reflektiert handelnder Akteure und/oder vollzieht die Beweggründe ihrer Entscheidungen, vielleicht sogar die zwingende

87 Ebd., S. 225.

88 Ebd., S. 225.

89 Ebd., S. 226. Auch wenn Collingwoods Überlegung, dass der Historiker die Vergangenheit erforscht, indem er Gedanken der Vergangenheit nachvollzieht oder erneut durchdenkt, häufig als eine Form historischer Empathie betrachtet wird, lehnt Tyson Retz es ab, Collingwoods Theorie des gedanklichen Nachvollziehens mit Empathie – die er als eine »Vereinigung von Subjekt und Objekt« versteht – in Verbindung zu bringen, und spricht sich stattdessen für Collingwoods Konzepte des Nachvollzugs und der Frage-Antwort-Logik aus. Retz, *Empathy and History*, S. 122, 128; siehe auch S. 114, 127, 131, 157, 166, 215.

90 Collingwood, *Philosophie der Geschichte*, S. 228.

91 Ebd., 242.

Logik der Situation, nach.[92] Geschichte als Geschichte des Denkens kann nur von innen, durch Wiederdenken des Denkens historischer Subjekte, untersucht werden. Nichts, was lediglich von außen wahrgenommen wird, zählte für Collingwood als Geschichte: »Was nicht selbst Erfahrung ist, sondern nur Objekt der Erfahrung, das kann nicht Gegenstand der Geschichtsforschung sein«.[93] Deshalb fand das Verhalten von Gruppen ebenso wenig Eingang in Collingwoods Geschichtsphilosophie wie soziale Bewegungen oder wirtschaftliche Aktivitäten.

Der Status der Empathie im Zuge der Veränderung von politischer Geschichte über Sozialgeschichte zur Kultur- und Erfahrungsgeschichte

Mit der Sozialgeschichte, die sich in den 1960er und 1970er Jahren vehement durchsetzte, war Collingwoods Philosophie schwerlich vereinbar. Die frühere intensive Diskussion über Empathie – sowohl durch jene, die den epistemologischen Wert der Einfühlung für die Erforschung der Vergangenheit in Abrede stellten wie Hempel, Abel, Nagel, Danto oder White, als auch durch jene, die ihn, wie Walsh, Gardiner und Dray, propagierten – spiegelte die Blütezeit der politischen Geschichte wider, in der Forscher die historisch bedeutsamen Taten prominenter Führer zu erklären versuchten – entweder indem sie allgemeingültige Gesetze politischen Verhaltens formulierten oder indem sie die Gedanken historischer Akteure wiederdachten. Das Aufkommen der Sozialgeschichte und das Abrücken von der Geschichte der Hochpolitik bedeuteten zugleich eine Distanzierung von der Empathie als Möglichkeit, Vergangenheit zu erforschen. Stattdessen konzeptualisierten diese Historiker unpersönliche Prozesse und Strukturen, die auf die Menschen einwirkten und ihnen häufig gar nicht bewusst waren. Sie gingen davon aus, dass der sozialwissenschaftliche Beobachter diese Kräfte lediglich von außen zu betrachten und zu definieren vermag, um rückblickend, aus der historischen Distanz, die geschichtsprägenden Prozesse und Strukturen zu erkennen, die den Beteiligten selbst verborgen geblieben waren. Als Sozialgeschichte entwickelte sich die Disziplin der Geschichtswissenschaft zu einer »Social Science«.

92 Walsh, *Philosophy of History*, S. 52–58; Gardiner, Interpretation in History, S. 114; Dray, *History as Re-Enactment*, S. 56, 75, 116; Giuseppina D'Oro (2004). Re-Enactment and Radical Interpretation. *History and Thought* 43; Dale Jacquette (2009). Collingwood on Historical Authority and Historical Imagination. *Journal of the Philosophy of History* 3(1): 60–63.

93 Collingwood, *Philosophie der Geschichte*, S. 315f.

Die Menschen, denen sich die Aufmerksamkeit der Sozialhistoriker zuwandte, waren diejenigen, die von den Politikhistorikern ignoriert worden waren: Frauen, Arbeiterklassen, Bauern, ethnische und rassische Minderheiten, Schwule und Lesben sowie andere marginalisierte Gruppen. Zur gleichen Zeit schickten europäische und nordamerikanische Historiker sich an, die Welt jenseits des Westens zu erforschen. Sie untersuchten nicht nur die Imperialismus- und Kolonialismuserfahrungen indigener Völker, sondern die Geschichte nichtwestlicher Völker an sich, und brachten die Empathie in engen Zusammenhang mit der nun obsoleten Geschichte der hohen Politik, also dem Studium der von weißen männlichen Führern in Europa und Amerika hinterlassenen schriftlichen Quellen durch Historiker, die eine grundsätzliche kulturelle, psychologische und intellektuelle Ähnlichkeit dieser historischen Subjekte mit sich selbst vorausgesetzt hatten. Wissenschaftliche Erkenntnisse durch Einfühlung in Frauen, Arbeiter, Bauern, Minderheiten, Schwule, Lesben, andere marginalisierte Gruppen und nichtwestliche Völker zu gewinnen schien aufgrund fehlender schriftlicher Zeugnisse ihrer Motive und/oder aufgrund der vermeintlichen kulturellen, psychologischen und intellektuellen Unterschiede, die den forschenden Historiker vom historischen Subjekt trennen, unmöglich. Und so wurde die Empathie in einem Zug mit der Geschichte der hohen Politik, mit der sie so fest verknüpft schien, von der neuen Generation der nun tonangebenden sozialgeschichtlich forschenden Historiker entweder verworfen oder – zumeist – einfach ignoriert.

In den 1980er Jahren sah sich die Sozialgeschichte als »Social Science« mit zwei Herausforderungen konfrontiert. Die erste hing direkt mit dem Einfluss der Postmoderne auf Historikerinnen und Historiker zusammen, die zweite und damit verbundene war das Auftauchen der Kulturgeschichte. Man könnte vermuten, dass die Empathie als Methode der Vergangenheitserforschung in mancherlei Weise mit diesen beiden Entwicklung vereinbar gewesen wäre: Sie zogen die Aufmerksamkeit der Historiker vom Studium abstrakter historischer Kräfte und Strukturen ab und relativierten die Betonung der Verursachung zugunsten von Bedeutung und Bedeutungsstiftung, stellten die Forderung nach und die Möglichkeit von historischer Objektivität infrage und erkannten die zentrale Rolle an, die der Subjektivität des Historikers, der nun nicht länger als Sozialwissenschaftler, sondern eher als Literaturwissenschaftler und Schriftsteller im Falle der Postmoderne und als Kulturanthropologe im Falle der Kulturgeschichte gesehen wurde, für historisches Wissen zukommt. Dennoch wurde die Empathie von postmodern beeinflussten Historikerinnen und Historikern häufig ausdrücklich abgelehnt und im Allgemeinen ignoriert und auch von Kulturhistorikern nur beiläufig wahrgenommen, selbst wenn diese sich ihrer bedienten, um die menschliche Vergangenheit zu erforschen und zu verstehen.

Die Zweifel postmodern beeinflusster Historiker, ob das Ideal historischer Objektivität realisierbar oder überhaupt wünschenswert sei, hätten der Empathie als Möglichkeit, Vergangenheit zu erforschen, einen Weg bahnen können. Wir werden sehen, dass Empathie mit historischer Objektivität schlecht vereinbar ist, denn zum einen bleibt sie immer partiell und zum anderen lassen sich empathisch forschende Historikerinnen und Historiker auf eine subjektive Beziehung zu den Menschen ein, deren Denken und Fühlen sie kennenlernen und verstehen möchten. Und wir haben bereits gesehen, dass die Ausführungen von Historikern wie Droysen, Philosophen wie Dilthey und Soziologen wie Simmel durch das Bedürfnis der Autoren, Empathie mit objektivem historischem Wissen zu verbinden, beträchtlich verkompliziert und letztlich kompromittiert wurden. Gleichwohl waren und sind viele postmodern beeinflusste Historiker und Historikerinnen skeptisch gegenüber der Empathie, weil sie Unterschiede zu leugnen und ihre Erzeugung zu übersehen scheint, die Möglichkeit postuliert, eine mehr oder weniger fixierte historische Realität kennenzulernen (statt die Vergangenheit als eine unendliche Reihe von Re-Präsentationen zu verstehen), die konstruierte Natur des Selbst und seiner Erfahrung (sowohl die Erfahrung des historischen Subjekts als auch die der beobachtenden Historikerin) nicht anerkennt und auf schlichtweg naive Weise eine Fähigkeit voraussetzt, den eigenen historischen Moment und die eigene Historizität zu transzendieren. Bestenfalls wird Empathie als harmlose Selbstprojektion verstanden und schlimmstenfalls, nämlich in ihrer Anwendung auf nichtwestliche Völker, als hegemonial, als eine Art intellektueller Kolonialismus.[94] So erklärte der Literaturwissenschaftler Hans Ulrich Gumbrecht bei einer Zusammenkunft seiner ehemaligen Studenten- und Kollegenschaft an der Universität Siegen Mitte der 1990er Jahre: »*Niemand* glaubt heute an Empathie.«[95] Zu einem gewissen Grad hängt die postmoderne Kritik an der Empathie in der Geschichtswissenschaft damit zusammen, dass man sie mit der Geschichte der hohen Politik und mit der Ideengeschichte sowie mit den epistemologischen Annahmen assoziiert, auf denen dieses Geschichtsverständnis beruht. Ich werde hier durchgängig ein entscheidendes Versäumnis dieser Kritik aufzeigen: Sie nimmt nämlich nicht zur Kenntnis, dass die Erfahrung der Andersheit, der Alterität, ein wesentlicher Aspekt des Einfühlungsprozesses ist, und erfasst nicht, dass der einfühlende Historiker sich in einer wechselseitigen kognitiven und emotionalen Beziehung mit den Menschen der Vergangenheit befindet. Darüber hinaus überschätzt sie die Autorität des Historikers über die Vergangenheit bei gleichzeitiger

94 Siehe z. B. William V. Harris (2010). History, Empathy and Emotions. *Antike und Abendland* 56; Keith Jenkins (2003). *Re-Thinking History.* London (Routledge); Joan W. Scott (1991). The Evidence of Experience. *Critical Inquiry* 17(4).

95 Ich war damals selbst unter den Zuhörern.

Unterschätzung der Autorität der Vergangenheit über den Historiker und verkennt die Macht des menschlichen Vorstellungsvermögens.[96]

Etwa in der Zeit, in der die Postmoderne ihren Einfluss auf das historische Denken während der 1980er Jahre zu entfalten begann, ging aus der Sozialgeschichte die Kulturgeschichte hervor und vollzog den Schulterschluss mit der postmodernen Infragestellung der Geschichte als objektive Sozialwissenschaft. Die Kulturhistorikerinnen und -historiker übernahmen den auf traditionell übersehene und marginalisierte Gruppen gerichteten Fokus der Sozialgeschichte und begannen, sich mehr und mehr für das Alltagsleben dieser Gruppen zu interessieren. So tauchte die »Oral History« als eine Methode der Überlieferung vermeintlicher Alltagserfahrungen auf. Statt eine objektive gesellschaftliche Realität und jene unpersönlichen Kräfte und Strukturen ins Zentrum der Aufmerksamkeit zu rücken, die von den Sozialhistorikern als Motoren der Geschichte und bewusstseinsprägende Einflüsse betrachtet worden waren, beschäftigten sich viele Kulturhistoriker nun mit subjektiver Erfahrung – mit der Art und Weise, wie Menschen der Vergangenheit sich selbst und ihre Welt, ihre Vergangenheit und Gegenwart erlebten, und mit ihren Erwartungen an die Zukunft. Somit besannen sie sich erneut der Fokussierung auf Menschen – nicht auf große politische Führer und intellektuelle Persönlichkeiten, wie sie von den Historikern der Ära Collingwood erforscht worden waren, sondern auf gewöhnliche Menschen, ihre Wahrnehmungen, Emotionen, Erinnerungen und allgemeinen subjektiven Erfahrungen. Darüber hinaus richteten sie ihr Augenmerk auf die Kultur, die sie in einem anthropologischen Sinn verstanden, d.h. sie erforschten moralische Werte, Identitäten, Mentalitäten, die Lebenswelten der Vergangenheit. Diese Historikerinnen und Historiker interessierten sich weniger für historische Ereignisse sowie deren Ursachen und Folgen als vielmehr für die Art und Weise, wie solche Geschehnisse von den Zeitgenossen erlebt, wie ihre Konsequenzen subjektiv verstanden, wie sie erinnert wurden und wie diese Erinnerungen wiederum das Handeln der Menschen und ihr Selbstgefühl beeinflussten.[97] Die Kulturgeschichte handelt also von Bedeutung, von der Stiftung, Akzeptanz und Aneignung der Bedeutung sowie von ihren Auswirkungen. Der Historikerin Ute Daniel zufolge können praktisch alle historischen Phänomene zum Gegenstand der Kulturgeschichte werden, solange sie in ihrem »kulturellen Kontext von Meinen und Glauben, von Fürchten und Wissen«, in dem sie »Sinn machen«, beschrieben und analysiert werden.[98]

---

96 Ein Geschichtsphilosoph, der Empathie mit einer postmodernen Sensibilität auf eine produktive und zum Nachdenken anregende Weise zusammenführt, ist Dominick LaCapra.

97 Alon Confino (2018). From Psychohistory to Memory Studies: Or, How Some Germans Became Jews and Some Jews Nazis. In: *History Flows through Us: Germany, the Holocaust, and the Importance of Empathy.* Hg. von Roger Frie. London/New York (Routledge), S. 19.

98 Ute Daniel (2006). *Kompendium Kulturgeschichte: Theorien, Praxis, Schlüsselwörter.* Frankfurt am Main (Suhrkamp), S. 17.

Somit erforscht die Kulturgeschichte die subjektive Erfahrung von Menschen der Vergangenheit. Und anders als im Fall des objektiven sozialwissenschaftlichen Beobachters geht man davon aus, dass die Subjektivität der beobachtenden Kulturhistorikerin in ihre Erforschung subjektiver vergangener Erfahrungen einfließt. Ihre Subjektivität beeinflusst, was sie bezüglich des historischen Subjekts weiß und versteht, während das historische Subjekt wiederum die Subjektivität der Historikerin beeinflusst. Diese »Zirkularität« ist, um noch einmal Daniel zu zitieren,

> »kein Hindernis für die wissenschaftliche Analyse, sondern ihre Voraussetzung: Ohne sie gäbe es keine Fragen, die an ›die Geschichte‹ zu stellen wären. Es ist Aufgabe der methodischen Selbstreflexion, diese Wechselwirkungen zwischen den ›Subjekten‹ und den ›Objekten‹ der Geschichtsschreibung zu thematisieren. [...] Etwas über Geschichte wissen zu wollen, ist nicht zu trennen von dem Bedürfnis, etwas über sich selbst wissen zu wollen. Daß dies so ist, macht historisches Wissen nicht fragwürdig, sondern unersetzlich.«[99]

Da Kulturhistoriker und -historikerinnen die Subjektivität von Menschen der Vergangenheit (ihre Wahrnehmungen, Gefühle, Erfahrungen, Erinnerungen sowie subjektive Interpretationen) erforschen, arbeiten sie immerzu mit ihrer Einfühlung.[100] Allerdings erkennen sie dies nur selten an, zumal sie sich ihres Einfühlungsvermögens oft unkritisch und ohne es zu wissen bedienen. Eine Kulturhistorikerin wie Ute Daniel, die methodologische Selbstreflexivität einfordert, betrachtet die Empathie aufgrund ihres nicht anerkannten und unreflektierten Gebrauchs durch Historiker sogar mit Skepsis.[101] Deshalb ist mir daran gelegen, mit diesem Buch auch die kritische Selbstreflexion des Historikers bezüglich einer empathischen Erforschung der Vergangenheit zu fördern.

Mit dem Aufkommen der Kulturgeschichte in den vergangenen Jahrzehnten und ihrer Fokussierung auf Erfahrungsgeschichte erlangte die Empathie als Instrument zur

99 Ebd., S. 17, 19. Der Historiker Tyson Retz stellt eine ähnliche Behauptung auf: »Die sogenannten Lehren, die wir aus der Geschichte ziehen, sollten sich aus der Geschichte selbst ergeben, aus einer Bereitschaft, den historischen Gegenstand als einen potenziellen Wegweiser zu einem wichtigen Element unseres Lebens zu behandeln.« Retz, *Empathy and History*, S. 12; siehe auch S. 65, 166.

100 Confino, From Psychohistory to Memory Studies, S. 21.

101 Aus ebendiesem Grund hat Daniel in ihrer Einführung in die Kulturgeschichte weder »Einfühlung« noch »Empathie« erörtert. Beide Begriffe bleiben in ihrem Kapitel über »Schlüsselwörter« der Kulturgeschichte unerwähnt. Gleiches gilt für ihr gesamtes historisches Werk, das sich nichtsdestoweniger durch historische Empathie auszeichnet.

Erforschung der menschlichen Vergangenheit erneut Bedeutung, wenngleich in einem gänzlich anderen Kontext als dem der Politik- und Ideengeschichte aus Collingwoods Tagen.[102] Wir haben uns von der weitgehend entvölkerten Welt der Sozialgeschichte, in der Menschen und ihre Erfahrung bestenfalls Nebenrollen spielten, entfernt und interessieren uns wieder für Menschen, jetzt mehr für gewöhnliche Menschen und weniger für politische Führer. Und wir begreifen diese Menschen weniger als rationale Akteure denn als komplexe, widersprüchliche emotionale Wesen, die durch die Geschichte geprägt werden und die Geschichte ihrerseits auf subtile, unspektakuläre Weise prägen. Damit sind anstelle historisch folgenreicher politischer Ereignisse und Ideen oder historisch richtungsweisender Strukturen und Prozesse die subjektiven Erfahrungen von Menschen der Vergangenheit ins Zentrum der geschichtswissenschaftlichen Aufmerksamkeit gerückt.

Freilich betreiben Historiker auch weiterhin Ursachenforschung, und die Empathie kann uns dabei helfen, Beweggründe hinter historisch bedeutsamen Geschehnissen zu verstehen, indem wir in Anlehnung an Collingwood und seine Schüler die Gedanken der historischen Akteure wiederdenken oder die Ursachen historischer Vorgänge vom Standort dieser Akteure aus rekonstruieren. Kausale historische Erklärungen *erfordern* aber keine Empathie. Wie Collingwoods positivistische Kritiker betonten – und wie die meiste Wirtschafts- und Sozialgeschichte zeigt –, sind Verursachungsketten von einer äußeren Beobachterposition aus erkennbar, ohne dass Historiker und Historikerinnen die Beobachtungsposition der historischen Akteure beziehen müssten.[103] Heute ist die Frage, ob sie Erkenntnisse produzieren, die mit denen der Naturwissenschaften identisch oder zumindest verwandt sind, vom Tisch. Die meisten oder doch sehr viele Historiker und Historikerinnen betrachten ihr Fach nicht länger als eine objektive »Social Science«. Sie müssen ihre Subjektivität nicht mehr überwinden, um objektive Einsichten in die Vergangenheit gewinnen zu können, sondern gehen davon aus, dass ihre Subjektivität sich mit ihrem historischen Wissen verflicht und dass ihre Persönlichkeit, ihre Interessen, ihre Lebenserfahrungen und Gefühle sowie der

102 Magdalena Nowak (2011). The Complicated History of Einfühlung. *Argument* 1(2): 315. Frank Ankersmit verbindet die Erfahrungsgeschichte mit der Geschichte des Alltagslebens und mit der Kulturgeschichte. »Diese Varianten der Geschichtsschreibung betonen, wie Menschen in der Vergangenheit ihre Welt erlebt haben und auf welche Weise sich diese Erfahrung vielleicht von unserer Beziehung zu unserer eigenen Welt unterscheidet. [...] Sowohl in der Geschichte als auch in der Philosophie beobachten wir somit einen Versuch, die nahezu vergessene und vollständig marginalisierte Kategorie der Erfahrung zu rehabilitieren, eine Kategorie, die fast im gesamten 20. Jahrhundert von der Sprachphilosophie gründlich verachtet und verschmäht wurde.« Frank R. Ankersmit (2005). *Sublime Historical Experience.* Stanford, CA (Stanford Univ. Press), S. 3f., 7.

103 Danto, *Analytische Philosophie der Geschichte*, S. 370.

historische und kulturelle Moment die Erforschung der Vergangenheit nicht nur beeinträchtigen, sondern sie auch erleichtern und ermöglichen können. Empathie als ein auf subjektive Erfahrung der Vergangenheit gerichteter Erkenntnismodus, den sich die Subjektivität der Historikerin zunutze macht, ist mit diesen neuen historischen Interessen und Zugangsweisen durchaus vereinbar.[104]

104 Nowak, Complicated History of Einfühlung, S. 315.

2. Kapitel
Die wichtigsten zeitgenössischen Definitionen der Empathie

Während des 19. Jahrhunderts und bis zur Mitte des 20. Jahrhunderts hat die Empathie in den Debatten über das Wesen natur- bzw. geisteswissenschaftlicher Erkenntnis, d.h. über die Frage, ob es zwei Welten des Wissens gibt oder nur eine einzige, eine maßgebliche Rolle gespielt. Als *die* paradigmatische Geisteswissenschaft stand die Geschichte ebenso im Zentrum dieser Debatten wie die Empathie im Zentrum historischen Wissens. Seither hat die Einfühlung trotz ihrer (weithin nicht anerkannten) Präsenz in der jüngeren historischen Forschung nur wenig Aufmerksamkeit gefunden, und auch die lebhaften Diskussionen über Empathie in einer Vielzahl anderer Disziplinen nehmen weniger auf die Frage Bezug, wie wir Menschen aus vergangenen Zeiten und ihre Taten und Werke erforschen können, als auf die grundlegende philosophische und psychologische Frage, wie wir die Psyche und die psychischen Zustände anderer Menschen im Hier und Jetzt ergründen können.

Drei bedeutende Positionen haben sich in Reaktion auf die Frage, wie wir die Psyche und die inneren Zustände Anderer kennenlernen, herausgebildet. Die ersten beiden entstanden in der Philosophie des Geistes. Deren erste wiederum wurde von Vertretern der analytischen Philosophie entwickelt und wird als *Theorie-Theorie* bezeichnet. Weil die Theorie-Theorie der Empathie als Möglichkeit, das Fühlen, Denken und Handeln Anderer zu verstehen, keine Bedeutung beimisst, werde ich hier nur kurz auf sie eingehen.

Die Theorie-Theorie postuliert im Wesentlichen, dass Erkenntnisgewinn in der Geschichtswissenschaft oder der Soziologie, in den Naturwissenschaften oder im Alltagsleben auf gleiche Weise erfolgt. Unser Zugang zum Objekt unseres Interesses ist ein und derselbe, ganz gleich, ob wir eine Gesellschaft, einen Planeten oder einen Menschen kennenlernen möchten: Wir orientieren uns an einer Theorie und einer Reihe von Hypothesen. Wenn es darum geht, andere Menschen zu verstehen, lassen wir uns von einer allgemeinen, weitgehend impliziten Theorie der menschlichen Psychologie und von Hypothesen, die zum Teil auf dieser Theorie beruhen, leiten, um eine Vorstellung von ihrem Erleben zu bekommen. Durch empirische Beobachtung bestätigen, widerlegen oder modifizieren wir unsere Hypothesen. Dieser Prozess des Überprüfens und Korrigierens setzt sich so lange fort, bis wir glauben, dass eine oder mehrere unserer Hypothesen bezüglich unseres Gegenübers durch die Daten, die wir über den inneren Zustand des anderen Menschen gesammelt haben, bestätigt wurden.

Im Laufe unserer Entwicklung nehmen unsere Theorien über die Welt einschließlich der inneren Welt anderer Menschen an Komplexität und Differenziertheit zu. Je älter wir werden und je mehr Erfahrungen wir sammeln, desto besser können wir uns die Welt im Allgemeinen und andere Menschen im Besonderen mithilfe unserer Theorien erklären.[105] Zwischen der Art und Weise, wie wir einen Menschen im Hier und Jetzt bzw. in der Vergangenheit zu verstehen lernen, und unserem Zugang zu anderen Phänomenen in der Welt der Menschen oder der Natur besteht also, wie schon erwähnt, kein Unterschied.

In der Theorie-Theorie gibt es für die Empathie keinen Platz. Die Möglichkeit, sich in das unverwechselbare Erleben anderer Menschen einzufühlen oder hineinzudenken oder sich ihre Erfahrungen vorzustellen, ist in ihr nicht vorgesehen. Dieser Theorie zufolge ist man weder bestrebt noch in der Lage, die Perspektive des Anderen, dessen innere Welt man kennenlernen möchte, einzunehmen. Ebenso wie in den Naturwissenschaften ist unser Zugang ein äußerer, da wir als äußere Beobachter theoretische Hypothesen über die Psyche und die inneren Zustände anderer Menschen testen und revidieren, die auf dem Erwerb neuer Beobachtungen (einschließlich der Reaktionen des Anderen auf unsere Hypothesen) beruhen. Demnach können wir andere Menschen verstehen, weil wir eine Theorie der menschlichen Psychologie besitzen. Im täglichen Leben ist diese Theorie weitgehend implizit. Sie wird als Alltagspsychologie bezeichnet. In der akademischen Psychologie ist diese Theorie weitgehend explizit.

Anders als die Theorie-Theorie widerspricht das zweite Paradigma der modernen Philosophie des Geistes, die Simulationstheorie, der Annahme einer – im Allgemeinen impliziten psychologischen – Theorie, die für unsere Fähigkeit, andere Menschen im Alltagsleben zu verstehen, eine zentrale Rolle spielt. Es scheint, als habe David Hume die Simulationstheorie vorweggenommen, als er behauptete: »Die Menschen verhalten sich in ihrem Innern zueinander wie Spiegel.«[106] Einer der prominenten Befürworter der Simulationstheorie, der Philosoph Karsten Stueber, definiert Empathie als »eine Form der inneren oder geistigen Nachahmung mit dem Ziel, das Denken und Fühlen eines anderen Menschen kennenzulernen«.[107] Für den Philosophen Alvin I. Goldman und den Neurowissenschaftler Vittorio Gallese, der die »Spiegelneuronen« entdeckte, besteht

105 Vgl. Hume, *Eine Untersuchung über den menschlichen Verstand*, S. 111.

106 David Hume (1978 [1739-1740]). *Ein Traktat über die menschliche Natur. Buch I–III. Zweites Buch. Über die Affekte*. Übers. von T. Lipps. Hamburg (Felix Meiner), S. 98; siehe auch *Drittes Buch. Über Moral*, S. 329.

107 Stueber, *Rediscovering Empathy*, S. 28. Siehe auch Stueber (2017). Philosophie des Geistes: Fremdverstehen und Fremdbewerten. Zur epistemischen und moralischen Relevanz der Empathie. *Information Philosophie* 2, S. 18–35. https://www.information-philosophie.de/?a=1&t=8559&n=2 (zuletzt aufgerufen am 13.7.2022).

»der entscheidende Unterschied zwischen TT [Theorie-Theorie] und ST [Simulationstheorie] darin, dass TT das Lesen von Gedanken und Gefühlen als eine vollständig ›distanzierte‹ theoretische Aktivität begreift, während ST es als Versuch konzipiert, das innere Leben des Zielakteurs zu replizieren, nachzuahmen oder zu verkörpern«.[108]

Die Ursprünge der Simulationstheorie lassen sich bis zu Theodor Lipps zurückverfolgen, der im ersten Jahrzehnt des 20. Jahrhunderts zunächst eine Theorie der Ästhetik entwickelte und später, basierend auf seiner Konzipierung unserer Beziehung zu Kunstwerken, beschrieb, wie wir durch »Einfühlung« verstehen, was in anderen Menschen vorgeht.[109] Wenn wir, so Lipps, ein Kunstwerk betrachten, erleben wir es insofern physiologisch, als wir physisch nachahmen, was wir sehen. Unsere physische Erfahrung, die Muskelbewegungen, die wir in Reaktion auf das Kunstwerk ausführen, ruft Gefühle und Empfindungen in uns hervor. Diese Gefühle und Empfindungen schreiben wir dann dem Kunstwerk zu, d. h. wir projizieren unseren eigenen inneren Zustand und unsere Charakterisierung dieses Zustandes auf das ästhetische Objekt. Lipps Erklärung ist also eine innere: Wir sehen, wir imitieren, wir fühlen, wir projizieren. Dieser Prozess ist seiner Ansicht nach auch am Verstehen anderer Psychen und psychischer Zustände beteiligt. Wenn wir die Mimik, die Gestik und die Körperhaltung eines Anderen wahrnehmen, imitieren wir diese mimischen Äußerungen, die Gestik und die Körperhaltung. Diese Nachahmung weckt in uns selbst bestimmte Gefühle und ruft eine bestimmte Erfahrung hervor. Wir beobachten diese Gefühle und diese Erfahrungen, indem wir uns ihnen introspektiv zuwenden, stellen eine Verbindung zu den gleichen oder ähnlichen Erfahrungen her, die wir aus der Vergangenheit bereits kennen, und identifizieren sie auf der Grundlage dieses Vergleichs. Sodann projizieren wir diese – nun benannten – Erfahrungen und Gefühle auf den Anderen, d. h. wir schreiben sie ihm zu. Auch hier ist das Verstehen anderer Menschen ein innerer Prozess, konstituiert durch Wahrnehmung, Nachahmung, Introspektion und Projektion.[110]

---

108 Vittorio Gallese und Alvin I. Goldman (1998). Mirror Neurons and the Simulation Theory of Mind-Reading. *Trends in Cognitive Sciences* 12: 497.

109 Tyson Retz zufolge wurde Theodor Lipps Beschreibung der Bedeutung der Einfühlung für die Beurteilung von Kunstwerken, auf deren Grundlage er erklärte, wie wir die psychischen Zustände Anderer verstehen, schon von Robert Vischer in dessen 1872 eingereichter Dissertation mit dem Titel *Über das optische Formgefühl – ein Beitrag zur Ästhetik* antizipiert. Vischer nahm an, dass die Einfühlung einen Zustand der Harmonie oder Einheit zwischen dem beobachtenden Subjekt und dem ästhetischen Gegenstand der Betrachtung hervorrufe. Retz, *Empathy and History*, S. 25.

110 Es ist gleichermaßen auffallend wie bezeichnend, dass Sigmund Freuds zwei Modelle des psychischen Apparates, die er ungefähr zur selben Zeit entwickelte wie Lipps seine »Ein-

Wie einst Lipps, gehen auch die Vertreter der heutigen *Simulationstheorie* von der Annahme aus, dass »innere Nachahmungsprozesse« unserer Fähigkeit zugrunde liegen, die Psyche und die Gemütszustände anderer Menschen zu verstehen.[111] Diese innere Nachahmung konstituiert Empathie. Auch wenn diese Erklärung des Verstehens anderer Menschen weit hergeholt erscheinen mag, wird die Simulationstheorie offenbar durch die neurowissenschaftliche Forschung, insbesondere durch die Entdeckung der Spiegelneuronen Ende des 20. Jahrhunderts, bestätigt.[112] Neurowissenschaftler, die vorwiegend mit Primaten arbeiteten, fanden heraus, dass im motorischen Kortex eines »Probanden«, der ein »Zielobjekt« bei einer bestimmten Aktivität beobachtet, die gleichen Neuronen feuern wie im motorischen Kortex des Zielobjekts. Auch wenn einige Kognitionswissenschaftler in den vergangenen Jahren Zweifel hinsichtlich der zentralen Rolle dieser Spiegelneuronen für Kognition und Verstehen angemeldet haben und die Kognition als Ergebnis eines komplexen, hochdifferenzierten Prozesses des sensomotorischen Lernens konzipieren, schien jene Entdeckung Lipps ursprüngliche Theorie der motorischen Nachahmung zu bestätigen – nicht länger auf muskulärer, sondern auf neurophysiologischer Ebene.[113] Die Simulationstheorie bricht das »mindreading«, das Verstehen anderer Menschen und ihrer Geisteszustände, im Allgemeinen auf drei Phasen herunter. Wir beobachten erstens die Aktionen des Anderen und ahmen diese auf einer neurologischen, emotionalen und gedanklichen Ebene nach. Sodann beobachten wir introspektiv die Gefühle, Erlebensweisen und Gedanken, die unsere Beobachtung des Anderen in uns ausgelöst hat, und identifizieren und benennen sie. Drittens schließlich schreiben wir, was wir fühlen, erleben und/oder denken, dem Anderen zu, d.h. wir verstehen, was in ihm vorgeht, auf der Grundlage unserer introspektiv gewonnenen Erkenntnisse.[114]

fühlungstheorie«, nämlich das topografische Modell und das Strukturmodell, die die Psyche als eine autonome, in sich fast geschlossene Welt darstellen, deren Umgebung lediglich zur Befriedigung bzw. Frustration ihrer Triebbedürfnisse dient. Erst später, im Zuge der weiteren Ausarbeitung des Strukturmodells der Psyche und der Entwicklung der Ich-Psychologie, räumte Freud der Umwelt eine etwas größere Rolle für das Seelenleben ein.

111 Stueber, *Rediscovering Empathy*, S. 115. Siehe auch Retz, *Empathy and History*, S. 77.

112 Vittorio Gallese, Christian Keysers und Giacomo Rizzolatti (2004). A Unifying View of the Basis of Social Cognition. *Trends in Cognitive Sciences* 8.

113 Gregory Hickok und Marc Hauser (201), S. (Mis)Understanding Mirror Neurons. *Current Biology* 20(14), S. R593-594; Gregory Hickok (2014). *The Myth of Mirror Neurons: The Real Neuroscience of Communication and Cognition.* New York (Norton), insbes. S. 240–241; Karsten Stueber (2019). Empathy. In: *Standford Encyclopedia of Philosophy.* Hg. von Edward Zalta. Palo Alto (Stanford Univ. Press).

114 Stueber, *Rediscovering Empathy*, S. 120, 124f. Für eine psychoanalytische Erklärung des Einfühlungsprozesses auf der Grundlage der Simulationstheorie siehe Köhler, Von der Freud'schen Psychoanalyse zur Selbstpsychologie Heinz Kohuts, S. 40.

In der dritten zeitgenössischen Theorie über das Verstehen der inneren Zustände anderer Menschen spielt die Empathie eine noch bedeutendere Rolle als in der Simulationstheorie. Aber diese Theorie entstammt einer ganz anderen philosophischen Tradition, nämlich der Phänomenologie, und wird dementsprechend als »phänomenologische Position« bezeichnet. Im Gegensatz zur Theorie-Theorie und zur Simulationstheorie postuliert sie, dass wir die inneren Zustände anderer Menschen nicht indirekt (entweder durch die Anwendung einer Theorie oder durch Mimikry und Analogieschluss) erfassen, sondern dass wir direkt und unvermittelt, empathisch, erleben und wissen, was in anderen vorgeht. Edmund Husserl, seine Schülerin Edith Stein sowie Max Scheler waren die Wegbereiter der Theorie, dass Empathie als Fähigkeit, sich spontan in andere *hineinzuphantasieren*, weder erworben noch erlernt ist, sondern eine elementare, angeborene menschliche Fähigkeit darstellt, in die Haut anderer Menschen zu schlüpfen, um ihre Gemütsverfassung und ihre Beweggründe zu verstehen.[115] In Schelers Worten: »Nichts ist dann gewisser als dies, daß wir sowohl unsere ›Gedanken‹ als die ›Gedanken‹ *Anderer denken*, unsere Gefühle wie die Anderer (im Mitfühlen) fühlen können.«[116] Somit können wir das Erleben Anderer empathisch mitfühlen, ohne es jemals selbst erlebt zu haben.

Empathie ist gemäß der phänomenologischen Position nicht Selbstprojektion, sondern Selbsttranszendenz.[117] Demnach beruhen sowohl die Theorie-Theorie als auch die Simulationstheorie auf einer cartesianischen Auffassung des Geistes, der das Missverständnis unterliegt, dass wir nur uns selbst wirklich kennen können, »dass die geistigen Zustände Anderer uns verborgen sind«, dass »die einzigen Emotionen, zu denen wir Zugang haben, unsere eigenen sind«, dass die einzige wahre Erkenntnis introspektiv gewonnen wird (Simulationstheorie) oder dass wir empirisch hergeleitete Theorien von einer Position vollständiger kognitiver Autonomie aus auf Andere anwenden (Theorie-Theorie).[118]

115 Peter Shum (2014). Avoiding Circularities on the Empathic Path to Transcendental Intersubjectivity. *Topoi* 33(1), S. 150; Natalie Depraz und Diego Cosmelli (2003). Empathy and Openness: Practices of Intersubjectivity at the Core of the Science of Consciousness. In: *The Problem of Consciousness: New Essays in Phenomenological Philosophy of Mind.* Hg. von Evan Thompson. Calgary (University of Calgary Press), S. 173. Für verständlich verfasste Darlegungen der Husserl'schen Sicht der Empathie siehe Dan Zahavi (2012). Empathy and Mirroring: Husserl and Gallese. In: *Life, Subjectivity, and Art: Essays in Honor of Rudolf Bernet.* Hg. von Roland Breeur und Ullrich Melle. Dordrecht (Springer); Makkreel, How is Empathy Related to Understanding?

116 Max Scheler (1973 [1948]). *Wesen und Formen der Sympathie.* 6., durchgesehene Auflage von »Phänomenologie und Theorie der Sympathiegefühle«. Bern/München (Francke), S. 239.

117 Dan Zahavi (2014). Empathy and Other-Directed Intentionality. *Topoi* 33(1), S. 133.

118 Dan Zahavi (2008). Simulation, Projection, and Empathy. *Conscious Cognition* 17: 519; Empathy and Other-Directed Intentionality, 130.

All diese Annahmen sind der phänomenologischen Position zufolge schlichtweg falsch, weil sie übersehen, dass das menschliche Bewusstsein sozial und kulturell konstruiert wird und Erkenntnis ein intersubjektiver Prozess ist. Wenn wir wissen, was in Anderen vorgeht, wissen wir, so Scheler, *mit* dem Anderen:

> »[…] ein in Hinsicht auf Ich-Du indifferenter Strom der Erlebnisse fließt ›zunächst‹ dahin, der faktisch Eigenes und Fremdes ungeschieden und ineinandergemischt enthält; und in diesem Strome bilden sich erst allmählich fester gestaltete Wirbel, die langsam immer neue Elemente des Stromes in ihre Kreise ziehen und in diesem Prozesse sukzessive und sehr allmählich verschiedenen Individuen zugeordnet werden.«[119]

Unter dem Einfluss von Soziologen betonen Phänomenologen häufig, dass das Verstehen der psychischen Zustände anderer Menschen in einer sozialen Beziehung erfolgt, die die irrtümliche Unterscheidung zwischen dem Erkennenden und dem Erkannten herunterbricht und Wissen als einen sozialen und kommunikativen Prozess versteht, der beide Beteiligte einbezieht und beeinflusst. Unter dem Einfluss Wittgensteins und der poststrukturalistischen Philosophie betonen Phänomenologen auch, dass wir die Sprache und die Begriffe, die wir benutzen, um uns selbst und Andere zu verstehen und zu orten, der Kultur, der »Lebenswelt« (unserem Normen-, Bedeutungs- und Überzeugungssystem), der wir angehören und die wir mit Anderen teilen, den gemeinsamen Sprachspielen, verdanken – weshalb die Annahme eines autonomen wissenden Selbst naiv und fehlgeleitet ist. Mit Scheler formuliert: »›Zunächst‹ lebt der Mensch mehr in den anderen als in sich selbst; mehr in der Gemeinschaft als in seinem Individuum«.[120] Freud hat nicht zuletzt gezeigt, dass die Selbsterkenntnis begrenzt und verzerrt ist und dass wir andere Menschen häufig besser kennen als uns selbst. So schreibt die Philosophin Jane Heal, obgleich sie der Simulationstheorie nähersteht als der phänomenologischen Position, dass uns

> »die intrinsische Natur der eigenen Gedanken nicht leichter zugänglich ist als die intrinsische Natur der Gedanken anderer Menschen. Das Nachdenken über meine eigenen Gedanken ist keine […] direkte und intime Konfrontation mit etwas, über dessen Natur ich nicht getäuscht werden kann.«[121]

119 Scheler, *Wesen und Formen der Sympathie*, S. 240.

120 Ebd., S. 241.

121 Jane Heal (2003). *Mind, Reason, and Imagination.* Cambridge (Cambridge Univ. Press), S. 26.

Tatsächlich übt das Wissen, das Andere über uns haben, einen tiefen Einfluss auf das aus, was wir über uns selbst wissen. Wir verstehen nicht nur Andere durch uns selbst, sondern verstehen auch uns selbst durch Andere. Diejenigen, die argumentieren, dass wir Andere *nur* durch uns selbst verstehen können, machen laut Scheler den Fehler, »daß sie von vornherein dazu neigen, die Selbstwahrnehmung ebenso an Schwierigkeit zu unterschätzen, wie sie die Fremdwahrnehmung darin überschätzen«.[122]

Die phänomenologische Position steht also, zusammengefasst, für eine von Grund auf soziale, kulturelle und intersubjektive Auffassung des empathischen Verstehens anderer Menschen. Viele Historikerinnen und Historiker mögen sich von der phänomenologischen Erklärung der Empathie angezogen fühlen, da sie soziale Beziehungen und die Einbettung des Menschen in eine kulturelle und soziale Umwelt, eine »Lebenswelt«, betont. Leider begrenzen die Phänomenologen die originäre Fähigkeit, Andere empathisch zu verstehen, tendenziell auf die direkte zwischenmenschliche Interaktion, um die Empathie von der »kognitiv anspruchsvolleren Form der imaginativen Perspektivenübernahme« zu unterscheiden. Sie bestreiten auch, dass wir empathisch verstehen können, weshalb Andere so fühlen, denken und handeln, wie sie es tun.[123] Auf den ersten Blick so wesensverwandt, scheint es deshalb schwierig, die Verwendung der Empathie in der phänomenologischen Position mit der Verwendung der Empathie in der Geschichtsforschung zu vereinbaren. Die Relevanz der phänomenologischen Position für die empathische Geschichtsforschung kommt jedoch unten erneut zur Sprache.

Von diesen drei philosophischen Positionen scheint die Simulationstheorie in einer ihrer Varianten die gegenwärtige Diskussion über Empathie in der Psychologie, in der kognitiven Neurowissenschaft und sogar in der Philosophie zu beherrschen, auch wenn es mit Shaun Gallagher, Kathleen Haney und Dan Zahavi überzeugende und einflussreiche Befürworter des phänomenologischen Empathieverständnisses gibt. Gestützt auf neurowissenschaftliche Forschung, betont die Simulationstheorie unsere Fähigkeit, die Geisteszustände Anderer zu verstehen, indem wir uns in sie hineinversetzen, ihre Perspektive auf die Welt einnehmen und ihr Erleben und dessen Beweggründe nachvollziehen. Empathie ist laut Karsten Stueber »von zentraler epistemologischer Bedeutung für unsere alltagspsychologische Fähigkeit, andere Akteure zu verstehen«. Sie ist tatsächlich die »Default-Methode, um die Gedanken- und Gefühlswelt anderer individueller Akteure zu verstehen«.[124]

122 Scheler, *Wesen und Formen der Sympathie*, S. 244f.

123 Zahavi, Empathy and Other-Directed Intentionality, S. 139, 140; siehe auch S. 135. Siehe auch Zahavi, Simulation, Projection, and Empathy, S. 522.

124 Stueber, *Rediscovering Empathy*, S. IX, 19.

Philosophen und in jüngerer Zeit auch Psychologen und kognitive Neurowissenschaftler, die die Empathie als Instrument betrachten, um die Gefühls- und Gedankenwelt anderer Menschen kennenzulernen und zu verstehen, unterscheiden zwischen zwei Formen der Empathie. Diese Unterscheidung ist für unsere anschließende Erörterung der Empathie als Erkenntnismethode in der Geschichtswissenschaft von Belang. Vielleicht der erste, der sie formulierte, war der Phänomenologe Max Scheler. Er differenzierte zwischen einer elementaren Empathie, der laut Dan Zahavi sein eigentliches Interesse galt, und einer »weiterentwickelten kognitiven Form, die mit dem Wechsel der Perspektive, mit imaginativer Projektion oder rückschließender Zuschreibung einhergehen kann«.[125] Simulationstheoretiker wie Stueber haben Schelers Unterscheidung zwischen diesen beiden Formen der Empathie im Alltagsleben übernommen.[126] Die erste Form, von Stueber als »elementare Empathie« und von Alvin Goldman als »spiegelnde Empathie« bezeichnet, wird als Prozess des affektiven Teilens durch Simulation konzipiert, auf den wir uns instinktiv und unbewusst stützen, um die Gefühls- und Gedankenwelt anderer Menschen zu erfassen.[127] Die zweite Form, von Stueber als »nachvollziehende Empathie«, von Alvin Goldman und Frederique de Vignemont als »rekonstruktive Empathie« und von Aleida Assmann und Ines Detmers als »imaginative Empathie« bezeichnet, ist weniger affektiv und automatisch und in höherem Maß »kognitiv und abwägend« als die elementare oder spiegelnde Empathie. Hier denken wir über die Situation des Anderen nach und versuchen bewusst, uns in seine Lage zu versetzen, um uns vorzustellen, »was sich in ihm abspielt (abgespielt hat oder abspielen werden wird)« und wie wir uns, steckten wir in seiner Haut, »fühlen« würden.[128] Bei dieser Form der Empathie als abwägender »Prozess des Perspektivenwechsels« setzen wir »unsere eigenen motivationalen und emotiona-

125 Zahavi, Simulation, Projection, and Empathy, S. 517.

126 Stueber, *Rediscovering Empathy*, S. 131–171.

127 Die Entdeckung der Spiegelneuronen hat diese Form der »mentalen Mimikry« offenbar bestätigt. Amy Coplan und Peter Goldie (2011). Introduction. In: *Empathy: Philosophical and Psychological Perspectives.* Hg. von Amy Coplan und Peter Goldie. Oxford (Oxford Univ. Press), S. XXXIII; Alvin I. Goldman, Two Routes to Empathy: Insights from Cognitive Neuroscience. In: Coplan und Goldie, *Empathy*, S. 33. Siehe auch Rick B. van Baaren et al. (2009), Being Imitated: Consequences of Nonconsciously Showing Empathy. In: *The Social Neuroscience of Empathy.* Hg. von Jean Decety und William John Ickes. Cambridge, MA (MIT Press).

128 Goldman, Two Routes to Empathy, S. 36; Aleida Assmann und Ines Detmers (2016). Introduction. In: *Empathy and Its Limits.* Hg. von Aleida Assmann und Ines Detmers. London/New York (Palgrave Macmillan), S. 5. Siehe auch Margrethe Bruun Vaage (2019). Fiction Film and the Varieties of Empathic Engagement. *Midwest Studies in Philosophy* 34.

len Ressourcen« zusammen mit unserem Denkvermögen ein, um die Welt so zu sehen, »wie sie unter dem Blickwinkel des Anderen erscheint«, damit wir dann unter seinem Blickwinkel überlegen und urteilen können.[129]

Der kognitive Neurowissenschaftler Jean Decety und seine Kollegen sowie weitere Neurowissenschaftler haben die neurophysiologischen und psychologischen Daten vorgestellt, die die Existenz beider Formen der Empathie bestätigen.[130] Wenngleich Decety die nachvollziehende oder rekonstruktive Empathie als Empathie im eigentlichen Sinn betrachtet, nimmt die Mehrzahl der Simulationstheoretiker mit Stueber an, dass wir sowohl die elementare als auch die nachvollziehende Empathie aktivieren, um andere Menschen zu verstehen. Möglicherweise stellt die elementare Empathie eine Form niedriger Ordnung – eher affektiv

129 Stueber, *Rediscovering Empathy*, S. 21, 111. Die meisten heutigen Empathietheoretiker wie Stueber richten das Augenmerk im Einklang mit Collingwood auf die Empathie als Möglichkeit, die Motive und Ursachen menschlichen Handelns zu erklären. Auch sie neigen dazu, die Empathie als Möglichkeit, gelebte Erfahrung zu verstehen, nicht in den Blick zu nehmen. Ebd., S. 42–59.

130 Jean Decety, Philip L. Jackson und Eric Brunet (2007). The Cognitive Neuropsychology of Empathy. In: *Empathy in Mental Illness.* Hg. von Tom F. D. Farrow und Peter W. R. Woodruff. Cambridge (Cambridge Univ. Press), S. 247, 254; Jean Decety und Andrew N. Metzoff (2011). Empathy, Imitation, and the Social Brain. In: *Empathy: Philosophical and Psychological Perspectives.* Hg. von Amy Coplan und Peter Goldie. Oxford (Oxford Univ. Press), S.72-75; Jean Decety und Claus Lamm (2009). Empathy versus Personal Distress: Recent Evidence from Social Neuroscience. In: *The Social Neuroscience of Empathy.* Hg. von Jean Decety und William John Ickes. Cambridge (MIT Press), S. 206, 209. Claus Lamm, C. Daniel Batson und Jean Decety (2007). The Neural Substrate of Human Empathy: Effect of Perspective Taking and Cognitive Appraisal. *Journal of Cognitive Neuroscience* 19(1), S. 43, 56; Henrik Walter (2012). Social Cognitive Neuroscience of Empathy: Concepts, Circuits, and Genes. *Emotion Review* 4(1), S. 13f.; van Baaren et al., Being Imitated. Siehe auch Karen E. Gerdes (2011). Empathy, Sympathy, and Pity: 21st-Century Definitions and Implications for Practice and Research. *Journal of Social Service Research* 37(3); Frederique De Vignemont und Tania Singer (2006). The Empathic Brain: How, When, Why?. *Trends in Cognitive Neuroscience* 10(10). Zaki und Ochsner dokumentieren die neurowissenschaftliche Forschung, die sowohl das affektive Teilen als auch das von ihnen so genannte »Mentalisieren« bestätigen, eine im Grunde nachvollziehende oder komplexe Empathie. Beide Formen der Empathie haben eine neurophysiologische Grundlage, werden aber durch völlig unterschiedliche neurale Systeme vermittelt. Jamil Zaki und Kevin Ochsner (2012). The Neuroscience of Empathy: Progress, Pitfalls and Promise. *Nature Neuroscience* 15(5), S. 675. Neurowissenschaftliche Studien lassen tatsächlich auf eine »feste Verdrahtung« der Empathie schließen. Jeanne C. Watson und Leslie S. Greenberg (2009). Empathic Resonance: A Neuroscience Perspective. In: *The Social Neuroscience of Empathy.* Hg. von Jean Decety und William John Ickes. Cambridge, MA (MIT Press), S. 127.

und unbewusst – und die nachvollziehende eine höherrangige, in höherem Maß kognitive und selbstbewusste Form dar.[131] Ich werde auf diese Unterscheidung im Zusammenhang mit der Untersuchung der Empathie als Instrument der historischen Forschung zurückkommen.

131 Coplan und Goldie, *Introduction*, S. XXXIII.

3. Kapitel
Engere Definitionen der Empathie und ihre Beziehung zur historischen Forschung

Neben den drei wichtigsten Theorien des Verstehens der Gedanken, Gefühle oder Beweggründe anderer Menschen – Theorie-Theorie, Simulationstheorie und phänomenologische Position, von denen sich zwei vorwiegend oder ausschließlich auf Empathie stützen – gibt es heute mehrere engere Empathiedefinitionen, die nicht direkt mit diesen elaborierten philosophischen Positionen (der Philosophie des Geistes und der Phänomenologie) zusammenhängen. Einige von ihnen, zumal die psychologischen, betonen die affektive Dimension der Empathie. Andere, zumal die philosophischen, betonen ihre kognitive Dimension. Ohne ins Detail zu gehen oder die subtilen Variationen näher zu erörtern, lassen sich fünf verschiedene Definitionen identifizieren: Empathie als Rollenspiel oder Perspektivenübernahme (man versetzt sich imaginativ in die Haut des Anderen); als Teilen von Affekten oder als emotionale Ansteckung (man fühlt selbst, was der Andere fühlt); als Verschmelzung (man verliert sich im Anderen); als Identifizierung (man fühlt sich identisch mit dem Anderen); und schließlich als Mitgefühl (man nimmt zugewandt Anteil am Schmerz des Anderen).

Für den Erkenntnisgewinn in der Geschichtswissenschaft und die Bemühungen der Historikerinnen und Historiker, die Gedanken, Gefühle und Erlebensweisen von Menschen aus vergangenen Zeiten zu verstehen, ist vor allem die erste dieser engeren Definitionen – Empathie als Rollenspiel oder Perspektivenübernahme – von Belang. Sie fokussiert auf die kognitive Dimension der Empathie. Empathie ist demnach ein Beobachtungsmodus, eine Erkenntnisweise. Demgegenüber spielt die Empathie als Teilen von Affekten – aber nicht als emotionale Ansteckung – für Forschung und Verstehen in den Geschichtswissenschaften eine sekundäre, wenn auch nicht grundsätzlich unwichtige Rolle. Als Verschmelzungserfahrung und Identifizierung erscheint Empathie freilich nicht nur mit Blick auf die historische Arbeit problematisch. Ich werde erläutern, dass Verschmelzung und Identifizierung mit der disziplinierten Verwendung der Empathie als Zugang zur Gedanken- und Gefühlswelt von Menschen der Vergangenheit wie auch Gegenwart tatsächlich unvereinbar sind. Und obwohl Empathie Mitgefühl, Altruismus und eine prosoziale Einstellung wecken kann, geschieht dies nicht unabdingbar, denn sie kann – und dies ist oft der Fall –

auch zu feindseligen Zwecken eingesetzt werden. Ich werde zeigen, dass Empathie und Mitgefühl keineswegs identisch sind, sondern eher zwei diametrale Pole bilden.

Empathische Imagination und Perspektivenübernahme

So, wie ich sie hier definiere, ist Empathie in den Geschichtswissenschaften der Versuch, die Menschen der Vergangenheit zu verstehen, indem man in seiner Vorstellung ihre Perspektive übernimmt, sich in ihr Erleben einfühlt. Schon Adam Smith hat die Empathie, die im 18. Jahrhundert als Sympathie bezeichnet wurde, als eine imaginative Perspektivenübernahme definiert. »Da wir keine unmittelbare Erfahrung von den Gefühlen anderer Menschen besitzen, können wir uns nur so ein Bild von der Art und Weise machen, wie eine bestimmte Situation auf sie einwirken mag, daß wir uns vorzustellen suchen, was wir selbst wohl in der gleichen Lage fühlen würden«, schrieb Smith im Jahr 1759. Nur »in der Phantasie« können wir uns eine Vorstellung von der Gemütslage des Anderen machen:

> »Vermöge der Einbildungskraft versetzen wir uns in seine Lage, [...] in unserer Phantasie treten wir gleichsam in seinen Körper ein und werden gewissermaßen eine Person mit ihm; von diesem Standpunkt aus bilden wir uns eine Vorstellung von seinen Empfindungen und erleben sogar selbst gewisse Gefühle, die zwar dem Grade nach schwächer, der Art nach aber den seinigen nicht ganz unähnlich sind.«[132]

Fast 150 Jahr später betonte R. G. Collingwood mit spezifischem Bezug auf die Geschichtswissenschaft ebenfalls die zentrale Bedeutung der Einbildungskraft und der Perspektivenübernahme für das Verstehen anderer Menschen. Historikerinnen und Historiker nutzen ihre Phantasie nicht lediglich, um die Vergangenheit zu beschreiben; historische Einbildungskraft ist vielmehr »unerläßlich«[133] dafür, sich überhaupt ein Bild von ihr machen zu können. Man erfasst ein historisches Phänomen, »indem man sich selbst in dieses hineindenkt und sein Leben dem eigenen Leben einverleibt«.[134]

132 Adam Smith (2010 [1759]). *Theorie der ethischen Gefühle.* Auf der Grundlage der Übersetzung von Walther Eckstein neu herausgegeben von Horst D. Brandt. Hamburg (Felix Meiner Verlag), S. 5f. Smith unterscheidet zwischen »sympathy« – heute würden wir von Empathie sprechen –, und »compassion«, Mitleid.

133 Collingwood, *Philosophie der Geschichte*, S. 253. Siehe auch Jacquette, Collingwood on Historical Authority and Historical Imagination, S. 58f.

134 Ebd., S. 209. Collingwoods Verständnis der Empathie in den Geschichtswissenschaften als ein Nachvollziehen, ein Wiederdenken, der Gedanken früherer Künstler und Intellektuel-

Auch ein anderer britischer Historiker aus der Ära Collingwoods, Herbert Butterfield, betonte, dass wir uns dank »einfühlender Vorstellungskraft in Menschen hineinversetzen […], ihre Gefühle selbst empfinden […] und ihre Gedanken erneut denken können, so dass wir uns nicht in der Position des Beobachters befinden, sondern in der des Handelnden selbst«. Butterfield erkannte die Grenzen der Empathie an und berücksichtigte, dass vollständige Einfühlung in den Anderen niemals möglich ist. Gleichwohl behauptete er, dass der Versuch, die Position des historischen Subjekts einzunehmen, den Historiker vor »einer nur oberflächlichen oder abweisenden Einstellung zu den Persönlichkeiten der Vergangenheit bewahrt«. Empathische Geschichtsforschung

> »behandelt [Menschen der Vergangenheit] nicht als bloße Gegenstände oder beurteilt Eigenschaften, die der Naturwissenschaftler beurteilen würde; und sie gibt sich auch nicht damit zufrieden, lediglich wie ein äußerer Beobachter über sie zu berichten. Sie besteht darauf, dass die Geschichte nicht zutreffend erzählt werden kann, wenn wir die Persönlichkeiten nicht von innen betrachten.«[135]

Fünfzig Jahre später klingt Butterfields These, dass Empathie »historisches Verstehen« menschlich mache, bei Dominick LaCapra wieder an, wenn dieser erklärt, dass

---

ler, die kanonische Werke verfasst haben, und der rationalen Akteure, die hinter historisch bedeutsamen Ereignissen standen, ist heute freilich überholt. Auch wenn ich die Empathie in der historischen Forschung nicht lediglich als ein erneutes Denken von Gedanken aus früheren Zeiten verstehe, denken wir bisweilen die Gedanken eines anderen Menschen im Rahmen des Prozesses, in dem wir ihn zu verstehen versuchen. Ganz gleich, ob wir einen komplizierten Text lesen oder einer schwierigen mündlichen Erklärung zuhören – wir denken häufig zusammen mit dem Verfasser oder dem Sprecher, um zu verstehen, was er uns mitteilen möchte. Als Visiting Fellow am Exeter College in Oxford habe ich mich einmal mit einem Altphilologen unterhalten, der mir seine Forschung über die spätrömische Dichtung zu erklären versuchte. Es fiel mir schwer, ihm zu folgen. Beim Zuhören wurde mir bewusst, dass ich seine Überlegungen nachzuvollziehen und mit meinen eigenen Worten zu formulieren versuchte, um seine Beschreibung seiner Arbeit zu begreifen. Ich erinnere mich, dass ich aufmerksam zuhörte, während er einen sehr langen Satz mit mehreren Nebensätzen formulierte. Und ich erinnere mich, dass ich hoffte, er würde den Satz mit einer bestimmten Formulierung, die mir vorschwebte, beenden. Ich antizipierte diese Formulierung aus folgendem Grund: Würde er sie so oder ähnlich verwenden, wie sie mir vorschwebte, könnte ich davon ausgehen, seine Erklärungen verstanden zu haben. Als er seinen Satz dann wirklich mit dieser Formulierung abschloss, empfand ich Erleichterung: Ich hatte ihn mehr oder weniger verstanden.

135 Herbert Butterfield (1951). *History and Human Relations.* London (Collins), S. 145f. Butterfield erörtert auch die Grenzen der Empathie; ebd., S. 116f.

Empathie es »responsiv« mache.[136] Laut LaCapra bewahrt die Empathie Historiker und Historikerinnen davor, Geschichte zu objektivieren, Menschen und Erfahrungen vergangener Zeiten in »Studienobjekte« zu verwandeln. Historiker und Historikerinnen ohne Empathie wahren Distanz zu ihren menschlichen historischen Subjekten und beziehen die ethisch nicht vertretbare Position des »Zuschauers«, der sich von ihnen fernhält.[137]

Zahlreiche Wissenschaftler verschiedener Disziplinen haben die Empathie ähnlich, wenn auch prosaischer, definiert wie Smith, Collingwood und Butterfield. In den weiteren Kapiteln werden viele diese Definitionen immer wieder zur Sprache kommen, doch vorerst müssen einige wenige genügen.[138] Die Philosophin Martha Nussbaum zum Beispiel versteht unter Empathie

> »die imaginative Rekonstruktion des Erlebens eines anderen Menschen«.[139]

Der Literatur- und Kulturwissenschaftler Fritz Breithaupt versteht unter Empathie,

> »imaginär den Standpunkt eines anderen einzunehmen und seine oder ihre Reaktion auf die Situation zu teilen. Man schlüpft dort in die Haut eines anderen, wo sie auf ihre Umwelt trifft. […] Mit-Erleben bedeutet, dass man in die (kognitive, emotionale und physische) Situation eines anderen Wesens transportiert wird.«[140]

136 LaCapra, Tropisms of Intellektual History, S. 503.

137 Dominick LaCapra (2004). *History in Transit: Experience, Identity, Critical Theory.* Ithaca (Cornell Univ. Press), S. 70; siehe auch S. 5.

138 Dazu zählen Rosalind F. Dymond (1949). A Scale for the Measurement of Empathic Ability. *Journal of Consulting Psychology* 13(2), S. 127; zu Gordon Allports nahezu identischer Definition siehe Lauren Wispé (1987). History of the Concept of Empathy. In: *Empathy and Its Development.* Hg. von Nancy Eisenberg und Janet Strayer. Cambridge Studies in Social and Emotional Development. New York (Cambridge Univ. Press), S. 26; Evan Thompson (2997). *Mind in Life: Biology, Phenomenology, and the Sciences of Mind.* Cambridge, MA (Belknap Press of Harvard Univ. Press), S. 396f.; C. Jason Throop (200). On the Problem of Empathy: The Case of Yap, Federated States of Micronesia. *Ethos* 36(4), S. 405; Coplan, Understanding Empathy, S. 17f. Einbildungskraft und Perspektivenübernahme spielen auch für Husserls Konzipierung der Empathie eine zentrale Rolle; siehe Peter Shum, Avoiding Circularities .

139 Martha C. Nussbaum (2001). *Upheavals of Thought: The Intelligence of Emotions.* Cambridge (Cambridge Univ. Press), S. 301f.; siehe auch Assman und Detmers, Introduction, S. 4.

140 Fritz Breithaupt (2017). *Die dunklen Seiten der Empathie.* Frankfurt am Main (Suhrkamp), S. 16. Siehe auch Fritz Breithaupt (2016). Empathy for Empathy's Sake: Aesthetics and Everyday Empathic Sadism. In: *Empathy and Its Limits.* Hg. von Aleida Assmann und

Der Kulturwissenschaftlerin Alison Landsberg zufolge setzt empathisches Erleben

> »einen Akt der Einbildungskraft voraus – man muss aus sich selbst heraustreten und sich vorzustellen versuchen, wie sich das, was die andere Person durchgemacht hat, für sie angefühlt hat«.[141]

Dominick LaCapra schließlich beschreibt Empathie als

> »einen imaginativen, intellektuellen und emotionalen Rapport mit dem Anderen als einem Anderen, der nicht die Fähigkeit impliziert, die Stelle des Anderen einzunehmen oder für ihn zu sprechen. Empathie ist vielmehr zu verstehen als ein Sich-Hineinversetzen in die Position des Anderen, ohne sich an seine Stelle zu begeben – eine Unterscheidung, die der Differenz Rechnung trägt.«[142]

Einige Wissenschaftler konzipieren die mit der Perspektivenübernahme einhergehende Empathie als eine Form des Narrativs. So vertritt Breithaupt die These, »dass wir andere Menschen (und uns selbst) verstehen, indem wir sie in kleine gedankliche Erzählungen verwickeln. Wir verstehen, indem wir erzählen. [...] Einfach gesagt: Wir lassen Empathie zu, wenn wir in Geschichten denken, und wir fühlen uns in Narrationen dadurch ein, dass wir Empathie mit anderen und fiktiven Charakteren entwickeln.«[143]

Ines Detmers. London/New York (Palgrave MacMillan), S. 152; Fritz Breithaupt (2009). *Kulturen der Empathie*. Frankfurt am Main (Suhrkamp), S. 8.

141 Alison Landsberg (2009). Memory, Empathy, and the Politics of Identification. *International Journal of Politics, Culture, and Society* 22(2), S. 223.

142 Dominick LaCapra (2018). *Understanding Others: Peoples, Animals, Pasts.* Ithaca/London (Cornell Univ. Press), S. 47.

143 Breithaupt, *Kulturen der Empathie*, S. 10, 114. Breithaupt interessiert sich insbesondere für den Beitrag, den die Empathie zur Konfliktlösung leisten kann. Seine Sichtweise ist vereinbar mit Lynn Hunts These, dass das Konzept universaler Menschenrechte auf Empathie beruhe, auf der Fähigkeit, sich vorzustellen, »dass ein anderer Mensch so ist wie man selbst«. Die Empathie wiederum hat sich Hunts Meinung nach in der europäischen Kultur entwickelt, indem Leser und vor allem Leserinnen im 18. Jahrhundert durch die Lektüre von Romanen lernten, sich in ihrer Vorstellung in die Lebensgeschichten und die Erfahrungen der Romanfiguren hineinzuversetzen. Die Romane ermöglichten es ihnen Hunt zufolge, »den Bereich der Empathie zu erweitern [...]. Infolgedessen sahen sie, dass andere Menschen – die sie nicht persönlich kannten – nicht anders waren als sie selbst und innerlich genauso fühlten. Ohne diesen ›Lernprozess‹ hätte ›Gleichsein‹ keine tiefe Bedeutung und insbesondere keine politischen Konsequenzen gehabt.« Lynn Hunt (2007). *Inventing Human Rights: A History.* New York (Norton), S. 32, 40.

Demnach nimmt der empathische Beobachter die Perspektive des Beobachteten ein, um dessen Geschichte aus dessen eigener Perspektive, so wie er selbst sie erzählen würde, zu erzählen.[144] Der Philosoph Shaun Gallagher, ein Kritiker der Simulationstheorie, argumentiert, dass »das Verstehen der Situation des Anderen [...] in höherem Maß durch narrative als durch Simulationsfähigkeiten unterstützt wird«.[145] Um einen anderen Menschen empathisch verstehen zu können, muss man »die Erfahrung des Anderen in ein Narrativ fassen«.[146] Gallagher zieht den Schluss, dass das »Verstehen von Menschen im Kontext ihrer Situation – ein Gespür für ihre Geschichte [story] – unerlässlich ist, um eine empathische Einstellung ihnen gegenüber entwickeln zu können«.[147] Wir wachsen auf und lernen Geschichten, die uns »einen interpretativen Einblick in die Handlungen anderer Personen gewähren«, und wenn wir älter werden, entwickeln wir nach und nach eine narrative Kompetenz, die es uns erleichtert, Andere und uns selbst zu verstehen und zu wissen, »was wir von Menschen zu erwarten und wie wir mit ihnen umzugehen haben«.[148] Wir können uns nicht nur in Menschen einfühlen, die uns im Hier und Jetzt gegenüberstehen, sondern auch in Menschen anderer Zeiten und anderer Herkunft. »Dies ist jedoch nur möglich, wenn wir ihre Geschichten [stories] kennen – nur wenn wir ihr Verhalten in ein rahmendes Narrativ einbetten können, das uns Aufschluss gibt über ihre Geschichte [history] oder ihre Situation«.[149] Wir können die Denk- und Erlebensweise von Menschen, die wie wir sind, laut Gallagher besser verstehen als die Gedanken und Gefühle von Menschen, die anders sind als wir (eine problematische These, die ich im 5. Kapitel, »Die Rolle subjektiver Erfahrung für die Empathie«, untersuche) – nicht nur, weil wir spezifische Erfahrungen mit ihnen teilen, sondern vor allem deshalb, weil ihre Geschichten uns vertraut sind und »es uns

144 Shelley Berlowitz, Unequal Equals: How Politics Can Block Empathy. In: Assmann und Detmers, *Empathy and Its Limits*, S. 42. Berlowitz tritt für »narrative Empathie« ein. Ebenso wie Breithaupt interessiert sie in erster Linie der Beitrag der Empathie zur Konfliktlösung.

145 Shaun Gallagher (2011). Empathy, Simulation, and Narrative. *Scientific Context* 25(3), S. 369. Siehe auch Retz, *Empathy and History*, S. 159.

146 Gallagher, Empathy, Simulation, and Narrative, S. 370.

147 Ebd., S. 374.

148 Ebd., S. 371.

149 Ebd., S. 370. Siehe auch Shaun Gallagher und Somogy Varga (2014). Social Constraints on the Direct Perception of Emotions and Intentions. *Topoi* 33(1), S. 196. Der Philosoph David Carr zieht dem Begriff »Empathie«, der sich seiner Ansicht nach auf Individuen und ihre Intentionen konzentriert, den des »Narrativs« vor, weil »eine Story mannigfaltige Handlungen und Ereignisse sowie längerfristige Handlungen, Nebenhandlungen und Reaktionen auf Ereignisse erfassen kann«. David Carr (2008). Narrative Explanation and Its Malcontents. *History and Theory* 47, S. 24f.

leichter fällt, sie in einen narrativen Rahmen zu fassen«.[150] Empathie, konzeptualisiert als Narration, bedeutet offensichtlich, die Geschichten [stories] zu erzählen, die Andere in der Gegenwart wie auch in der Vergangenheit über sich selbst erzählt haben *könnten*.[151] Wir sollten zweifellos dem Historiker Alon Confino folgen, der in seinem Buch *A World without Jews* die Geschichten ins Zentrum stellt, die Menschen aus der Vergangenheit *tatsächlich* über sich erzählt haben. Confino versucht insbesondere, die Geschichte zu rekonstruieren und zu verstehen, »die die Nazis sich erzählt haben, um die Verfolgung und Vernichtung der Juden zu rechtfertigen und zu legitimieren«.[152]

Zwei Begriffe, die der Historiker und Geschichtsphilosoph Reinhart Koselleck konzipiert hat, haben einen besonders engen Bezug zur Anwendung der als Perspektivenübernahme verstandenen Empathie. Indem wir imaginativ die Perspektive von Menschen aus vergangener Zeit einnehmen, rekonstruieren wir ihren »Erfahrungsraum« und ihren »Erwartungshorizont«. Als »Erfahrungsraum« bezeichnet Koselleck die Vergangenheit der historischen Subjekte, so wie sie in ihnen lebendig war. Es ist eine, wie er es formuliert, *gegenwärtige Vergangenheit*. Unter dem »Erwartungshorizont« versteht Koselleck die Hoffnungen, Ängste und Zukunftserwartungen, so wie sie in ihnen lebendig waren. Es ist eine, wie er es nennt, *vergegenwärtigte Zukunft*. Weil unser Erfahrungsraum und unser Erwartungshorizont nicht ausschließlich persönlicher Natur sind, sondern sozial und kulturell geteilt und konstruiert werden, sind uns weder unsere Erfahrungen noch unsere Erwartungen jederzeit vollständig bewusst. Darüber hinaus haben Erfahrungen wie auch Erwartungen nur einen Moment lang Bestand und verändern sich laufend. Mit jedem neuen Moment wandeln sich unser Erleben der Vergangenheit und damit einhergehend unsere Erwartungen für die Zukunft. Das in ständiger Veränderung begriffene Zusammenspiel von Erfahrung und Erwartung konstituiert, so Koselleck, geschichtliche Zeit, d.h. Veränderung in der Geschichte.[153] Wie eingangs erwähnt, hat Koselleck den Prozess der Rekonstruktion von »Erfahrungsraum« und »Erwartungshorizont« historischer Subjekte nie als Empathie bezeichnet. Gleichwohl entspricht das imaginative Sich-Hineinversetzen,

150 Gallagher, Empathy, Simulation, and Narrative, S. 370.

151 Siehe z.B. Berlowitz, Unequal Equals, S. 42. Wenn ich sie richtig verstehe, nehmen auch Breithaupt und Gallagher an, dass das empathische Narrativ von einer Beobachterin konstruiert wird, die sich die Geschichte vorstellt, die der Beobachtete über sich selbst erzählt haben *könnte*.

152 Confino, From Psychohistory to Memory Studies, S. 27; Alon Confino (2014). *A World without Jews: The Nazi Imagination from Persecution to Genocide.* New Haven, CT (Yale Univ. Press). Siehe auch LaCapra, *Understanding Others*, S. 48.

153 Reinhart Koselleck (1979). »Erfahrungsraum« und »Erwartungshorizont«: Zwei historische Kategorien. In: *Vergangene Zukunft: Zur Semantik geschichtlicher Zeiten.* Frankfurt am Main (Suhrkamp), S. 354f.

Sich-Hineindenken und -Hineinfühlen in ihre Erfahrungsräume und Erwartungshorizonte exakt der Art und Weise, wie Empathie als Erkenntnisgewinnung und Verstehen in der Geschichtswissenschaft hier definiert wird.

Mithin zielt die empathische Beobachtung in der Geschichtswissenschaft nicht nur darauf, entschwundene Erfahrung zu erfassen und zu verstehen; sie ist zudem ein erfahrungsbasierter Erkenntnis- und Verstehensmodus. Empathisch verstehen bedeutet, Erfahrung durch Erfahrung zu verstehen, d. h. als Beobachter selbst zu erleben, was der Beobachtete erlebt.[154] Wissenschaftler und Wissenschaftlerinnen, die sich als Sozialforscher und -forscherinnen sehen, beziehen im Allgemeine eine äußere Beobachtungsposition, d. h. sie betrachten Phänomene sowie deren Bewegungen und Beziehungen von außen. Historikerinnen, die sich für Demographie, wirtschaftliche Entwicklungen, Institutionen und Kausalzusammenhänge interessieren, Ereignisse und Handlungen untersuchen oder komparative Geschichte betreiben, betrachten die Vergangenheit häufig weitgehend von der Position einer äußeren Beobachterin aus. Hingegen nehmen Historikerinnen, die sich für das Erleben und für die Erfahrungen von Menschen der Vergangenheit interessieren, oft die innere, empathische Position ein, den Blickwinkel ihrer historischen Subjekte, und versuchen, sich in den »Erfahrungsraum« und den »Erwartungshorizont« jener Menschen hineinzudenken und einzufühlen.[155]

Empathie und die Geschichte der Gefühle

Auf den ersten Blick betrachtet, scheint das wachsende Arbeitsfeld der Geschichte der Gefühle mit empathischer Geschichtsforschung verwandt zu sein. Das Augenmerk empathisch forschender Historiker richtet sich auf Emotionen, zumal auf Emotionen, die von historischen Subjekten erlebt wurden, auch wenn sie sich gleichermaßen für Erfahrungen interessieren, die nicht oder zumindest nicht im Wesentlichen emotionaler Natur waren. Gleichwohl unterscheidet sich die empathische Geschichtsforschung

154 Coplan, Understanding Empathy, S. 17.

155 Die hier getroffene Unterscheidung zwischen dem äußeren und dem empathischen Beobachtungsstandort hat eine Parallele in Karsten Stuebers Unterscheidung zwischen der Perspektive eines teilnehmenden Beobachters [engaged perspective] und der Perspektive eines distanzierten Beobachters [detached perspective]. Diese beiden Beobachtungsperspektiven bilden laut Stueber die Grundlage des epistemologischen Unterschiedes zwischen Natur- und Geisteswissenschaften. Karsten Stueber (2012). Understanding versus Explanation? How to Think About the Distinction between the Human and the Natural Sciences. *Inquiry: An Interdisciplinary Journal of Philosophy* 55(1), S. 18.

von der Emotionsgeschichte dadurch, dass Letztere als Abkömmling der Sozialgeschichte das emotionale Leben vorwiegend vom Standort des äußeren Beobachters aus und nicht unter dem Blickwinkel des fühlenden historischen Subjekts betrachtet. Soweit ich sie verstehe, untersucht die Emotionsgeschichte nicht vorrangig, wie empfindende Subjekte ihre eigenen Gefühle wahrnehmen, sondern wie spezifische Gesellschaften Emotionen definiert, verarbeitet, verdrängt und geäußert haben. Das heißt, sie erforscht die kulturelle Funktion der Gefühle in bestimmten Gesellschaften. Der Historiker des antiken Rom, William V. Harris, vertritt die Auffassung, dass empathische Geschichtsforschung »in einem intellektuellen ebenso wie im emotionalen Sinn« unmöglich sei, und spricht sich stattdessen für die Geschichte der Gefühle aus.[156] Er befürwortet die Erforschung »emotionaler Gemeinschaften«, wie sie von der Mediävistin Barbara Rosenwein beschrieben werden, und eine »deskriptive Historiografie, die aus Versuchen besteht, zu klären, wie bestimmte Emotionen in historischen Gesellschaften funktionierten«.[157] Harris' These, dass wir nicht auf Empathie angewiesen seien, um das Gefühlsleben von Menschen der Vergangenheit zu verstehen, trifft natürlich zu, wenn wir uns damit zufriedengeben, lediglich seine sozialen und kulturellen Äußerungsformen und Funktionen zu erforschen.[158] Wenn wir aber wissen wollen, wie Menschen der Vergangenheit ihre eigenen Gefühle und die ihrer Mitmenschen erlebt und verstanden haben, sind wir auf die innere, empathische Perspektive angewiesen. Die von Erforschern der Emotionsgeschichte gewöhnlich eingenommene Perspektive des äußeren Beobachters kann diese Aufgabe allein nicht erfüllen.

Empathie versus Ansteckung, Verschmelzung und Identifizierung

Auch wenn Empathie als Modus historischer Erkenntnisgewinnung bedeutet, die subjektive Position von Menschen der Vergangenheit einzunehmen, besetzt der empathische Historiker diese Position weder vollständig noch ununterbrochen. Ob in der Geschichtsforschung oder im Alltagsleben, Empathie ist *immer* partiell und temporär, wie sowohl empirische psychologische als auch neurowissenschaftliche Studien belegen.[159] Wir simulieren neurologisch lediglich einige, aber nicht sämtliche Aspek-

156 Harris, History, Empathy, and Emotions, S. 1.

157 Ebd., S. 15.

158 Siehe dazu Nicole Eustace et al. (2012). AHR Conversation: The Historical Study of Emotions. *American Historical Review* 117, S. 1487–1531.

159 Die neurophysiologische Grundlage der Unterscheidung zwischen Selbst und Anderem in der Empathie wurde durch die Verhaltensforschung und durch fMRI-Studien belegt. Siehe z. B. Lamm et al., The Neural Substrate of Human Empathy, S. 56. Auch empirische psy-

te des Erlebens anderer Menschen. Wenn wir jemanden beobachten, der Schmerzen hat, werden z. B. Gehirnareale aktiviert, »die mit dem emotionalen Inhalt von Schmerz assoziiert sind«, aber wir empfinden selbst keinen Schmerz.[160] Das bedeutet, dass wir in die Perspektive des Anderen wechseln, unser eigenes, unabhängiges Selbstgefühl aber gleichzeitig erhalten bleibt; wir stellen uns vor, »in die Haut« des Anderen zu schlüpfen, und erkennen zugleich an, »wo das Selbst endet und der Andere beginnt«.[161] Oder wie die Psychoanalytikerin Lotte Köhler es formulierte: Empathie bedeutet, »sich in die innere Lage eines anderen zu versetzen und dabei doch bei sich selbst zu bleiben«.[162]

Bei der Empathie bleibt uns die Unterscheidung zwischen Selbst und Anderem bewusst. Dies unterscheidet sie von der emotionalen Ansteckung, welche bewirkt, dass der emotionale Zustand des Anderen das Selbst quasi »infiziert« (wie es in der Bar, bei Sportereignissen oder Großdemonstrationen geschieht). Es unterscheidet sie auch von der psychischen Verschmelzung, die zur Folge hat, dass das Selbst des Beobachters vom Selbst des Beobachteten absorbiert wird, und von der Identifizierung, in der man sich mit dem Anderen identisch fühlt. In allen drei Fällen wird die psychische Grenze zwischen Selbst und Anderem aufgehoben, und der Beobachter verliert das Gefühl eines eigenständigen Selbst.[163] Bei der Empathie bleibt das Selbstgefühl erhalten, oder um ein Wortspiel Edith Steins zu zitieren: »Einfühlen« ist nicht »Einsfühlen«.[164]

Dass die Empathie häufig als Verschmelzungserfahrung oder Identifizierung missverstanden wird, mag zu der Skepsis beigetragen haben, die das Konzept in der Geschichtswissenschaft weckt. So hat die Ineinssetzung von Empathie und Identifizierung in Bezug auf die Opfer historischer Traumata nach Meinung Dominick LaCapras zu einer »Idealisierung oder sogar Sakralisierung des Opfers« sowie zu »einem oft histrionischen Selbstbild [des Historikers] als Ersatzopfer« geführt, das eine »stellvertretende Erfahrung« durchmacht.[165] Als Identifizierung missverstanden, kann Em-

---

chologische Studien haben die zentrale Bedeutung dieser Unterscheidung nachgewiesen. Siehe z. B. Martin L. Hoffman (1984). Interaction of Affect and Cognition in Empathy. In: *Emotions, Cognition, Behavior.* Hg. von C. E. Izard, J. Kagan und R. B. Zajonc. Cambridge (Cambridge Univ. Press).

160 Watson und Greenberg, Empathic Resonance, S. 127.

161 Coplan, Understanding Empathy, S. 5, 6, 17; siehe auch S. 15f.

162 Köhler, Von der Freud'schen Psychoanalyse zur Selbstpsychologie Heinz Kohuts, S. 39.

163 LaCapra, Tropisms of Intellectual History, S. 503; *History in Transit*, S. 43, S. 76f.; Breithaupt, *Kulturen der Empathie*, S. 25f., 35, 166f.; Empathy for Empathy's Sake, S. 152; *Die dunklen Seiten der Empathie, S. 22;* Nussbaum, *Upheavals of Thought*, S. 327f.

164 Edith Stein (2008 [1917]). *Zum Problem der Einfühlung.* Freiburg (Herder), S. 27.

165 LaCapra, *History in Transit*, S. 65, 77. Siehe auch Dominick LaCapra, *History and Memory after Auschwitz.* Ithaca (Cornell Univ. Press), S. 12, 182, 186f.

pathie bewirken, dass die Erfahrung des Opfers hinter dem Pathos des sich identifizierenden Historikers verschwindet. Selbstreflektiert und kritisch eingesetzt, kann die Empathie, so LaCapra, verhindern, dass Menschen vergangener Zeiten auf den Opferstatus reduziert werden und der Historiker sich als Ersatzopfer erlebt.[166]

Verschmelzung und Identifizierung lassen die Scheidung zwischen Beobachter und Beobachtetem verlorengehen; empathische Beobachtung hingegen erkennt die Unterscheidung an. Sie trägt ihr Rechnung und versucht gleichzeitig, sie zu verstehen.[167] Insoweit Empathie mit Verschmelzung einhergeht, handelt es sich um eine lediglich partielle Verschmelzung der sich ihrer selbst bewusst bleibenden Beobachterin; insoweit sie mit Identifizierung einhergeht, bildet sie eine »Probeidentifizierung«, die der Psychoanalytiker Robert Fliess mit einer »Teeverkostung« verglichen hat.[168] Doch auch das Konzept der Empathie als »Probeidentifizierung« ist nach Meinung Lotte Köhlers irreführend, weil »bei letzterer vorübergehend die eigene Identität aufgegeben wird, was bei der Empathie gerade nicht der Fall ist«.[169] Empathie, so der Historiker Mark Roseman, »setzt die Aufrechterhaltung des beobachtenden Selbst voraus. Selbstverlust ist nicht Empathie, sondern Identifizierung.«[170] Mit der Notwendigkeit, klar zwischen Selbst und Anderem zu unterscheiden, hängt das Wissen um den »Als-ob«-Charakter der Einfühlung zusammen, den der Psychologe Carl Rogers hervorhob. Man versucht, sich in das Erleben der anderen Person einzufühlen oder hineinzudenken, »als ob« man der Andere wäre, wobei man aber gleichzeitig anerkennt, dass dieser vom Selbst geschieden und seine emotionale Reaktion nicht die eigene ist.[171]

166 LaCapra, *Writing History, Writing Trauma, S. 40, 78, 219. Siehe auch History and Memory after Auschwitz*, S. 12, 54.

167 Von der Identifizierung unterscheidet sich Empathie laut LaCapra dadurch, dass letztere »die Anerkennung der Getrenntheit des Anderen voraussetzt« und so der identifikatorischen Tendenz entgegenwirkt, »den Anderen auf eine Weise einzuverleiben, die Unterschiede zunichtemacht«. LaCapra, *Understanding Others*, S. 123f. Siehe auch S. 47, 113, 146.

168 Robert Fliess (1942). The Metapsychology of the Analyst. *Psychoanalytic Quarterly* 11, S. 212, 214.

169 Köhler, Von der Freud'schen Psychoanalyse zur Selbstpsychologie Heinz Kohuts, S. 49.

170 Persönl. Mitteilung.

171 Wispé, History of the Concept of Empathy, S. 28. Siehe auch Breithaupt, *Kulturen der Empathie*, S. 35; Gladstein, Contemporary Empathy Research, S. 54; Jodi Halpern (2001). *From Detached Concern to Empathy: Humanizing Medical Practice.* Oxford (Oxford Univ. Press), S. 82. Dominick LaCapra beschreibt Empathie als »eine virtuelle Erfahrung«. LaCapra, *Writing History, Writing Trauma*, S. 40; *History in Transit*, S. 125.

Weil Empathie nicht bedeutet, lediglich zu erleben, was der Andere erlebt, sondern dieses Erleben auch zu verstehen, schließen Ansteckung, Verschmelzung und Identifizierung die Empathie als eine Form der Kognition aus. Der Philosoph Austin Harrington bringt dies auf den Punkt, wenn er sagt, dass »Selbstauslöschung nur in Selbstprojektion kulminiert«.[172] Während man sich in fremde Gefühle und Gedanken einfühlt, muss man sich der Scheidung zwischen Selbst und Anderem deutlich bewusst sein, um anerkennen zu können, dass die Erfahrungen des Anderen nicht die eigenen sind und umgekehrt eigene Erfahrungen nicht die des Anderen.[173] Selbst wenn wir die Gefühle eines anderen Menschen empathisch mitempfinden, z. B. in einer psychoanalytischen Behandlung, müssen wir uns des Unterschiedes zwischen fremden und eigenen Gefühlen bewusst bleiben.[174] Das Gewahrsein des Unterschiedes zwischen Selbst und Anderem ermöglicht es uns, so Carl Rogers, »unsere eigenen Ansichten und Werte vorübergehend außeracht zu lassen, um uns vorurteilsfrei in eine andere Welt hineinbegeben zu können«.[175] Wir müssen nicht nur unsere eigenen Überzeugungen unter Quarantäne stellen, um die Überzeugungen Anderer zu begreifen; indem wir die »Perspektive der anderen Person« übernehmen, ermöglicht unsere Selbstbewusstheit es uns, »eingefühlte Als-ob-Überzeugungen von [unserer] eigenen kognitiven Weltsicht zu isolieren«.[176] Für den Psychoanalytiker Heinz Kohut bedeutete Empathie nicht etwa, in das Erfahrungsmeer des Anderen hineinzuspringen, sondern einen Zeh einzutauchen.[177] So wie wir die Argumentation eines Anderen verstehen können, ohne mit ihr übereinzustimmen, können wir den Affekt des Anderen nachvollziehen, ohne dass er zu unserer eigenen Reaktion wird.[178]

---

172 Austin Harrington (2001). Dilthey, Empathy and Verstehen: A Contemporary Reappraisal. *European Journal of Social Theory* 4(3), S. 312.

173 Assmann und Detmers, Introduction, S. 6.

174 Köhler, *Von der Freud'schen Psychoanalyse zur Selbstpsychologie Heinz Kohuts*, S. 39.

175 Zitiert nach Wispé, *History of the Concept of Empathy*, S. 28.

176 Stueber, *Rediscovering Empathy*, S. 114. »Empathie«, so die Filmwissenschaftlerin Margrethe Bruun Vaage, »ist immer ein nur partielles Teilen eines fremden Zustandes, und nur ein Teilen derselben Art von Zustand. Dieser wird als Zustand des *Anderen* unter Quarantäne gestellt, so dass er die mentale Ökonomie des Beobachters nicht vollständig überflutet, sondern es ihm ermöglicht, eigene Reaktionen auf die Empathieerfahrung zu entwickeln. Wenn ich mich im realen Leben in Andere einfühle, geschieht dies immer von meiner Position als Beobachter des fremden Zustands, der sich von meinem eigenen unterscheidet.« Vaage, Fiction Film and Empathic Engagement, S. 167.

177 Persönl. Mitteilung.

178 Constantine Sandis (2011). A Just Medium: Empathy and Detachment in Historical Understanding. *Journal of the Philosophy of History* 5(2), S. 198.

Empathie als Erkenntnismodus ist somit eine bewusste und selbst-bewusste Aktivität, für die uns unser »Selbst« als »Medium zum Verständnis« anderer Personen dient, ohne dass unser Selbstgefühl dadurch gefährdet würde.[179] Auch wenn wir uns als Historikerinnen imaginativ in die Lage des historischen Subjekts hineinversetzen, sieht uns ein Teil unserer selbst als Beobachterin dabei zu. Dem Ideenhistoriker Michael Ermarth zufolge erkannte schon Dilthey an, dass geisteswissenschaftliche Erkenntnis aus »›innerem‹ Verstehen und kritischem Urteil« besteht.[180] Auch R. G. Collingwood betonte, dass wir nicht zu der Person der Vergangenheit werden, deren Gedanken wir einfühlend nachvollziehen. Vielmehr muss dieses Wiederdenken reflektiert und kritisch sein. Während dieses Prozesses beschäftigen wir uns sowohl subjektiv als auch objektiv mit den Gedanken der Vergangenheit. Wir denken sie erneut, und wir denken über sie nach.[181] Empathie geht also mit einer Art Spaltung der Historikerin einher, die gleichzeitig sowohl die empathische als auch die äußere Beobachterposition einnimmt.[182] In unserer Vorstellung versuchen wir, das Erleben des historischen Subjekts nachzuvollziehen, während wir gleichzeitig das historische Subjekt und uns selbst an seiner Stelle von unserer Beobachtungsposition aus beobachten. Der russische Philosoph, Literaturwissenschaftler und Semiotiker Michail Bakhtin war der Ansicht, dass ästhetisches Urteilsvermögen und ethisches Handeln sowohl Empathie, die innere Beobachtungsposition, als auch Ektopie, die äußere Beobachtungsposition, voraussetzen. Bakhtin behauptete, dass die Unterscheidung zwischen Selbst und Anderem nicht nur in Bezug auf Kunstwerke, sondern auch in zwischenmenschlichen Beziehungen der

179 Lauren Wispé (1986). The Distinction between Sympathy and Empathy: To Call Forth a Concept, a Word is Needed. *Journal of Personality and Social Psychology* 50, S. 318. Siehe auch Assmann und Detmers, Introduction, S. 6; Breithaupt, *Kulturen der Empathie*, S. 8; Nussbaum, *Upheavals of Thought*, S. 327f.

180 Ermarth, *Wilhelm Dilthey*, S. 314.

181 Collingwood, *Philosophie der Geschichte*, S. 300f. Siehe auch Retz, *Empathy and History*, S. 118, 128, 158.

182 Der Historiker Carlo Ginzburg diskutiert die Notwendigkeit der inneren Spaltung des Anthropologen/Historikers im Zusammenhang mit der Hexenverfolgung. Die von ihm erwähnte Spaltung ist aber eine andere als die gleichzeitige Einnahme der inneren und der äußeren Beobachterposition des empathischen Historikers. Ginzburg beschreibt die Spaltung des Historikers, der gleichzeitig den Standpunkt des Inquisitors bezieht und Informationen über Hexen zu sammeln versucht, und sich in die Lage des Opfers versetzt, weil er Mitleid mit den Menschen empfindet, die der Hexerei beschuldigt wurden. Carlo Ginzburg (1994). Der Inquisitor als Anthropologe. In: *Geschichte schreiben in der Postmoderne. Beiträge zur aktuellen Diskussion.* Hg. von Christoph Conrad und Martina Kessel. Stuttgart (Reclam), S. 206.

Gegenwart und Vergangenheit während des gesamten Einfühlungsprozesses erhalten bleiben müsse.[183]

Auch wenn wir uns in Andere einfühlen, müssen wir Distanz zum Erleben unseres Subjekts wahren, um uns selbstreflexiv auf die Einzigartigkeit des Subjekts einstimmen und uns der Begrenztheit unserer Empathie bewusst bleiben zu können.[184] Reflektierte und selbstkritische Empathie erzeugt, so LaCapra, ein »empathisches Unbehagen«, eine »empathische Verunsicherung« [»empathic unsettlement«], die sich, wie der Autor selbst einräumt, einer präzisen Definition entzieht. Charakteristisch für diese empathische Verunsicherung ist nach meinem Verständnis seines Werkes die durchgängige Differenzerfahrung des Historikers, selbst während er den Unterschied zu untersuchen und zu verstehen versucht.[185] Die empathische Verunsicherung veranlasst Historikerinnen und Historiker, ihren eigenen subjektiven, empathischen Reaktionen auf den Grund zu gehen, um sicherzustellen, dass ihre Empathie nicht in Ansteckung, Verschmelzung oder Identifizierung umschlägt – dass Empathie nicht in Pathos mündet, in eine Instrumentalisierung von Menschen der Vergangenheit oder in einen vereinfachenden, vermeintlich befriedigenden Abschluss, sondern den Weg zu einem Verständnis weist, das sowohl neue Perspektiven eröffnet als auch zu Abschlüssen findet.[186] Empathie bleibt, wie Herbert Butterfield unterstreicht, immer partiell und unvollständig.[187] Gerade ihre Begrenztheit ermöglicht es uns, den Unterschied zwischen Selbst und Anderem wahrzunehmen und anzuerkennen, dass unsere Einfühlung das Erleben des Anderen nie restlos erfassen wird, weil es unserer Empathie in wichtiger Hinsicht entzogen bleibt.[188]

Empathisch forschende Historiker und Historikerinnen sind nicht nur auf Selbstreflexion und -kritik angewiesen, sondern müssen die Position des äußeren Beobachters auch einnehmen, um zu wissen, wann die empathische Position erforderlich ist. Wenn irgendetwas unter dem Blickwinkel des äußeren Beobachters keinen Sinn ergibt oder wenn das normale intuitive Verständnis versagt, nehmen wir vorsätzlich

183 Sophie Oliver (2016). The Aesth-*Ethics* of Empathy: Bakhtin and the *Return to Self as an Ethical Act.* In: *Empathy and Its Limits.* Hg. von Aleida Assman und Ines Detmers. London/New York (Palgrave Macmillan), S. 166-168, insbesonder 167, 176f., 182.

184 Austin Harrington (2001). *Hermeneutic Dialogue and Social Science: A Critique of Gadamer and Habermas.* New York (Routledge), S. 126.

185 LaCapra, *Understanding Others*, S. 48.

186 LaCapra, *History in Transit*, S. 65, 83, 103, 135; *Writing History, Writing Trauma*, S. XI.

187 Butterfield, *History and Human Relations*, S. 116f., 145f.

188 Dan Zahavi und Søren Overgaard (2012). Empathy without Isomorphism: A Phenomenological Account. In: *Empathy: From Bench to Bedside.* Hg. von Jean Decety. Cambridge, MA (MIT Press), S. 9. Siehe auch Breithaupt, *Kulturen der Empathie*, S. 64.

und bewusst die Perspektive des historischen Subjekts ein. Nicht nur als Geschichtswissenschaftlerinnen, sondern auch im Alltagsleben beziehen wir die Position der empathischen Beobachterin, wenn die spiegelnde oder elementare Empathie, simulationstheoretisch formuliert, scheitert oder wenn, in der Terminologie der phänomenologischen Position formuliert, »unsere gemeinsame Teilhabe« an »einer gemeinsamen Welt«, unser normales intersubjektives Verstehen, nicht ausreicht, um den Anderen zu verstehen.[189] Das heißt, Historiker und Historikerinnen nehmen vorsätzlich und bewusst die fremde Perspektive ein, um das Erleben eines historischen Subjekts nachzuvollziehen oder zu rekonstruieren, wenn sie mit einem Erklärungsproblem konfrontiert sind.[190] Um ein solches Problem zu lösen und um zu verstehen, weshalb die Gefühle, Gedanken oder das Verhalten eines historischen Subjekts, die von außen betrachtet unerklärlich wirken oder mit elementarer Empathie nicht nachvollziehbar werden, im Erleben des historischen Subjekts Sinn ergeben, nehmen Historiker bewusst die empathische Position ein. Danach kehren sie zur Position des äußeren Beobachters zurück, um das empathisch gewonnene Verständnis zu interpretieren, denn unsere Interpretationen transzendieren die Erfahrung des Subjekts und sein Weltbild, weil sie sich auf Logik, Vergleich und Wissen stützen können, die mit der Logik, den Vergleichsmöglichkeiten und dem Wissen des historischen Subjekts nur indirekt zusammenhängen.[191]

Empathie versus Mitgefühl

Empathie bedeutet nicht Mitgefühl [sympathy]. Diese Unterscheidung sollte es Historikerinnen und Historikern eigentlich erleichtern, ihr Widerstreben gegen ein empa-

189 Dan Zahavi (2005). *Subjectivity and Selfhood.* Cambridge, MA (MIT Press), S. 165–167. Lotte Köhler unterschied zwischen Intuition und Empathie. Auch wenn letztere unbewusst und automatisch erfolgen könne, sei sie im Gegensatz zur Intuition ein »komplexer affektiv-kognitiver Akt«. Köhler, Von der Freud'schen Psychoanalyse zur Selbstpsychologie Heinz Kohuts, S. 49.

190 Für diese Formulierung danke ich der Philosophin Bojana Mladenovic. Siehe auch Dray, *Laws and Explanation in History*, S. 125f. Mit seiner Betonung historischer Kausalbeziehungen definiert Dray das von mir so genannte »Erklärungsproblem« als einen Moment, in dem Handeln und Begründung dieses Handelns nicht zur Deckung kommen, d.h. in dem das logische Gleichgewicht zwischen Handeln und Begründung verloren gegangen ist. Siehe auch Assmann und Detmers, *Introduction*, S. 5; Köhler, *Von der Freud'schen Psychoanalyse zur Selbstpsychologie Heinz Kohuts*, S. 51; Vaage, *Fiction Film and Empathic Engagement*.

191 LaCapra, *Understanding Others*, S. 113.

thisches Verstehen von Menschen vergangener Zeiten zu überwinden.[192] Die Auffassung, dass Empathie und Mitgefühl dasselbe seien oder dass Empathie automatisch Mitgefühl wecke, droht empathische historische Forschung in ein sentimentales oder womöglich noch problematischeres Unterfangen zu verwandeln, wenn empathische Einfühlung z. B. in die Gedanken, Gefühle und Beweggründe von Nazis gleichzeitig hieße, Mitgefühl für sie zu empfinden. Empathie und Mitgefühl in eins zu setzen ist offensichtlich unangebracht, wie Alon Confino auf elegante Weise darlegt: »Man kann verstehen, ohne zu vergeben, und vergeben, ohne zu verstehen.«[193] Das heißt, man kann sich in den Geisteszustand von Menschen hineinversetzen, für die man kein Mitgefühl empfindet, und man kann Mitgefühl für Menschen empfinden, in deren Haut zu stecken unvorstellbar erscheint.

Die Verwechslung von Empathie und Mitgefühl hängt zum Teil mit der Art und Weise zusammen, wie diese Begriffe in der Vergangenheit benutzt wurden. Wir haben gesehen, dass David Hume, Adam Smith, Charles H. Cooley, George Herbert Mead und Herbert Butterfield allesamt von *sympathy* sprachen, um die Einstellung zu bezeichnen, die wir heute als Empathie bezeichnen. Moderne Definitionen der Empathie, wie sie von Philosophen, Psychologen, Neurowissenschaftlern, Primatenforschern und Ethologen formuliert wurden, beziehen das Mitgefühl gelegentlich als Spielart der Empathie ein und postulieren einen Zusammenhang zwischen der Empathie und einer altruistischen oder »prosozialen« Einstellung. Der gleichermaßen besonnene und scharfsinnige Germanist und Filmwissenschaftler Johannes von Moltke kritisiert z. B. den 2004 erschienenen Kinofilm *Der Untergang*, in dem es um Adolf Hitlers letzte Tage in seinem Berliner Bunker geht, wegen seiner »empathetic« Darstellung Hitlers. Indem der Film an die Empathie der Zuschauer appelliert, so Moltke, erzeuge er in ihnen nicht nur Mitgefühl für Hitler, sondern bewirke, dass sie sogar ein Gefühl der Verbundenheit [»allegiance«] mit dem Führer entwickeln. Moltke und, wie sein Beitrag vermuten lässt, viele andere Literaturwissenschaftlerinnen und -wissenschaftler setzten Empathie und Mitgefühl, emotionale Angleichung und Verbundenheit in eins. Problematisch an *Der Untergang* ist für Moltke, dass der Film die Zuschauer auf eine emotionale Wellenlänge mit Hitler bringt und sie auf diese Weise veranlasst, sich

192 Empathie wird oft mit einem, wie Dominick LaCapra es ausdrückt, »herablassenden Mitgefühl« verwechselt. *Writing History, Writing Trauma*, S. 38. Meiner Ansicht nach verwechselt LaCapra selbst bedauerlicherweise Empathie und Mitleid, und zwar vor allem in seinem jüngsten Buch, *Understanding Others*, S. 4, 22, 47, 113, 121, 123f., 146, 181.

193 Alon Confino (2006). *Germany as a Culture of Remembrance: Promises and Limits of Writing History*. Chapel Hill (North Carolina Univ. Press), S. 10. Siehe auch Nussbaum, *Upheavals of Thought*, S. 329.

ihm verbunden zu fühlen.[194] In Wirklichkeit handelt es sich um zwei unterschiedliche Prozesse: Emotionale oder kognitive »Angleichung« ist Empathie, »Verbundenheitsgefühle« sind es nicht.

Um dem vermeintlichen Problem eines empathischen Zugangs zu historischen Gestalten wie Adolf Hitler auszuweichen, fühlen sich die meisten Historikerinnen, die über Empathie schreiben, zwar in die Opfer, nicht aber in die Täter historischer Gräueltaten ein. Sie gehen davon aus, dass wir uns nur in die Gefühle und Gedanken von Menschen hineinversetzen können, die uns sympathisch sind. Dies ist darauf zurückzuführen, dass viele Wissenschaftler Empathie zu Unrecht mit Identifizierung gleichsetzen und z. B. Jonathan Boyarins Auffassung teilen, der im Zusammenhang von Empathie und Holocaust-Gedenken schrieb: »Wir können uns nur in Menschen einfühlen, von denen wir uns vorstellen, dass sie genauso sein könnten wie wir selbst.«[195] Empathische Geschichtsforschung bedeutet jedoch nicht, sich die Menschen der Vergangenheit so vorzustellen, als seien sie *wie* wir; empathische Geschichtsforschung bedeutet anzuerkennen, dass die Menschen der Vergangenheit anders sind als wir, und dann zu versuchen, sich vorzustellen, *wie sie* zu sein.

Indem die Historikerin Carolyn Dean Empathie und Identifizierung zusammenführt, stellt sie auch zwischen Empathie und Mitgefühl eine unangemessen enge Verbindung her. In der Tat kritisiert sie Historiker, die versuchen, Opfern in der Geschichte, vor allem den jüdischen Opfern des von den Nazis verübten Genozids, durch eine erlösende empathische Identifizierung mit ihnen ihre Würde zurückzugeben.[196] Dass Dean Empathie mit Identifizierung assoziiert, macht eine empathische Haltung

194 Johannes von Moltke (2007). Sympathy for the Devil: Cinema, History, and the Politics of Emotion. *New German Critique* 34, S. 25–27, 29f., 32. Sympathy_for_the_Devil_Cinema_History_an.pdf (zuletzt aufgerufen am 10.7.2022).

195 Zitiert nach Amos Goldberg, Empathy, Ethics, and Politics in Holocaust Historiography. In: Assmann und Detmers, *Empathy and Its Limits*, S. 67. Auch Forscher, die den Unterschied zwischen Empathie und Identifizierung anerkennen, assoziieren die empathische Haltung eher mit sympathischen Opfern als mit unsympathischen Tätern. Steven E. Aschheim, The (Ambiguous) Political Economy of Empathy. In: *Assmann und Detmers, Empathy and Its Limits*, S. 22, 26-28; LaCapra, *Writing History, Writing Trauma*, S. 215; Nussbaum, *Upheavals of Thought*, S. 327f. Andere Wissenschaftler setzten Empathie und Identifizierung gleich und stellen infolgedessen eine unangemessen enge Verbindung zwischen Empathie und Mitgefühl her: Ute Frevert, Empathizing in the Theater of Horrors or Civilizing the Human Heart. In: Assmann und Detmers, *Empathy and Its Limits*, S. 80, 87, 88, 93–96; Goldberg, *Empathy, Ethics, and Politics in Holocaust Historiography*, S.72,76, insbe. 57, 58, 59, 67; Hunt, *Inventing Human Rights*, S. 55, 65.

196 Carolyn J. Dean (2004). *The Fragility of Empathy after the Holocaust.* Ithaca (Cornell Univ. Press), S. 6; History Writing, Numbness, and the Restoration of Dignity. *History of the Human Sciences* 17(2–3), S. 57–59, 67, 70.

gegenüber Tätern für sie problematisch, weil Einfühlung in Täter in ihren Augen bedeutet, sich mit ihnen zu identifizieren. Wie wir sahen, kritisiert Dominick LaCapra »die Verwechselung von Empathie und Identifizierung«,[197] doch weil er einen Zusammenhang zwischen Empathie und Mitleid herstellt, tendiert er ebenfalls dazu, Empathie vorrangig in Bezug auf die Opfer historischer Traumata zu untersuchen. Er fragt, ob nicht vielleicht manche Täter »keine Trauer (oder gar Empathie) verdienen, sondern stattdessen ein auf Kritik beruhendes Verständnis verlangen«.[198] Bei aller Sympathie für Collingwood setzt der Philosoph Dale Jacquette dem Versuch der Einfühlung in »Hitlers perverses Denken« in den letzten Tagen im Bunker eine Grenze und fragt: »Muss ich als Historiker dieser Ereignisse tatsächlich glauben und wünschen, was Hitler geglaubt und gewünscht hat?«[199] William V. Harris, ein Kritiker empathischer Geschichtsforschung, hält Empathie gegenüber Tätern, z.B. Mitgliedern der SS, für schlichtweg »unmöglich«.[200] Und der Historiker Charles Maier sieht in den »Extremen der Geschichte des 20. Jahrhunderts« gar den Beweis dafür, dass empathische Geschichtsforschung unmöglich sei.[201]

Empathisch zu sein bedeutet aber nicht, dass wir die Überzeugungen anderer teilen müssen, um sie verstehen zu können. Die Philosophin Jane Heal formuliert dies wie folgt: »Aus den Überzeugungen einer bestimmten Person folgt, dass sie X glauben wird. Vielleicht teile ich diese Überzeugungen nicht, aber wenn ich es täte, würde

---

197 LaCapra, *Understanding Others*, S. 47, 48.

198 LaCapra, *Writing History, Writing Trauma*, S. 215. Siehe auch LaCapra, *History and Memory after Auschwitz*, S. 12, 182, 186f. In einer Fußnote räumt LaCapra ein, dass begrenzte Empathie gegenüber Tätern »vertretbar« sein könne, solange sie »irritiert, unvollständig oder sogar bewusst eingeschränkt« bleibt. *History in Transit*, Fn. 28, S. 65. In seinem jüngsten Buch hält LaCapra Empathie »gegenüber dem Täter zumindest in dem Sinn für möglich, dass man sich selbst bestimmter Handlungen oder Erfahrungen unter bestimmten Bedingungen für fähig erachtet«. *Understanding Others*, S. 47. Nichtsdestoweniger fragt er, ob »Trump selbst und einige seiner noch zynischeren Anhänger Empathie verdienen oder nur jene Art von Verständnis, das ihre Betrugsmanöver kritisch untersucht und ihnen entgegenzuarbeiten versucht«. Ebd., S. 182.

199 Jacquette, Collingwood on Historical Authority and Historical Imagination, S. 71.

200 Harris, History, Empathy and Emotions, S. 7.

201 Offensichtlich betrachtet Maier Empathie hier als ein »psychisches Verschmelzen des Historikers mit dem Protagonisten«. Sollte es tatsächlich dazu kommen, hat er Recht mit seiner These, dass eine derartige gemeinsame Erfahrung im Zusammenhang mit den Gräueltaten des 20. Jahrhunderts zumindest ethisch »unmöglich« ist. Aber Empathie ist nicht Verschmelzung. Auch der empathische Historiker muss eine kritische Distanz wahren. Ebenso wenig ist Empathie Mitgefühl. Charles S. Maier (1988). *The Unmasterable Past: History, Holocaust, and German National Identity.* Cambridge, MA (Harvard Univ. Press), S. 98.

ich X glauben.«[202] Man kann und sollte versuchen, auch Überzeugungen nachzuvollziehen, die man verabscheuungswürdig findet. Was heutige politische Konflikte betrifft, etwa den Konflikt zwischen Palästinensern und israelischen Juden, so plädiert der Historiker Steven Aschheim für eine politisch relevante Empathie, die »Zugang zu anderen Selbsten erfordert, und zwar auch zu solchen, mit denen man im Konflikt steht«.[203] In diesem Sinn ist es auch unerlässlich, dass wir versuchen, uns in das Denken und Fühlen von Nazis hineinzuversetzen. So schrieb Christopher Browning im Zusammenhang mit seiner Studie über das Reserve-Polizeibataillon 101, dessen Angehörige im Zweiten Weltkrieg Massentötungen an jüdischen Menschen begingen:

> »Die Männer, die diese Massaker verübten, [...] waren Menschen. [...] Dies anzuerkennen bedeutet in der Tat zu versuchen, sich in sie einzufühlen. Was ich aber nicht akzeptiere, sind die alten Klischees, denen zufolge Erklären gleichbedeutend ist mit Entschuldigen, Verstehen gleichbedeutend ist mit Verzeihen. Zu erklären heißt nicht, zu entschuldigen; zu verstehen heißt nicht, zu verzeihen. Die Vorstellung, man müsse die Handlungen der Täter lediglich ablehnen, statt zu versuchen, sie zu verstehen, würde nicht nur meine Geschichtsschreibung unmöglich machen, sondern jede Tätergeschichte, die mehr sein will als eine eindimensionale Karikatur.«[204]

In meiner eigenen historischen Arbeit habe ich mich zweifellos nicht nur in Opfer, sondern auch in Täter des Genozids oder seine Zuschauer eingefühlt, um sie zu verstehen. Wie oben erläutert, nehmen wir die empathische Position, die Position des historischen Subjekts, bewusst und gezielt ein, um Gefühle, Gedanken und Handlungen, die uns selbst unverständlich erscheinen und verwirren, zu verstehen. Die Einstellungen und Verhaltensweisen derjenigen, die den Genozid verübt oder ermöglicht haben, konfrontieren zumindest mich mit einem Erklärungsproblem. Um nur ein Beispiel zu nennen: Ich möchte verstehen, wie ein Mann, dem die Erschießung von Männern, Frauen und Kindern befohlen wurde, die nackt in einem Graben lagen, diesen Befehl für sinnvoll halten konnte. Auch wenn ein solcher Versuch, den Mann mit dem Gewehr zu verstehen, unsere Empathiefähigkeit an ihre Grenzen bringt, ist er nicht nur möglich, sondern moralisch und intellektuell zwingend. Es ist unsere Pflicht zu versuchen, diesen Mann zu verstehen, und zwar nicht zuletzt deshalb, um ihn nicht

202 Heal, *Mind, Reason, and Imagination*, S. 34.

203 Aschheim, (Ambiguous) Political Economy of Empathy, S. 29.

204 Christopher R. Browning (1992). German Memory, Judicial Interrogation, and Historical Reconstruction: Writing Perpetrator History from Postwar Testimony. In: *Probing the Limits of Representation: Nazism and the »Final Solution«*. Hg. von Saul Friedländer. Cambridge, MA (Harvard Univ. Press), S. 36.

zu entmenschlichen, indem wir ihm unsere Empathie versagen, so wie er es tat, als er die hilflos vor ihm im Graben liegenden Menschen erschoss.[205] In meinem Buch *Eine deutsche Generation* habe ich mich mit den Tätern, die den Genozid ausführten, nicht direkt auseinandergesetzt; ich habe aber versucht, mich in die Gefühls- und Gedankenwelt von Nazis und ihren Unterstützern hineinzuversetzen und dies auch meinen Lesern zu ermöglichen, ohne Sympathie für diese Menschen zu empfinden und ohne sie, so glaube ich, den Lesern sympathisch gemacht zu haben. Trotz meiner Abscheu vor dem Nationalsozialismus wollte ich begreifen, weshalb er für die Generation der Deutschen, von denen mein Buch handelt, so anziehend war. Insbesondere habe ich versucht, mir einfühlend zu erklären, was den meiner Ansicht nach zentralen nationalsozialistischen Grundsatz, die *Volksgemeinschaft*, für diese Menschen so attraktiv gemacht hat.[206]

Ebenso wie wir uns in Menschen einfühlen können, für die wir keine Sympathie empfinden, kann Empathie auch auf kalte, berechnende Weise eingesetzt werden. Empathie dient nicht immer guten Absichten. Sie geht nicht zwangsläufig mit Altruismus einher und weckt nicht automatisch mitfühlendes menschliches Verständnis. Martha Nussbaum charakterisiert Empathie als »begrenzt, fehlbar und wertneutral«.[207] Sie kann verletzend wirken und manipulativ, und sie kann Menschen ausschalten und vernichten.[208] Zahllose Beispiele für eine böswillig, manipulativ oder aggressiv eingesetzte Empathie ließen sich hier anführen, von der berechnenden Attacke auf die Schwachstellen anderer Menschen über ausgeklügelte Werbekampagnen bis zu Verhören, in denen die Empathie genutzt wird, um Verdächtigen Informationen zu entlocken.[209] Heinz Kohut

---

205 Siehe unten, S. 175.

206 Thomas A. Kohut (2017 [2012]). *Eine deutsche Generation und ihre Suche nach Gemeinschaft. Erlebte Geschichte des 20. Jahrhunderts.* Übers. von Elisabeth Vorspohl. Gießen (Psychosozial), S. 45f. Steven Aschheim schreibt in diesem Zusammenhang: »Wenn der Historiker die Psychologie und die Motive der Nazi-Täter oder der russischen Vergewaltiger oder der ruandischen Mörder verstehen möchte, muss er seine Empathiefähigkeit bewusst einsetzen, was aber keineswegs gleichbedeutend ist mit einer ethischen Identifizierung.« Aschheim, (Ambiguous) Political Economy of Empathy, S. 23.

207 Nussbaum, *Upheavals of Thought*, S. 331; siehe auch Breithaupt, Empathy for Empathy's Sake, S. 151; Köhler, Von der Freud'schen Psychoanalyse zur Selbstpsychologie Heinz Kohuts, S. 39.

208 Kohut, *Eine deutsche Generation*, S. 44f. Assmann und Detmers, Introduction, S. 5; Breithaupt, *Kulturen der Empathie*, S. 8; Köhler, Von der Freud'schen Psychoanalyse zur Selbstpsychologie Heinz Kohuts, S. 39; Nussbaum, *Upheavals of Thought*, S. 301f.; man beachte auch den sprechenden Titel von Fritz Breithaupts jüngstem Buch, *Die dunklen Seiten der Empathie*.

209 Heinz Kohut (2016 [1981]). Über Empathie. Übers. von Elisabeth Vorspohl. In: *Psychoanalyse in einer unsicheren Welt. Texte aus den Jahren 1960–1981. Gesammelte Werke, Band 1.* Gießen (Psychosozial), S. 203f.; Assmann und Detmers, Introduction, S. 5.

beschrieb am Beispiel der Luftwaffe im Zweiten Weltkrieg, wie Empathie »korrekt, allerdings nicht in freundlicher Absicht«, eingesetzt werden kann: »Als die Nazis Sirenen an ihren Stukas anbrachten, wussten sie dank teuflischer Empathie, dass die Menschen am Boden darauf mit destruktiver Angst reagieren würden«. »Es war Empathie (stellvertretende Introspektion), die es ihnen ermöglichte, vorherzusagen, wie diejenigen, die diesem rätselhaften Lärm aus den Lüften ausgesetzt waren, reagieren würden.«[210] Empathie zeigt sich in dem Vernichtungsprojekt der Nazis sogar, wenn die SS-Führer einen Genozid planen, »der auf Einfühlungsvermögen und Zugang zum Erleben der zum Tode bestimmten Opfer beruhte« und deren Widerstand bis zu dem Augenblick, in dem sich die Türen der Gaskammern von Auschwitz hinter ihnen schlossen, verhindern sollte.[211] »Feinde«, so schreibt Martha Nussbaum, »werden oft zu geschickten Interpreten der Ziele ihrer Gegner und manipulieren sie im eigenen Interesse«.[212] Ganz ähnlich argumentiert der Anthropologe Nils Bubandt, dass »Empathie manchmal der Motor von Gewalt« sei. Als Beispiel der von ihm so genannten »feindseligen Empathie« nennt er die gefälschten Briefe, die gegen Ende des 20. Jahrhunderts von Muslimen in Indonesien verfasst und als Schreiben ihrer christlichen Feinde ausgegeben wurden, um die muslimische Gesellschaft zur Gewalt gegen Christen aufzuhetzen. Die Verfasser der Briefe, die die muslimische Community in Rage versetzen sollten, mussten »in ihrer Vorstellung in das Denken und in die Gefühle ihrer christlichen Feinde eintauchen«, das heißt, »einen Akt der *Empathie*« erbringen.[213] Um es mit den Worten des Psychoanalytikers Warren Poland zu sagen:

> »Der Hochstapler, der Demagoge, der Ausbeuter und der Sadist – sie alle sind umso erfolgreicher, je besser ihre Empathiefähigkeit entwickelt ist. Die Effektivität der Grausamkeit eines Sadisten hängt direkt mit der Empathiefähigkeit zusammen, der Fähigkeit wahrzunehmen, was am meisten weh tut.«[214]

210 H. Kohut, Über Empathie, S. 203f.; Letter to a Colleague. In: *The Search for the Self: Selected Writings of Heinz Kohut 1978-1981.* Hg. von Paul H. Ornstein. London (Karnac) 2011, S. 580.

211 Louis Agosta (2010). *Empathy in the Context of Philosophy.* Basingstoke (Palgrave Macmillan), S. 71.

212 Nussbaum, *Upheavals of Thought*, S. 341.

213 Nils Bubandt (2009). From the Enemy's Point of View: Violence, Empathy, and the Ethnography of Fakes. S. 565, 567.

214 Poland, Clinician's Corner, S. 89. Siehe auch Assmann und Detmers, Introduction, S. 5; Breithaupt, *Empathy for Empathy's Sake*, S. 162; *Die dunklen Seiten der Empathie*, S. 149–186; Köhler, Von der Freud'schen Psychoanalyse zur Selbstpsychologie Heinz Kohuts, S. 39; Nussbaum, *Upheavals of Thought*, S. 329; Zaki und Ochsner, Neuroscience of Empathy, S. 6.

Empathie ist nicht Mitgefühl. So schreibt Lauren Wispé:

> »Mitgefühl meint ein geschärftes Bewusstsein für die missliche Lage eines anderen Menschen und für die Notwendigkeit, Abhilfe zu schaffen. Empathie meint den Versuch des sich seiner selbst bewussten Selbst, die subjektiven Erfahrungen eines anderen Selbst zu verstehen. Mitgefühl ist eine Form der Beziehung. Empathie ist eine Form der Erkenntnisgewinnung.«[215]

Laut Alison Landsberg

> »setzt Empathie im Unterschied zum Mitgefühl mentale, kognitive Aktivität voraus, eine intellektuelle Teilhabe an der Not des Anderen; wenn man über Empathie spricht, spricht man nicht lediglich über Emotion, sondern auch über Kontemplation. Kontemplation und Distanz, zwei Elemente, die für die Empathie eine zentrale Rolle spielen, sind an Mitgefühl nicht beteiligt.«[216]

Ich bin empathisch, wenn ich mir vorstelle, meine eigene subjektive Position zugunsten der subjektiven Position des Anderen teilweise aufzugeben. Ich versuche, mir mental seinen Blickwinkel zu eigen zu machen, d.h. die Welt unter seiner Perspektive zu betrachten, und mich emotional seinem Gefühlszustand anzugleichen. Mentale und emotionale Angleichung bedeutet, die empathische Position einzunehmen, die subjektive Position des Anderen. Wenn ich Mitgefühl empfinde, behalte ich meine eigene subjektive Position, d.h. ich versetze mich nicht in die Position des Menschen, der mein Mitgefühl weckt. Ganz gleich, ob er traurig ist oder wütend: Das Mitgefühl, das ich für ihn empfinde, ist etwas ganz und gar anderes als seine eigene Traurigkeit oder Wut.[217] Mein Mitgefühl ist *mein* Gefühl für einen anderen Menschen; es ist nicht das Gefühl, das derjenige selbst empfindet. Sich über die eigene Beobachtungsposition im Klaren zu sein, vertreibt den Nebel, der die Unterscheidung zwischen Empathie und Mitgefühl [»empathy and sympathy«] umwabert.[218] Wenn ich empathisch bin, versuche ich, mich in meiner Vorstellung in die Position des Anderen zu versetzen;

215 Wispé, Distinction between Sympathy and Empathy, S. 314. Siehe auch Assmann und Detmers, Introduction, S. 3f.

216 Landsberg, Memory, Empathy, and the Politics of Identification, S. 223.

217 Nancy Eisenberg und Paul Miller (1987). Empathy, Sympathy, and Altruism: Empirical and Conceptual Links. In: *Empathy and Its Development.* Hg. von Nancy Eisenberg und Janet Strayer. Cambridge (Cambridge Univ. Press), S. 292.

218 Laut Shaun Gallagher unterscheiden sich Empathie und Mitgefühl durch die unterschiedliche »intentionale Struktur des Affektzustandes« der Beteiligten.

wenn ich Mitgefühl empfinde, reagiere ich auf den Anderen von meiner eigenen, autonomen Position aus. Kurzum: Empathie bedeutet, dass ich mich in den Anderen einfühle, Mitgefühl bedeutet, dass ich ihn seiner Gefühlslage wegen anteilnehmend bedaure.[219]

Trotz dieser unbezweifelbaren Unterscheidung könnte aus Empathie, aus Einfühlung, vielleicht etwas Humanisierendes *hervorgehen*, dem wir im Falle Hitlers Widerstand entgegenbringen wollen. Und vielleicht ist tatsächlich, wie die Philosophin Giuseppina D'Oro vermutet, etwas dran an der These, dass

> »eine Handlung rational zu erklären ipso facto bedeutet, sie zu rechtfertigen. Wenn man anerkennt, dass das Konzept der rationalen Erklärung eng mit dem der Rechtfertigung zusammenhängt oder, wie es gelegentlich formuliert wird, dass alle Gründe gute Gründe sind, kann es zu einem Konflikt kommen zwischen der Notwendigkeit, zu verstehen, weshalb Akteure so handeln, wie sie es tun, und der Notwendigkeit, zu bewerten, ob sie so, wie sie gehandelt haben, hätten handeln sollen.«[220]

Obwohl dieses Problem weniger mit Empathie als mit rationaler Erklärung generell zusammenhängt, lässt sich das Problem von Verstehen und Urteilen in Bezug auf Empathie leichter lösen, wenn man sich über die eigene Beobachtungsposition im Klaren ist. Die Historikerin bezieht zunächst den Standort der äußeren Beobachterin, die beurteilt, welche Gefühle, Gedanken und Handlungen der historischen Subjekte nach empathischem Verstehen verlangen. Danach bezieht sie die innere, die empathische Position, um zu versuchen, jene Gefühle, Gedanken und Handlungen unter dem Blickwinkel des historischen Subjekts nachzuvollziehen – jedoch ohne sie zu befürworten oder gutzuheißen. Abschließend kehrt sie auf die Position des äußeren Beobachters zurück, um die nun empathisch verstandenen Gefühle, Gedanken und Handlungen des historischen Subjekts zu be- und vielleicht zu verurteilen. Als Perspektivenübernahme konzipiert, ist Empathie in der Geschichtsforschung somit vollkommen vereinbar mit Kritik.[221] Eine Konsequenz empathisch gewonnenen Ver-

219 Der Historiker Jay Winter berichtet, dass schon Theodor Lipps diese maßgebliche Unterscheidung traf, indem er die Einfühlung als ein Sich-Hineinversetzen in den Geisteszustand des Anderen verstand, das Mitgefühl hingegen mit der Position der äußeren Beobachtung assoziierte: »Einfühlung [empathy] ist ein Gefühl, das die Subjektposition desjenigen, der es empfindet, verändert; Mitgefühl [sympathy] lässt die Subjektposition des Beobachters intakt«. Winter, From Sympathy to Empathy, S. 101f.

220 Giuseppina D'Oro (2004). Collingwood, Psychologism and Internalism. *European Journal of Philosophy* 12, S. 163.

221 In diesem Punkt bin ich anderer Meinung als LaCapra, der Empathie und Mitleid mitein-

ständnisses kann unter Umständen darin bestehen, dass man ein tieferes Mitgefühl für Menschen aus vergangenen Zeiten empfindet; dieses Mitgefühl ist aber eine Folge der Empathie und keine Empathie an sich.[222] Zudem ist unschwer einzusehen, dass Empathie zwar mitunter, aber nicht unausweichlich Mitgefühl weckt.

Und so beruht Empathie, auch wenn sie »moralisch neutral« ist, wie Martha Nussbaum erläutert,

> »auf einer sehr fundamentalen Anerkennung einer anderen Erfahrungswelt und ist insofern nicht völlig neutral. Wenn ich zulasse, dass sich mein Denken und Fühlen nach deiner Erfahrung formen [...], erkenne ich deine Realität und Menschlichkeit auf eine sehr fundamentale Weise nach wie vor an.«[223]

Selbst wenn Empathie in feindseliger Absicht eingesetzt wird, bringt sie den Einfühlenden dem Eingefühlten als einem menschlichen Wesen näher, so dass die Freund-Feind- oder Du-Ich-Scheidung vorübergehend aufgehoben wird.[224] Die Historikerin

---

ander verknüpft und ein Spannungsverhältnis zwischen historischer Empathie und historischem Urteil beschreibt. Aufgrund unserer Fähigkeit, wechselnde Perspektiven einzunehmen, sind wir in der Lage, historische Subjekte sowohl empathisch zu verstehen als auch zu kritisieren und sogar zu verurteilen.

222 Nussbaum, *Upheavals of Thought*, S. 331f. Adam Smith argumentierte, dass Empathie (er sprach, den damaligen Gepflogenheiten entsprechend, von »sympathy«) den Beobachter veranlassen kann, sein Gegenüber weniger streng zu beurteilen. Smith, *Theory of Moral Sentiments*, S. 20f. Siehe auch Hume, *Ein Traktat über die menschliche Natur*, S. 577f; Cooley, *Human Nature and Social Order*, S. 136f. Zumindest in Erwachsenen kann Empathie nachweislich »Altruismus vermitteln«. Eisenberg und Miller, Empathy, Sympathy, and Altruism, S. 310. Siehe auch Batson, These Things Called Empathy; Mark H. Davis (1994). *Empathy: A Social Psychological Approach.* Social Psychology Series. Boulder, CO (Westview), S. 102, 204; Martin L. Hoffman (1976). Empathy, Role-Taking, Guilt, and the Development of Altruistic Motives. In: *Moral Development and Behavior: Theory, Research, Social Issues.* Hg. von T. Lickona. New York (Holt, Rinehart, und Winston); The Contribution of Empathy to Justice and Moral Judgment. In: *Empathy and Its Development.* Hg. von Nancy Eisenberg und Janet Strayer. Cambridge Studies in Social and Emotional Development. New York (Cambridge Univ. Press); Nancy Sherman (1998). Empathy and Imagination. *Midwest Studies in Philosophy* 22(1).

223 Nussbaum, *Upheavals of Thought*, S. 333. Shelley Berlowitz erläutert wie folgt: »Die Gefühle eines Anderen zu teilen oder seine Perspektive einzunehmen führt nicht automatisch zu einer Akzeptanz seiner Werte und Ziele. Es hat aber zur Folge, dass wir die Gefühle, Erfahrungen, Emotionen und Gedanken als den unsrigen ebenbürtig anerkennen und sie humanisieren.« Berlowitz, Unequal Equals, S. 41.

224 Köhler, Von der Freud'schen Psychoanalyse zur Selbstpsychologie Heinz Kohuts, S. 49f.

Lynn Hunt vertritt sogar die These, dass bewusste Empathie die Grundlage bildete, auf der in Europa zwischen 1689 und 1776 das Konzept der Menschenrechte entwickelt werden konnte: die Idee, dass alle Menschen, nicht nur die Angehörigen einer bestimmten Gruppe, universale, natürliche und gleiche Rechte besitzen, die in der zweiten Hälfte des 18. Jahrhunderts als »selbstverständlich« angesehen wurde. »Jeder besäße Rechte, wenn alle auf eine grundlegende Weise als gleich angesehen werden könnten«; Hunt zufolge war es Empathie, die es Menschen ermöglichte anzuerkennen, »dass andere genauso fühlen und denken wie wir, dass unsere inneren Gefühle auf grundlegende Weise gleich sind«.[225] »Zu lernen, sich in andere einzufühlen, bahnte den Weg zu den Menschenrechten«, resümiert Hunt.[226] Der Historiker Jay Winter argumentiert ähnlich, unterscheidet aber streng zwischen Empathie und Mitgefühl. Er charakterisiert die Entwicklung vom Humanitarismus zu den Menschenrechten als »eine Veränderung der Optik, einen Schritt von der Vertikalität des Mitgefühls zur Horizontalität der Empathie […], vom Mitgefühl des humanitären Rechts zur Empathie des Menschenrechts«.[227]

225 Hunt, *Inventing Human Rights*, S. 21, 26–29; siehe auch S. 26–34.

226 Ebd., S. 68.

227 Winter, From Sympathy to Empathy, S. 104f., 113f.

4. Kapitel
Drei Beispiele empathischen historischen Verstehens

Dieses Kapitel beschreibt empathisches historisches Verstehen anhand von drei konkreten Beispielen. Meinem historischen Spezialgebiet entsprechend, betreffen die ersten beiden Beispiele die Geschichte Deutschlands, das dritte die Geschichtsschreibung des Holocaust. Sie sollen das eher theorielastige Material der vorangegangenen Kapitel auf den Boden konkreter historischer Arbeit zurückbringen, indem sie den *Unterschied* zwischen dem, was der Historiker je nach seiner Beobachterposition unter dem Blickwinkel eines äußeren bzw. eines empathischen Beobachters in Erfahrung bringt und versteht, illustrieren. Die Beispiele veranschaulichen auch, dass Historiker sich ihrer Beobachterposition – der äußeren oder der empathischen – bewusst sein müssen; wenn sie einen empathischen Zugang wählen, müssen sie sich außerdem darüber im Klaren sein, in welches historische Subjekt sie sich einfühlen. Und schließlich sollen meine Beispiele nicht nur zeigen, dass es aufschlussreich ist, die Position eines empathischen Beobachters einzunehmen, sondern auch beleuchten, mit welch komplizierten Zusammenhängen und Problemen der einfühlende Zugang Historikerinnen und Historiker konfrontiert und wie wichtig und zugleich schwierig es ist, sich der eigenen Beobachterposition jederzeit bewusst zu bleiben.

Die Sozialdemokraten und die deutsche Revolution

In den vergangenen Jahrzehnten hat die historische Erforschung der Weimarer Republik ihre deterministische Prägung zu einem gewissen Grad verloren.[228] Dennoch haben Historikerinnen und Historiker die Geschichte Weimars in Anbetracht des Schicksals der Republik und dessen, was schließlich an ihren Platz trat, im Großen und Ganzen mit Blick auf die Frage geschrieben: Warum ist die Weimarer Republik gescheitert? Sie haben die Ursachen dieses Scheiterns häufig auf die Umstände der Entstehung der Republik sowie auf das Verhalten der Sozialdemokratischen Partei

228 Siehe z. B. Peter Fritzsche (2002 [1998]). *Wie aus Deutschen Nazis wurden*. Übers. von Hans J. Schütz. München (Ullstein); Eric D. Weitz (2013), *Weimar Germany: Promise and Tragedy – New and Expanded Edition*. Princeton (Princeton University Press). Siehe auch den Artikel von Peter Fritzsche (1996). Review: Did Weimar Fail? *Journal of Modern History* 68/3.

Deutschlands nach Ende des Ersten Weltkriegs zwischen 1918 und 1920 zurückgeführt. Implizit oder explizit haben sie insbesondere die regierende SPD dafür kritisiert, die junge Republik in ein Bündnis mit den antidemokratischen Kräften der autoritären Rechten gegen die radikalen Sozialisten hineingeführt zu haben, die sie von der revolutionären Linken bedrohten. Hier könnte ich eine ganze Reihe historischer Darstellungen zitieren, die auf Kritik an der Mehrheits-SPD fokussieren.[229] Der folgende Absatz paraphrasiert das vielleicht überzeugendste Beispiel für diese Kritik, nämlich das Kapitel »Von Kiel bis Kapp: Die mißglückte Revolution 1918–1920« aus Gordon Craigs Buch *Deutschland 1866–1945. Vom Norddeutschen Bund bis zum Ende des Dritten Reiches.*[230]

Statt die Demokratie in Deutschland aktiv und aggressiv zu etablieren und die ökonomischen, sozialen und kulturellen Grundlagen für ihr Überleben zu schaffen, gaben sich Reichspräsident Friedrich Ebert und seine sozialdemokratischen Genossen damit zufrieden, ein parlamentarisches politisches System zu errichten, das den Reichspräsidenten mit erheblichen Machtbefugnissen ausstattete und es ihm durch Artikel 48 der Weimarer Verfassung ermöglichte, per Notverordnung zu regieren. Trotz der Revolution und der Einführung einer parlamentarischen Demokratie behielten die Gruppen, die Staat und Gesellschaft im kaiserlichen Deutschland vor dem Krieg beherrscht hatten – und die Republik bestenfalls verachteten, schlimmstenfalls aber nur auf die Gelegenheit warteten, um eine autoritäre, nach Möglichkeit sogar monarchische Regierung im Deutschen Reich wiedereinzuführen – ihre Macht in Verwaltung, Wirtschaft, Gesellschaft und Kultur. Die ökonomische Stärke der Industriellen und Großgrundbesitzer war ungebrochen. Der Beamtenstand wurde praktisch unverändert aus der Kaiserzeit übernommen, mit dem Ergebnis, dass Deutschland in einem autoritären undemokratischen Geist verwaltet und kaum ein Versuch unternommen wurde, die Regierung an eine pluralistische und demokratische Gesellschaft anzupassen. Das Bildungssystem wurde von oben nach unten von Beamten kontrolliert, die ihre Ernennung schon im Kaiserreich erhalten hatten und sich der Demokratie, wenn überhaupt, nur oberflächlich verpflichtet fühlten. Infolgedessen blieben entschlossene, anhaltende Bemühungen, jungen Menschen demokratische Werte zu vermitteln,

229 Siehe z.B. Jeffrey Herf (1986). *Reactionary Modernism: Technology, Culture and Politics in Weimar and The Third Reich.* Cambridge (Cambridge Univ. Press), S. 19–21; Charles S. Maier (1975). *Recasting Bourgeois Europe: Stabilization in France, Germany and Italy in the Decade after World War I.* Princeton (Princeton Univ. Press), S. 385f.; Peter Pulzer (1997). *Germany, 1870–1945: Politics, State Formation, and War.* Oxford u. New York (Oxford Univ. Press), speziell S. 193–117, und allgemein 97–129.

230 Gordon Craig (2006 [1978]). *Deutschland 1866–1945. Vom Norddeutschen Bund bis zum Ende des Dritten Reiches.* Übers. von Karl Heinz Siber. München (C.H. Beck), S. 427–468.

aus. Stattdessen wurde nach Lehrplänen unterrichtet, die unverhohlen antirepublikanisch, nationalistisch und revanchistisch waren. Die Universitäten dienten während der gesamten Weimarer Zeit als Brutstätten des Antirepublikanimus, Konservatismus und Faschismus. Ein weiteres Zentrum des Antirepublikanismus war die Justiz mit Richtern, die drakonische Strafen über Angehörige der Linken verhängten und milde Urteile über die der Rechten sprachen. Die größte Gefahr aber barg die Armee, die als »Staat im Staate« die Zerschlagung der Republik betrieb und wenig geneigt war, sie vor ihren Feinden von rechts zu schützen. Die Armee blieb eine Bastion überkommener nationalistischer und konservativer Werte, repräsentiert durch Offiziere, die ihren Rang nicht etwa der Loyalität gegenüber der Republik, sondern ihrer Treue zu den militärischen Traditionen Preußens verdankten. Hatten die regierenden Sozialdemokraten gehofft, dass diese traditionellen Gruppen im Laufe der Zeit eine loyale Haltung gegenüber der Republik entwickeln würden, nutzten sie stattdessen ihre Macht, um die Republik von innen zu untergraben. Das Armeeoberkommando, die Führer der Industrie und Mitglieder anderer antidemokratischer Eliten trugen schließlich entscheidend dazu bei, die Republik zu zerstören und Adolf Hitler 1933 an die Macht zu bringen.

So also lautete die Standarderklärung des Scheiterns der Weimarer Demokratie, und in gewisser Weise hat sich daran wenig geändert.[231] Die Republik hatte demnach von Anfang an infolge des Verhaltens der regierenden Sozialdemokraten in den Jahren unmittelbar nach Kriegsende keine Chance zu überleben. Diese Interpretation erfolgte unter dem Blickwinkel des äußeren Beobachters, dem bekannt ist, was den Beteiligten jener Geschichte nicht bekannt sein konnte, nämlich die letztendlichen

231 In einem Anfang 2019 in der deutschen Wochenzeitung *Die Zeit* erschienenen Artikel argumentieren Matthias Geis und Bernd Ulrich, dass die SPD auf eine lange Geschichte der Anpassung an die herrschenden Umstände zurückblicke, und werfen den 1918–1920 regierenden Sozialdemokraten vor, das revolutionäre Erbe der Partei durch die Unterdrückung der Linken und die Anpassung an die alte Ordnung verraten zu haben. Die Autoren bezeichnen das Verhalten der Mehrheits-SPD nach dem Krieg sogar als »die historische Schuld der SPD«. Geis und Ulrich betrachten das Verhalten der regierenden Sozialdemokraten in den Jahren 1918–1920 als Etablierung eines Musters der »Anpassung, Selbstaufopferung und Systemstabilisierung«, das für das Verhalten der SPD bis zum heutigen Tag prägend sei. Matthias Geis und Bernd Ulrich (2019). »Wacht auf, verdammt!« *Die Zeit*, 14. Februar. In der darauffolgenden Ausgabe erschien eine höchst kritische Erwiderung des namhaften Historikers der Weimarer Republik, Heinrich August Winkler, der das Verhalten der SPD sowohl nach Kriegsende als auch während ihrer gesamten Geschichte rechtfertigte. Dennoch räumt sogar Winkler ein: »Dass die Sozialdemokraten, denen im November 1918 unverhofft die Regierungsmacht zugefallen war, zu wenig getan haben, um der erstrebten parlamentarischen Demokratie ein festeres gesellschaftliches Fundament zu geben, ist unter Historikern kaum noch umstritten.« Heinrich August Winkler (2019). »Mehr Revolution wagen?« *Die Zeit*, 21. Februar.

Konsequenzen ihres Handelns. Somit ist diese Interpretation keine empathische Darstellung der Geschichte der Weimarer Republik, zumindest nicht, was das Verhalten der Mehrheitssozialisten betrifft. In der Sprache Reinhart Kosellecks ausgedrückt, fehlt in ihr die hinreichende Anerkennung des »Erfahrungsraumes« und des »Erwartungshorizontes« der moderaten sozialistischen Führer.[232] Deren Erfahrung war der Erste Weltkrieg, und diese Erfahrung bewog sie, Frieden, Ordnung und Stabilität in Deutschland sichern und dafür sorgen zu wollen, dass die demobilisierten Truppen nach Hause in eine mehr oder weniger funktionierende Gesellschaft zurückkehren konnten. Vor allem aber waren ihre Erfahrungen und ihre Zukunftserwartungen von der Russischen Revolution bestimmt. Man muss sich vergegenwärtigen, dass all diese Männer mehr oder weniger Verfechter einer marxistischen Geschichtstheorie waren. Für sie verlief die Geschichte progressiv und geradlinig vom Feudalismus über den Kapitalismus zum Sozialismus und schließlich zum Kommunismus. Die Russische Revolution war aus marxistischer Sicht eine Anomalie, denn sie war in einer industriell unterentwickelten, vorwiegend bäuerlichen Gesellschaft ausgebrochen, während gemäß der marxistischen Theorie das industrialisierte Deutsche Reich *der* Ort gewesen wäre, an dem sich die internationale Revolution des Proletariats hätte erheben müssen. Die deutschen Revolutionäre, die moderaten Sozialisten und auch die Repräsentanten der alten Ordnung hatten das konkrete Beispiel der Russischen Revolution direkt vor Augen. Die Geschichte schien sich buchstäblich zu wiederholen. Diese scheinbare Wiederholung war aber kein Zufall, denn die revolutionären Sozialisten in Deutschland versuchten aktiv, in die Fußstapfen ihrer bolschewikischen Vorbilder in Russland zu treten. Ebenso wie in Russland hatte der militärische Zusammenbruch zum Sturz der Monarchie und zur Errichtung einer provisorischen Regierung geführt. Ebenso wie in Russland hatten sich Arbeiter- und Soldatenräte gebildet und die Autorität der provisorischen Regierung angefochten. Ebenso wie in Russland hatten sich die Sozialisten in ein radikales und ein moderates Lager gespalten. In beiden Ländern dominierten die Moderaten zunächst die provisorische Regierung und die Arbeiter- und Soldatenräte; aber in Russland kamen durch einen Umsturz die Bolschewiken an die Macht. Die Sozialisten der Linken erhofften sich eine Wiederholung dieses Szenariums, das die moderaten Sozialisten und natürlich die liberalen und konservativen Kräfte in Deutschland fürchteten und zu verhindern suchten.

232 Für eine detaillierte Darstellung der Art und Weise, wie Erfahrungsraum und Erwartungshorizont der Sozialdemokraten und des Armeeoberkommandos ihr Verständnis der deutschen Revolution und ihr Verhalten während der Revolution beeinflussten, siehe Ute Daniel (2013). Erfahrene Geschichte: Intervention über ein Thema Reinhart Kosellecks. In: *Zwischen Sprache und Geschichte: Zum Werk Reinhart Kosellecks.* Hg. von Carsten Dutt und Reinhard Laube. Marbacher Schriften. Göttingen (Wallstein), S. 23–28.

Wie wir gesehen haben, wurden allgemeingültige Gesetze von denjenigen, die die Geschichtswissenschaft als eine »Social Science« betrachteten, die den Naturwissenschaften epistemologisch von Grund auf ähnelte, als ein wesentlicher Teil historischer Erklärung erachtet. Unter dem Blickwinkel eines äußeren Beobachters kann man tatsächlich verschiedene Revolutionen miteinander vergleichen, so wie es einst der Historiker Crane Brinton tat, als er die Englische, die Amerikanische, die Französische und die Russische Revolution miteinander verglich, um allgemeingültige Gesetze zu formulieren oder Stufen der revolutionären Entwicklung herauszuarbeiten.[233] Unter dem empathischen Blickwinkel versuchen Historiker hingegen, die Gesetze oder Stufen einer Revolution nicht im Sinne der vom beobachtenden Historiker formulierten Definition zu verstehen, sondern so, wie sie von den historischen Teilnehmern selbst, gestützt auf die Vergleiche, die *sie* anstellten, definiert wurden – in diesem Fall zunächst von den russischen Bolschewiken, die auf die Französische Revolution *zurückblickten*, und dann von den Spartakisten und Sozialdemokraten in Deutschland, die orientierungssuchend bzw. voller Befürchtungen auf die Russische Revolution blickten. Die Gesetze der revolutionären Entwicklung, wie sie von den historischen Teilnehmern identifiziert wurden, übten Einfluss auf deren Interpretation der eigenen Situation aus und auf die Art und Weise, wie sie reagierten – die radikalen Sozialisten sahen sich ermutigt, die sozialistische Revolution voranzutreiben, während die Mehrheitssozialisten sich mit den Kräften der Reaktion verbündeten, um eine solche Revolution zu verhindern.

Man kann die Entscheidungen und das Verhalten der Mehrheitssozialisten also nicht empathisch verstehen, ohne sich in ihren Erfahrungsraum und ihren Erwartungshorizont hineinzudenken. Aufgrund der Bedrohung durch die revolutionäre Linke und mit der bolschewistischen Oktoberrevolution in lebhafter Erinnerung sowie dem Drama des russischen Bürgerkriegs direkt vor Augen konnten die sozialdemokratischen Führer der Weimarer Republik es sich nicht leisten, die Macht der reaktionären Kräfte zu brechen. Rückblickend und aus der Perspektive eines äußeren Beobachters betrachtet, wirkt ihre Anpassung an die alte Ordnung – ihr Unvermögen, deren wirtschaftliche, soziale und politische Macht zu zerschlagen – fehlgeleitet, ein Ausdruck der Schwäche, ein fataler historischer Irrtum. Unter einem empathischen Blickwinkel, aus der Perspektive der Mehrheitssozialisten zwischen 1918 und 1920, betrachtet, erweist sich das Bündnis mit der alten Ordnung gegen die revolutionäre Linke als vollkommen sinnvoll und vernünftig.

Wie dieses Beispiel hoffentlich zeigt, wirkt ein empathischer Zugang zu Menschen der Vergangenheit der Tendenz des Historikers entgegen, nach deterministischen Erklä-

233 Crane Brinton (1965 [1938]). *The Anatomy of Revolution.* New York (Vintage).

rungen zu suchen. Natürlich kann der Rückblick beeinflussen, was wir über die Vergangenheit in Erfahrung bringen möchten, zum Beispiel wenn wir etwas verstehen wollen, das uns aus heutiger Perspektive unerklärlich erscheint, oder wenn wir die Wurzeln der Gegenwart in der Vergangenheit zu finden hoffen. Gleichwohl müssen wir uns, wenn wir einen empathischen Zugang zu Menschen der Vergangenheit wählen, stets darüber im Klaren sein, dass wir um die Konsequenzen ihres Verhaltens wissen, die ihnen selbst unbekannt waren. Freilich ist es eine epistemologische Herausforderung, unser Wissen, das über die subjektive Erfahrung unserer historischen Subjekte hinausreicht, vorübergehend auszuklammern, aber wenn wir uns in die Teilnehmer der Geschichte einfühlen wollen, müssen wir versuchen, die Welt mit ihren statt mit unseren eigenen Augen zu sehen.[234] Wenn es uns gelingt, die empathische Position einzunehmen und das Wissen, das wir dem Rückblick verdanken, vorübergehend zu suspendieren, lassen sich deterministische historische Erklärungen vermeiden. Der Determinismus fokussiert die Aufmerksamkeit des Historikers auf das, was wir für wichtig halten; Geschichtsschreibung unter dem empathischen Blickwinkel fokussiert unsere Aufmerksamkeit auf das, was für die Menschen der Vergangenheit wichtig war, und ermöglicht es uns, anzuerkennen, dass sich die Zukunft und die Welt ganz anders entfaltet haben, als sie es sich vorgestellt haben.[235] Empathische Geschichtsschreibung bewahrt uns davor, Narrative zu konstruieren, in denen unsere Kenntnis der weiteren Entwicklung die Ideen, Handlungen und Erfahrungen in Trittsteine auf dem Weg zur Gegenwart verwandelt; stattdessen befähigt sie uns, auch jene Ideen, Handlungen und Erfahrungen wahrzunehmen und anzuerkennen, die für die Menschen der Vergangenheit wichtig waren, zur tatsächlichen historischen Entwicklung aber nicht unbedingt beigetragen haben. Empathische Geschichtswissenschaft, so Dominick LaCapra, lässt uns »unrealisierte Möglichkeiten wiederfinden, die sich in der Vergangenheit aufgetan haben und wünschenswert erschienen«.[236] Aus der Perspektive des historischen Subjekts geschriebene Geschichte lässt uns nicht nur die Welt, die geworden ist, sehen, sondern auch die Welt, die hätte sein können. Sie ermöglicht uns, Kontingenz anzuerkennen. Im Widerspruch zu Walter Benjamins Kritik, dass einfühlende Geschichtswissenschaft stets den Blickwinkel des Siegers einnehme, ermöglicht empathische Geschichtswissenschaft uns, nicht lediglich Erfolge der Vergangenheit zu würdigen, sondern auch Fehlschläge, Enttäuschungen und die Tragik, die einen Großteil des menschlichen Lebens wie auch einen Großteil

234 Ute Daniel betont die Schwierigkeiten, Erfahrungsgeschichte als Geschichte der Erfahrung und ihrer Bedeutsamkeit zu schreiben, d.h. empathische Geschichtsschreibung, verfasst unter dem subjektiven Blickwinkel der Menschen der Vergangenheit. Daniel, Erfahrene Geschichte, S. 20–28.

235 Ebd., S. 16f.

236 LaCapra, Tropisms of Intellectual History, S. 503.

der Menschheitsgeschichte und der Realität charakterisiert, dass Menschen ihr Leben in einer stets ungewissen, in ständiger Veränderung begriffenen und unvorhersagbaren Welt leben.[237]

Die Wannsee-Konferenz

Wenigen Ereignissen in der Geschichte Nazi-Deutschlands wurde so viel Aufmerksamkeit seitens der Historiker zuteil wie der Wannsee-Konferenz, die am 20. Januar 1942 in einer Villa am Berliner Wannsee stattfand. Ursprünglich war diese Besprechung für den 9. Dezember 1941 geplant gewesen, doch infolge des japanischen Angriffs auf Pearl Harbor verschoben worden. Einberufen und geleitet wurde die Konferenz, an der insgesamt fünfzehn Repräsentanten der drei Institutionen teilnahmen, die das Nazi-Regime konstituierten – Staat, Partei und SS –, vom Chef des SS-Reichssicherheitshauptamtes (RSHA) Reinhard Heydrich.[238] Trotz ihrer unterschiedlichen institutionellen Bindungen waren alle 15 Teilnehmer auf diese oder jene Weise maßgeblich an der »Lösung« der sogenannten Judenfrage beteiligt.[239] Was wir über die Konferenz wissen, beruht in erster Linie auf dem Protokoll der Sitzungen, das von einem der Teilnehmer, Adolf Eichmann, Heydrichs engem Mitarbeiter in der SS, erstellt wurde. Die Konferenz insgesamt und speziell das Transkript der Mitschrift der Stenotypistin standen im Mittelpunkt der Aufmerksamkeit seitens der Historiker, weil sie den Entschluss der Nazis, die Juden Europas auszulöschen, unwiderlegbar und klarer als jedes andere dokumentierte Ereignis zu beweisen schienen, auch wenn der Massenmord an den Juden in Osteuropa zum Zeitpunkt der Konferenz bereits in vollem Gang war und schon im Herbst 1941 erste Deportationen von Juden aus dem Reich stattgefunden hatten.

Obwohl es eine Zeit gab, in der Historiker dazu tendierten, die Bedeutsamkeit der Wannsee-Konferenz herunterzuspielen, betrachten sie die Besprechung heute mehr-

237 Walter Benjamin (1974 [1942]). Über den Begriff der Geschichte. In: *Gesammelte Schriften. Band I/2. Abhandlungen.* Hg. von Rolf Tiedemann und Hermann Schweppenhäuser. Frankfurt am Main (Suhrkamp), S. 691–704.

238 Alle wichtigen Staatsministerien waren auf der Wannsee-Konferenz vertreten – mit Ausnahme des Propagandaministeriums, dessen Teilnahme für den ursprünglich geplanten Termin im Dezember 1941 ebenfalls vorgesehen gewesen war. Das Propagandaministerium war auf den beiden Konferenzen, die sich der Wannsee-Konferenz im März und Oktober 1942 anschlossen, repräsentiert.

239 Richard J. Evans (2009 [2008]). *Das Dritte Reich. Band 3. Krieg.* Übers. von Udo Rennert und Martin Pfeifer. München (dva), S. 334.

heitlich als Ereignis, dem in der Geschichte des Holocaust entscheidende Bedeutung zukommt.[240] Auch wenn sie die Vorstellung zurückweisen, dass die faktische Entscheidung, die Juden Europas zu vernichten, auf der Konferenz getroffen wurde, verstehen sie die Zusammenkunft dennoch als den Schlüsselmoment, in dem sich die verantwortlichen Nazis unwiderruflich auf die Auslöschung der jüdischen Bevölkerung Europas festlegten. So zeigt der Historiker Christian Gerlach, Verfasser eines sorgfältig recherchierten Artikels über die Konferenz, überzeugend, dass Hitler den Entschluss, die europäischen Juden zu vernichten, Anfang Dezember 1941, also nach der Bombardierung Pearl Harbors durch die Japaner und Deutschlands Kriegserklärung an die Vereinigten Staaten, fasste und damit seine »Prophezeiung« aus seiner Reichstagsrede vom 30. Januar 1939 erfüllte, dass ein Weltkrieg »die Vernichtung der jüdischen Rasse in Europa« bedeuten würde. Was auf der Konferenz geschah, war die bürokratische Absicherung von Hitlers Entscheidung, die Juden Europas – d.h. nicht allein die Juden Osteuropas, sondern alle Juden, die in Deutschland und im übrigen Mittel- und Westeuropa lebten – umzubringen. Die Konferenz schuf die bürokratischen Grundlagen für die Durchführung des Genozids.[241] Insbesondere vergewisserte sich die SS, die die Konferenz einberufen hatte, des Rückhalts seitens der Partei und des Staates und deren praktischer Beteiligung an der Auslöschung der jüdischen Bevölkerung Europas; zweitens sicherte sie sich gegenüber ihren Rivalen Staat und Partei die alleinige Autorität bei der Durchführung der Endlösung.[242] Die Bedeutsamkeit der Wannsee-Konferenz spiegelt sich darin wider, dass zwar schon vor dem 20. Januar 1942 deutsche Juden in den Osten deportiert worden waren, deren Tötungen aber erst nach der Konferenz begannen.[243] Vor März 1942 waren weniger als 10 Pro-

240 Michael Burleigh (2000 [2000]). *Die Zeit des Nationalsozialismus.* Übers. von Udo Rennert und Karl Heinz Siber. Frankfurt am Main (Fischer), S. 751.

241 Christian Gerlach (1998). Die Wannsee-Konferenz, das Schicksal der deutschen Juden und Hitlers politische Grundsatzentscheidung, alle Juden zu ermorden. In: ders., *Krieg, Ernährung, Völkermord: Forschungen zur deutschen Vernichtungspolitik im Zweiten Weltkrieg.* Hamburg (Hamburger Edition), S. 87, 123f., 126, 142.

242 Doris L. Bergen (2003). *War and Genocide: A Concise History of the Holocaust.* Lanham, MA (Rowman and Littlefield), S. 159; Burleigh, *Die Zeit des Nationalsozialismus,* S. 753f.; Evans, *Das Dritte Reich,* S. 330, 334; Saul Friedländer (2007 [2007]). *Das Dritte Reich und die Juden. Die Jahre der Verfolgung 1933–1939 – Die Jahre der Vernichtung 1939-1945.* Übers. von Martin Pfeiffer. München (Beck), S. 721, 725; Gerlach, Die Wannsee-Konferenz, S. 140f.; Mark Roseman (2002 [2002]. *Die Wannsee-Konferenz. Wie die NS-Bürokratie den Holocaust organisierte.* Übers. von Klaus-Dieter Schmidt. Berlin (Ullstein), S. 98, 119–121, 123f., 139f.; Leni Yahil (1998 [1990]). *Die Shoah.* Übers. von H. Jochen Bussmann. München (Luchterhand), S. 435f.

243 Gerlach, Die Wannsee-Konferenz, S. 93.

zent der Juden, die schließlich im Holocaust starben, getötet worden. Von Mitte März 1942 bis Mitte Februar 1943 wurde die Hälfte der Juden, die dem Holocaust zum Opfer fielen, getötet. Mithin war die Wannsee-Konferenz, wenn auch kein »Augenblick der Entscheidung«, so doch ein entscheidender Moment in der Geschichte des Holocaust, der, wie der Historiker Mark Roseman es formuliert hat, »den Weg zum Genozid geebnet« hat.[244]

Laut Eichmanns Transkript eröffnete Reinhard Heydrich die Sitzung mit der Erklärung, dass Reichsmarschall Hermann Göring ihn »zum Beauftragten für die Vorbereitung der Endlösung der europäischen Judenfrage« bestellt habe und »daß zu dieser Besprechung geladen wurde, um Klarheit in grundsätzlichen Fragen zu schaffen« und die »gemeinsame Behandlung aller an diesen Fragen unmittelbar beteiligten Zentralinstanzen im Hinblick auf die Parallelisierung der Linienführung« zu koordinieren.[245] »[O]hne Rücksicht auf geographische Grenzen«, so das Protokoll, liege »die Federführung bei der Bearbeitung der Endlösung der Judenfrage [...] zentral beim Reichsführer-SS und Chef der Deutschen Polizei«, d. h. in den Händen von Heydrichs direktem Vorgesetzten Heinrich Himmler. Nachdem er den Autoritätsanspruch der SS klargestellt hatte, gab Heydrich einen »kurzen Rückblick über den bisher geführten Kampf gegen diesen Gegner«, die Maßnahmen, die ergriffen worden waren, um Juden aus der deutschen Gesellschaft, aus dem Leben des deutschen Volkes und aus dessen Lebensraum auszuschließen. Zu Anfangs habe man die jüdische Auswanderung zu »beschleunigen« versucht, doch schließlich habe Himmler sie »im Hinblick auf die Gefahren einer Auswanderung im Kriege und im Hinblick auf die Möglichkeiten des Ostens« zugunsten der erzwungenen Deportation der Juden in den Osten verboten. In Anspielung auf die Aktivitäten der sogenannten Einsatzgruppen machte Heydrich seinen Zuhörern klar, dass die deportierten Juden dort zu töten seien. Dann kam er auf die mehr als 11 Millionen Menschen zu sprechen, die »[i]m Zuge dieser Endlösung der europäischen Judenfrage [...] in Betracht« zu ziehen seien, aufgeschlüsselt nach Ländern einschließlich solcher, die nicht unter deutscher Kontrolle standen. Er erörterte auch die Möglichkeiten, die besetzten und verbündeten Länder dazu zu bringen, ihre jüdische Bevölkerung an die Deutschen auszuliefern, und ließ keinen Zweifel an der Absicht der SS, jeden einzelnen europäischen Juden ungeachtet seiner Herkunft zu töten.[246] Heydrich erläuterte, dass die Juden im Osten unter »entsprechender Lei-

244 Roseman, *Die Wannsee-Konferenz*, S. 152, 153.

245 Alle Zitate im Folgenden aus dem »Besprechungsprotokoll« der »Besprechung über die Endlösung der Judenfrage«, Webseite der Gedenk- und Bildungsstätte Haus der Wannsee-Konferenz, https://www.ghwk.de/fileadmin/Redaktion/PDF/Konferenz/protokoll-januar1942_barrierefrei.pdf (zuletzt aufgerufen am 28.1.2023).

246 Friedländer, *Das Dritte Reich und die Juden*, S. 725.

tung« als Zwangsarbeiter im Straßenbau einzusetzen seien. Dabei werde »zweifellos ein Großteil durch natürliche Verminderung ausfallen«, d.h. sich zu Tode arbeiten. Die Überlebenden müssten »entsprechend behandelt«, d.h. getötet werden, da sie als »eine natürliche Auslese« besonders widerstandsfähig und deshalb »bei Freilassung als Keimzelle eines neuen jüdischen Aufbaues« anzusehen seien. Europa, so der Plan, sei von Westen nach Osten durchzukämmen. Die Juden seien zunächst »Zug um Zug in sogenannte Durchgangsghettos« zu verbringen, »um von dort aus weiter nach Osten transportiert zu werden«.

Als »wichtige Voraussetzung [...] für die Durchführung der Evakuierung« führte Heydrich sodann »die genaue Festlegung des in Betracht kommenden Personenkreises« an. Er schlug vor, ältere Juden, »schwerkriegsbeschädigte[] Juden und Juden mit Kriegsauszeichnungen (EK I)« nicht zu »evakuieren« (d.h. umzubringen), sondern sie in ein »Altersghetto [...] zu überstellen«. An dieser Absicht entzündete sich offenbar eine langwierige, erregte Diskussion – die ein ganzes Drittel des Protokolls ausmacht und zweifellos die meiste Zeit auf der Konferenz in Anspruch nahm – über die Frage, was mit Menschen zu geschehen habe, die zur Hälfte oder zu einem Viertel jüdisch waren, den sogenannten Mischlingen 1. und 2. Grades, sowie mit Juden, die mit nichtjüdischen Deutschen verheiratet waren, und deren Kindern. Dieser Diskussion lag Roseman zufolge »die Schwierigkeit« zugrunde, »zu definieren, wer Jude war«[247] – eine Schwierigkeit, mit der »sich die Nationalsozialisten seit ihrer Machtübernahme konfrontiert gesehen« hatten.[248]

Hatten die Konferenzteilnehmer sich Heydrichs Ausführungen zu den übrigen Themen der Sitzung offensichtlich ruhig angehört, wurde es nun – so das Protokoll und insbesondere Eichmanns spätere Aussage während seines Prozesses in Jerusalem – lebhaft, »sprunghaft und unstrukturiert«. Alle redeten durcheinander und aneinander vorbei.[249] Der Eifer der Teilnehmer spiegelte wider, dass »die Lösung der Mischehen- und Mischlingsfragen«, wie Heydrich es ausdrückte, die »Voraussetzung für die restlose Bereinigung des Problems« sei, d.h. die Voraussetzung, um zu klären, wer deportiert und umgebracht werden sollte und wer nicht. Gemäß dem Buchstaben und/oder den Implikationen der »Nürnberger Gesetze« und des »Gesetzes zum Schutze des deutschen Blutes und der deutschen Ehre«, beide seit 1935 in Kraft, wollte Heydrich sogenannte Halbjuden (Mischlinge 1. Grades), die nicht »mit Deutschblütigen« verheiratet waren, oder Mischlinge 1. Grades, die keine »Ausnah-

247 Roseman, *Die Wannsee-Konferenz*, S. 114.

248 Ebd., S. 114

249 Christopher Browning (2006 [2003]). *Die Entfesselung der »Endlösung«. Nationalsozialistische Judenpolitik 1939-1942.* Übers. von Klaus-Dieter Schmidt. München (List), S. 588f.; Gerlach, Die Wannsee-Konferenz, S. 105.

megenehmigungen« hatten, den Volljuden gleichstellen. Er empfahl, Halbjuden, die von der Deportation ausgenommen waren, »als Voraussetzung des Verbleibens im Reich« zwangsweise zu sterilisieren. »Vierteljuden« (Mischlinge 2. Grades) sollten »den Deutschblütigen zugeschlagen« und von der Deportation ausgenommen werden – abgesehen von gewissen Fällen, z. B. einem »ungünstige[n] Erscheinungsbild« oder einer »schlechte[n] polizeiliche[n] und politische[n] Beurteilung«. Auch wenn die betreffende Person in diesen Fällen »deutschblütig verheiratet« war, sollte sie nicht den Deutschblütigen zugerechnet werden.[250] Volljuden, die mit Deutschblütigen verheiratet waren, sollten in ein »Altersghetto überstellt« werden, wobei es aber jeden Einzelfall »unter Berücksichtigung auf die [sic!] Auswirkungen einer solchen Maßnahme auf die deutschen Verwandten dieser Mischehe« zu prüfen galt. Diese Maßgabe sollte auch für Halbjuden gelten, die mit Deutschblütigen verheiratet waren. Halbjuden und Vierteljuden, die mit Volljuden verheiratet waren, und Halbjuden, die mit Halbjuden oder mit Vierteljuden verheiratet waren, waren zusammen mit ihren Kindern als Volljuden anzusehen und in ein Ghetto zu »überstellen«.

250 Die »Nürnberger Gesetze« und das »Gesetz zum Schutze des deutschen Blutes und der deutschen Ehre« hatten Halbjuden als Mischlinge 1. Grades und Vierteljuden als Mischlinge 2. Grades definiert. Mischlingen 1. Grades war es verboten, nichtjüdische Deutsche zu heiraten. Sie durften mit einer Ausnahmegenehmigung lediglich Mischlinge 2. Grades (Vierteljuden) ehelichen. Mischlinge 2. Grades durften nichtjüdische Deutsche heiraten, nicht aber einen anderen Mischling 2. Grades oder andere Personen mit mehr als einem Viertel »jüdischem Blut«. Implizit besagten die Nürnberger Gesetze und das »Gesetz zum Schutze des deutschen Blutes und der deutschen Ehre«, dass Mischlinge 1. Grades als Juden zu betrachten seien, Mischlinge 2. Grades hingegen als Personen mit genügend »deutschem Blut«, um als Bürger des Reiches zu zählen. Für eine einigermaßen klare Darlegung dieser verwirrenden Unterscheidungen und der auf ihnen beruhenden Maßnahmen im Kontext der Wannsee-Konferenz siehe John A. S. Grenville (1986). Die »Endlösung« und die »Judenmischlinge« im Dritten Reich. In: *Das Unrechtsregime: Internationale Forschung über den Nationalsozialismus.* Hg. von Werner Jochmann, Werner Johe und Ursula Büttner. Hamburg (Christians), S. 105; online: https://www.zeitgeschichte-hamburg.de/contao/files/fzh/Digitalisate/Ursula%20Buettner%20Das%20Unrechtsregime%20Bd%202.pdf (zuletzt aufgerufen am 16.11.2022); Beate Meyer (1999). *»Jüdische Mischlinge«: Rassenpolitik und Verfolgungserfahrung, 1933-1945.* Hg. von Monika Richarz und Ina Lorenz, Studien zur jüdischen Geschichte. Bd. 6. Hamburg (Dölling und Galitz), S. 98f. Für eine feinsinnige Studie über die Perspektiven der verschiedenen Amtsträger, die zu bestimmen versuchten, wer als »Jude« in den Zwischenräumen des rassistischen Denkens der Nazis und ihrer Politik zählte und wie die von dieser Politik Betroffenen versuchten, eine Änderung ihres eigenen Status oder der Einstufung ihrer Verwandten zu erreichen, siehe Thomas Pegelow Kaplan (2011). *The Language of Nazi Genocide: Linguistic Violence and the Struggle of Germans of Jewish Ancestry.* Cambridge (Cambridge Univ. Press).

Wie oben erwähnt, lösten Heydrichs Vorschläge über die für Deportationen »in Betracht« kommenden unterschiedlichen Kategorien von Mischlingen und Juden in Mischehen eine erregte allgemeine Diskussion aus – offenbar die erste Diskussion überhaupt auf der Sitzung, auch wenn Eichmanns Protokoll deren Geist nur vage vermittelt. Demzufolge brachte SS-Gruppenführer Otto Hofmann vom SS-Rasse- und Siedlungshauptamt seine Unterstützung der zwangsweisen Sterilisation als Option zum Ausdruck, die Mischlinge der Deportation zweifellos vorziehen würden. Wilhelm Stuckart vom Reichsministerium des Innern drängte ebenfalls auf die Zwangssterilisation von Halbjuden als Alternative zur Deportation sowie auf die Zwangsscheidung gemischtrassiger Ehen. Der Vertreter von Görings Vierjahresplan (verantwortlich für die Kriegswirtschaft) äußerte Bedenken hinsichtlich der Deportation von Juden, die in kriegswichtigen Industriebetrieben arbeiteten. Schließlich bat der Vertreter des Generalgouvernements Polen, Josef Bühler, darum, mit der Endlösung im Generalgouvernement zu beginnen, weil sich dort schon sehr viele Juden aufhielten. Sowohl Bühler als auch Alfred Meyer vom Reichsministerium für die besetzten Ostgebiete drängten darauf, »gewisse vorbereitende Arbeiten im Zuge der Endlösung gleich in den betreffenden Gebieten selbst durchzuführen, wobei jedoch eine Beunruhigung der Bevölkerung vermieden werden müsse«. Ob hier die Bevölkerung der betreffenden Gebiete oder die Deutschen im Reich gemeint waren, geht aus dem Protokoll nicht eindeutig hervor. Mit Heydrichs Appell an die Teilnehmer, ihn bei »der Durchführung der Lösungsarbeiten« zu unterstützen, endete die Konferenz.

Auch wenn die SS ihre alleinige Autorität bei der Durchführung der Endlösung am Wannsee behaupten konnte, gelang es bis zum Schluss der Sitzung nicht, einvernehmlich zu definieren, wer als Jude zu deportieren und zu töten sei.[251] Die Frage kam folglich auf zwei weiteren und gleichermaßen ergebnislosen Konferenzen am 6. März und 27. Oktober 1942 zur Sprache, auf deren Tagesordnung die Zwangssterilisation von Mischlingen und die Zwangsscheidung von Mischehen standen.[252] Dass sich die Teilnehmer an diesen drei Sitzungen – wobei zwischen der ersten und der letzten ganze zehn Monate lagen – nicht darauf einigen konnten, was mit Mischlingen und mit Juden in Mischehen zu geschehen sei, zeigte, dass man sich an der Quadratur des Kreises

251 Roseman, *Die Wannsee-Konferenz*, S. 145.

252 Nuremberg Trial Documents: »NG-2586 (H), Record, Conference on the Final Solution of the Jewish Problem, Berlin, March 6, 1942« (ca. 1945) und »NG-2586 (M): Minutes of Conference, the Jewish Problem, October 27, 1942« (23. January 1948). Abdruck der Protokolle der beiden Konferenzen in: Robert M.W. Kempner (1961). *Eichmann und Komplizen.* Zürich, Stuttgart, Wien (Europa Verlag), S. 165–180, 255–267; siehe auch Roseman, *Die Wannsee-Konferenz*, S. 144; Grenville, Die »Endlösung« und die »Judenmischlinge« im Dritten Reich, S. 110–112.

versuchte. Einerseits hatten die Nazis (insbesondere die SS) so viele Mischlinge und Juden in Mischehen wie möglich für die Endlösung vorgesehen. Andererseits war der Naziführung, insbesondere Hitler, Goebbels und Göring, sehr daran gelegen, keine Beunruhigung unter nichtjüdischen deutschen Verwandten und Freunden von Juden, denen Deportation und Vernichtung drohten, auszulösen. Sie fürchteten allgemeine Unruhen, sogar Proteste für den Fall, dass Juden, die mit nichtjüdischen Deutschen enge Verbindungen hatten, deportiert würden.[253] Was den »Halb- und Vierteljuden« half, so Mark Roseman, »war Hitlers Gespür für die Stimmung in der Öffentlichkeit. Es gab einfach zu viele rein deutsche Verwandte zu berücksichtigen. Ideologisch bevorzugte Hitler die harte Linie der Parteiradikalen, aber aus taktischen Gründen zeigte er Zurückhaltung.«[254] Selbst Heydrich war nicht immun gegen die Reaktion der nichtjüdischen deutschen Öffentlichkeit auf die Deportation von Freunden und Verwandten und schlug während der Wannsee-Konferenz vor, Juden in Mischehen ggf. in ein Ghetto zu deportieren statt zu »evakuieren« (der Euphemismus der SS für Vernichtung).[255] Dazu schreibt der Historiker John Grenville:

> »Bei der Bewertung der nationalsozialistischen Politik muß dabei berücksichtigt werden, daß die meisten ›Mischlinge‹ und die in Mischehen lebenden Juden enge Familienbeziehungen zu nichtjüdischen Deutschen hatten und daß diese Tatsache die Entscheidungen der Machthaber zweifellos nachhaltig beeinflußte.«

»Die Bedeutung dieses Zusammenhangs«, so Grenville weiter, »ist kaum zu überschätzen«. Hätten die Nazis trotz ihres »fanatischen Rassismus« nicht die Reaktion der deutschen Öffentlichkeit gefürchtet, wären »auch die sogenannten ›Jüdischversippten‹ und ›Mischlinge‹ der ›Endlösung‹« zum Opfer gefallen.[256]

Die Bemühungen Himmlers und der SS, die Mischlinge Mittel- und Westeuropas zu vernichten, blieben weitgehend erfolglos.[257] Laut Grenville hat »die große Mehrheit der deutschen ›Mischlinge‹ […] die Zeit des nationalsozialistischen Terrors in ihrem Heimatland überlebt«.[258] Mischlinge 1. Grades wurden »bis gegen Ende des Krieges mit einer gewissen Behutsamkeit behandelt […], obwohl man sie […] biolo-

253 Gerlach, Die Wannsee-Konferenz, S. 88; Roseman, *Die Wannsee-Konferenz*, S. 115f., 117.

254 Roseman, *Die Wannsee-Konferenz*, S. 115f.

255 Ebd., S. 103. Siehe auch die Zusammenfassung des Konferenz-Protokolls, oben.

256 Grenville, Die »Endlösung« und die »Judenmischlinge« im Dritten Reich, S. 92, 94.

257 Gerlach, Die Wannsee-Konferenz, S. 88.

258 Grenville, Die »Endlösung« und die »Judenmischlinge« im Dritten Reich, S. 91; siehe auch Friedländer, *Das Dritte Reich und die Juden*, S. 723.

gisch mehr als Juden denn als Deutsche betrachtete«; viele von ihnen haben das Dritte Reich überlebt.[259] Bemühungen, den privilegierten Status der Mischlinge 2. Grades infrage zu stellen, erwiesen sich als zwecklos. Zu massenhaften Zwangssterilisationen ist es nie gekommen.[260] Dieselbe Zurückhaltung charakterisierte die Art und Weise, wie die Nazis Juden in Mischehen behandelten, vor allem, wenn Kinder aus der Ehe hervorgegangen waren. Der Plan, Mischehen zwangsweise zu scheiden, wurde lediglich in den letzten Kriegsmonaten systematisch realisiert. Versuche, jüdische Partner zu deportieren, waren im Allgemeinen nicht erfolgreich.[261]

Obwohl die lebhafte Diskussion über den Umgang mit Mischlingen und Juden in Mischehen in Eichmanns Protokoll der Konferenz an zentraler Stelle steht und laut John Grenville und Mark Roseman als »der eigentliche politische *Inhalt* am Wannsee« tatsächlich das einzige Thema war, das von den Teilnehmern überhaupt näher erörtert und strittig diskutiert wurde, haben sich Historikerinnen und Historiker mit der Beurteilung dieser Diskussion schwer getan.[262] Manche halten sie für nebensächlich, für eine bizarre, pedantische, legalistische und bürokratische Debatte der Konferenzteilnehmer im Rahmen ihrer Unterstützung des Massenmordes an den europäischen Juden. Obwohl sich die historischen Teilnehmer in dieser Frage so engagiert einbrachten, widmen manche Historiker diesem Teil der Konferenz wenig Aufmerksamkeit.[263] Andere erkennen die Bedeutsamkeit der Diskussion über Mischlinge und Juden in Mischehen an, lesen sie aber tendenziös im Licht der historisch signifikanten *Ergebnisse* der Konferenz – nämlich der Schaffung der bürokratischen Basis für die Vernichtung der Juden Europas mit der SS als federführender Instanz und Staat und Partei als untergeordneten Mitbeteiligten. Das heißt, die hitzige Debatte darüber, welche Juden zu deportieren seien, wird mehr oder weniger als ein Ableger des Endergebnisses der Konferenz betrachtet.[264] Auf den äußeren Beobachter – der weiß,

259 Grenville, Die »Endlösung« und die »Judenmischlinge« im Dritten Reich, S. 112.

260 Meyer, *Jüdische Mischlinge*, S. 6, 52f., 99.

261 Grenville, Die »Endlösung« und die »Judenmischlinge« im Dritten Reich, S. 112.

262 Roseman, *Die Wannsee-Konferenz*, S. 107-109.

263 Zum Beispiel finden sowohl die Holocaust-Historikerin Leni Yahil als auch Richard Evans, der Historiker Nazi-Deutschlands, für diesen ausgedehnten und lebhaften Teil der Sitzung in ihren Büchern nur einen einzigen Satz. Yahil, *Die Shoah*, S. 437; Evans, *Das Dritte Reich*, S. 336.

264 Selbst Mark Roseman, der die zentrale Bedeutung der Diskussion über Mischlinge und Juden in Mischehen auf der Wannsee-Konferenz und in anderen Zusammenhängen uneingeschränkt anerkennt, sieht die Debatte als »Teil einer konzertierten, koordinierten Kampagne, mit der Himmler und Heydrich ihre Vorherrschaft« hinsichtlich der praktischen Durchführung der »Endlösung« absicherten. So war Heydrichs Radikalismus bezüglich

dass die Juden Deutschlands, seiner Verbündeten und der von Deutschland eroberten Länder nach der Wannsee-Konferenz in Vernichtungslager deportiert wurden – wirkt die aufgeregte Diskussion über Mischlinge und Juden in Mischehen also entweder irrelevant oder zweitrangig. In den Augen des äußeren Beobachters – der weiß, dass die Frage, was mit Mischlingen und mit Juden in Mischehen zu geschehen sei, nie endgültig beantwortet wurde, der weiß, dass die meisten europäischen Mischlinge und Juden in Mischehen den Holocaust tatsächlich überlebt haben, und der weiß, dass es in der Öffentlichkeit (mit einer bemerkenswerten Ausnahme) nie zu öffentlichen Protesten gegen die Deportation deutscher Juden gekommen ist (zum Teil natürlich aufgrund des Widerstrebens der Nazi-Führung, Mischlinge und Juden in Mischehen zu deportieren) – hatte die hitzige Debatte am Wannsee wenig zu tun mit dem, was nach der Konferenz geschah; bestenfalls hatte sie etwas zu tun mit dem, was nicht geschah. Was heute für uns vor dem Hintergrund unseres Wissens um das, was nach der Konferenz passierte, wichtig ist, unterscheidet sich von dem, was für die historischen Teilnehmer wichtig war.

Wenn wir die empathische Position einnehmen und uns in den Erfahrungsraum und Erfahrungshorizont der Teilnehmer der Wannsee-Konferenz zurückdenken, wird die unabweisbare Bedeutsamkeit der Frage der Mischlinge und Juden in Mischehen im Licht ihrer möglichen Auswirkungen auf nichtjüdische Deutsche restlos verständlich. Es zeigt sich dann, dass sie aus der Perspektive der Nazis völlig angemessen war. Und was prägte den Erfahrungsraum der Teilnehmer der Wannsee-Konferenz? Es war das Schicksal ihres Euthanasieprogramms, das gerade einmal drei Monate vor der Entscheidung, die Wannsee-Konferenz einzuberufen, und fünf Monate, bevor sie tatsächlich stattfand, offiziell ausgesetzt worden war – aufgrund wachsender Unruhe in der Bevölkerung und der Opposition kirchlicher Führer.[265]

Das Euthanasieprogramm war ein Herzstück der biomedizinischen Vision der Nazis. Es sollte die Gesundheit des »Volkskörpers« durch Rassenhygiene schützen und stärken. Zu diesem Zweck mussten »lebensunwertes Leben« und »Ballastexistenzen« aus der rassisch reinen und vitalen Volksgemeinschaft, die das Regime schaffen wollte, »ausgemerzt« werden. Indem es Menschen mit Erbkrankheiten oder vererbbaren Behinderungen die Fortpflanzung unmöglich machte, sollte es die genetische Volksgesundheit auf Generationen hinaus sichern. Durch die Vernichtung behinderter, chronisch kranker oder sterbenskranker Menschen, psychisch Kranker und anderer »Ballastexistenzen« sollten wertvolle Ressourcen, die bis dato dem Erhalt »lebensun-

der Mischlinge und der Juden in Mischehen auf der Sitzung Teil seines Bestrebens, »die Vorherrschaft des RSHA in allen Aspekten der ›Judenfrage‹ zu bekräftigen«. Roseman, *Die Wannsee-Konferenz*, S. 119, 120.

265 Die Einladungen zur Wannsee-Konferenz wurden am 29. November 1941 verschickt.

werten Lebens« gewidmet waren, freigesetzt werden, um fortan der Unterstützung gesunder Volksgenossen bzw. nach Kriegsbeginn den deutschen Kriegsanstrengungen zugutezukommen. »Zivilisatorischer Fortschritt« und christliche Moral hatten, so die Nazi-Ideologie, die natürliche Auslese untergraben, so dass man Menschen am Leben erhalten hatte, die unter natürlichen Bedingungen gestorben wären. Das nationalsozialistische Euthanasieprogramm intervenierte somit im Namen der Natur und stellte die natürliche Ordnung der Dinge wieder her, indem es die »Lebensuntüchigen« und »Lebensunwerten« daran hinderte, sich fortzupflanzen und dem Volk kostbare Ressourcen zu entziehen.

Schon im Juli 1933 wurde die Zwangssterilisation durch das »Gesetz zur Verhütung erbkranken Nachwuches« legalisiert. Auf der Grundlage des »Gesetzes zum Schutze der Erbgesundheit des deutschen Volkes« vom Oktober 1935 ordnete Hitler nach Kriegsbeginn im September 1939 die Tötung chronisch kranker und an Erbkrankheiten sowie an Behinderungen leidender Menschen an. Die ersten Opfer waren Kinder mit Behinderungen. Menschen, die euthanasiert werden sollten, wurden in spezielle Einrichtungen deportiert, wo rund 70.000 Tötungen erfolgten – durch Injektionen, Verhungernlassen und in Gaskammern. Trotz aller Bemühungen, die Tötungen geheimzuhalten, indem man vorgab, dass die Euthanasieopfer eines natürlichen Todes gestorben seien, verbreiteten sich Informationen über das Programm sehr rasch im ganzen Reich. Im Februar 1940 begannen öffentliche Proteste und zogen immer weitere Kreise. Im Allgemeinen waren es Beschwerdebriefe der Familien getöteter oder für die Euthanasie vorgesehener Opfer, Briefe aus der allgemeinen Öffentlichkeit, von protestantischen wie auch katholischen Kirchenvertretern und sogar von führenden Parteimitgliedern. Einmal scheint Hitler den Protest wütender Angehöriger sogar persönlich miterlebt zu haben, als sein Zug an einem bayerischen Bahnhof hielt, von wo aus behinderte Kinder deportiert wurden.[266]

Das Ereignis, das schließlich zur offiziellen Beendigung des Euthanasieprogramms führte, war Bischof Clemens von Galens Predigt vom 3. August 1941, in der er, anknüpfend an die Empörung der Öffentlichkeit, die Tötung von Menschen mit körperlichen und geistigen Behinderungen oder mit Erbkrankheiten von der Kanzel herunter anprangerte. Seine Predigt wurde in Windeseile zig-tausendfach vervielfältigt, zirkulierte im ganzen Reich und veranlasste auch andere religiöse Führer zu öffentlichen Protesten.[267] Die Historiker Jeremy Noakes und Geoffrey Pridham bezeichneten Galens Predigt als »Paukenschlag«: »Die Nazi-Führung war wütend, aber hilflos.«[268]

266 Noakes und Pridham, *Nazism 1919–1045*, S. 1039.

267 Henry Friedlander (1995). *The Origins of Nazi Genocide: From Euthanasia to the Final Solution.* Chapel Hill (University of North Carolina Press), S. 116.

268 Noakes und Pridham, *Nazism 1919–1045*, S. 1039.

Dem Historiker Ernst Klee zufolge lässt sich die »ganze Ratlosigkeit der Nazis [...] internen Lageberichten entnehmen«, die im Anschluss an Galens Predigt verfasst wurden.[269] Ausdruck der Ohnmachtsgefühle mancher Parteioberen war ihre Forderung, Galen zu verhaften. Auch die Forderung, ihn zu hängen, wurde laut – Maßnahmen, die Goebbels und Hitler zu verhindern wussten, da sie ihnen, zumal im Krieg, für das Regime als zu gefährlich erschienen. So schreibt John Grenville:

> »Der öffentliche Protest Galens gegen die Euthanasie wurde bald in ganz Deutschland bekannt und verfehlte nicht seinen Eindruck auf Hitler: Öffentliche Proteste, das war die ständige Sorge des ›Führers‹, könnten zu der befürchteten Unruhe in der Bevölkerung beitragen.«[270]

Am 24. August 1941 ordnete Hitler deshalb an, das Euthanasieprogramm auszusetzen. Auch wenn es offiziell für beendet erklärt worden war und die Tötung erwachsener Menschen mit Behinderungen aufhörte, wurden mehr oder weniger inoffiziell und im kleineren Maßstab als zuvor Kinder in Einrichtungen durch tödliche Injektionen oder Verhungernlassen getötet. In Konzentrationslagern wurden arbeitsunfähige Häftlinge vergast.[271] Man schätzt, dass nach der offiziellen Beendigung des Euthanasieprogramms noch annähernd 50.000 Menschen euthanasiert worden sind.[272] Dennoch war der öffentliche Widerstand gegen das Euthanasieprogramm dem Historiker Richard Evans zufolge »die stärkste, deutlichste und am weitesten verbreitete Protestbewegung gegen ein NS-Programm seit dem Beginn des Dritten Reiches«.[273]

Um Hitlers Entscheidung zu verstehen, das Euthanasieprogramm angesichts der öffentlichen Proteste offiziell auszusetzen, ist es wichtig, den Instinkt der Nazis für die Stimmungslage in der Bevölkerung und ihr Gespür anzuerkennen, dass ihre Legitimität und sogar ihre Macht zu einem beträchtlichen Grad davon abhängig waren, die Öffentlichkeit nicht gegen sich aufzubringen. So schreibt der Historiker Frank Bajohr, das Nazi-Regime sei »keine bloße Diktatur von oben nach unten« gewesen,

---

269 Ernst Klee (2009). *Euthanasie im NS-Staat: Die »Vernichtung lebensunwerten Lebens«.* Frankfurt am Main (Fischer), S. 335. Siehe auch Nathan Stoltzfus (1996). *Widerstand des Herzens: Der Aufstand der Berliner Frauen in der Rosenstraße – 1943.* Übers. von Michael Müller. München (dtv), S. 201f., 205–207, 362f.

270 Grenville, Die »Endlösung« und die »Judenmischlinge« im Dritten Reich, S. 115.

271 Siehe hierzu mehrere Artikel von Lutz Kaelber sowie den Band *Kindermord und »Kinderfachabteilungen« im Nationalsozialismus: Gedenken und Forschung.* Hamburg (Peter Lang), den er 2011 zusammen mit Raimond Raiter herausgegeben hat.

272 Noakes und Pridham, *Nazism 1919–1945*, S. 1048.

273 Evans, *Das Dritte Reich*, S. 134.

die das deutsche Volk durch Zwang und Terror ihrem Willen unterwarf »und die Gesellschaft zu strikter Passivität verurteilte. Vielmehr war das ›Dritte Reich‹ eine Zustimmungsdiktatur, die auf die ›Volksmeinung‹ durchaus Rücksicht nahm«.[274] John Grenville führt Hitlers generelle Zurückhaltung bezüglich der Mischlinge und der Mischehen auf des Führers »ausgeprägtes Gespür für die öffentliche Meinung der Deutschen« zurück, »auf deren Gefolgschaft die Kriegführung und seine Zukunftspläne beruhten«.[275] Kurzum, das genaue Gespür der Nazis für die öffentlich Meinung in Deutschland und ihre Abhängigkeit von der Stimmungslage der Bevölkerung veranlasste sie, ein Programm offiziell auszusetzen, das der Gesundheit des deutschen »Volkskörpers« dienen sollte, indem es Lebensuntüchtige und lebensunwertes Leben vernichtete – ein Vorhaben, das neben dem Ziel, die »jüdische Gefahr« auszulöschen, ganz oben auf ihrer rassistischen Agenda stand.

Dass Hitler das Euthanasieprogramm am 24. August 1941 im Zuge des Protestes seitens der Kirchen sowie der Familien und Freunde von Opfern und potenziellen Opfern beendete, scheint die Befürchtungen der Nazi-Führung noch verstärkt zu haben, dass ihr anderes Rasseprojekt – die Ausmerzung der Juden aus dem deutschen Volkskörper als Teil der Endlösung der gesamteuropäischen Judenfrage – gefährdet werden könnte, sollte es zu öffentlichen Protesten kommen. Tatsächlich war die Reaktion der deutschen Öffentlichkeit auf die Deportation deutscher Juden im Allgemeinen sowie der Mischlinge und der in Mischehen lebenden Juden im Besonderen ein Thema, das die Nazi-Führung in den Monaten nach der offiziellen Aussetzung des Euthanasieprogramms beschäftigt hielt. Als die jüdischen Bürgerinnen und Bürger Deutschlands am 1. September 1941 gesetzlich zum Tragen des gelben Sterns verpflichtet wurden, ordnete Hitler gerade einmal drei Wochen nach offizieller Beendigung des Euthanasieprogramms an, dass Vierteljuden (Mischlinge 2. Grades) von der Vorschrift ausgenommen seien. Knapp zwei Monate später wurde der SS-Offizier, der die nach Riga deportierten Berliner Juden hatte erschießen lassen, nach Berlin zurückberufen, wo er eine offizielle Abmahnung erhielt – laut Mark Roseman auch dies ein Zeichen dafür,

> »dass Hitler und Himmler ein feines Gespür für die Stimmung der Bevölkerung und die öffentliche Meinung hatten. Oder, mit Goebbels Worten, man wollte ›eine energetische Politik gegen die Juden, die uns allerdings nicht unnötige Schwierigkeiten verursacht‹«.[276]

274 Frank Bajohr (2006). *Der Holocaust als offenes Geheimnis. Die Deutschen, die NS-Führung und die Alliierten.* München (C.H. Beck), S. 17.

275 Grenville, Die »Endlösung« und die »Judenmischlinge« im Dritten Reich, S. 114.

276 Gerlach, Die Wannsee-Konferenz, S. 95; Roseman, *Die Wannsee-Konferenz*, S. 78f.

Die Auswirkungen einer öffentlichen Verbreitung von Informationen über das Vernichtungsprojekt, das in den eroberten Gebieten Osteuropas bereits in vollem Gang war und im Reich mehr und mehr als »offenes Geheimnis« kursierte, waren für Himmler und Hitler beunruhigend. Am 14. Dezember 1941 betonte Himmler gegenüber Viktor Brack, einem der Leiter des Euthanasieprogramms, dass die Tötungen »schon aus Gründen der Tarnung so schnell wie möglich« durchzuführen seien.[277] Die Rücksicht auf die womöglich zu befürchtende Reaktion der Bevölkerung auf die Ermordung weiterer deutschen Juden trug dazu bei, dass die Frage der Definition, wer grundsätzlich als Jude zu betrachten sei, und die Frage, was mit Mischlingen und Juden in Mischehen zu geschehen habe, auf der ersten Wannsee-Konferenz am 9. Dezember 1941 ganz oben auf der Tagesordnung standen.[278] Nicht nur vor der Wannsee-Konferenz, sondern, wie die beiden Anschlusssitzungen im März und Oktober 1942 zeigen, auch danach blieb die Nazi-Führung auf die Folgen der Deportation von Mischlingen und Juden in Mischehen für die öffentliche Meinung im Reich bedacht. In seinem Tagebuch erkannte Goebbels im März 1942 sogar an, dass die Trennung von in Mischehen lebenden Juden von ihren Kindern eine »extrem ›delikate‹ Angelegenheit« sei. Er bezweifelte, dass man Juden in Mischehen aus der Gesellschaft würde aussondern können, ohne die Moral des deutschen Volkes gegen sich aufzubringen.[279]

Die offizielle Beendigung des Euthanasieprogramms infolge des öffentlichen und kirchlichen Widerstandes bildete somit den Erfahrungsraum der Konferenzteilnehmer am Wannsee. Und ihr Erwartungshorizont gab ihnen vor, dass der Endlösung der Judenfrage in Europa dasselbe Schicksal drohen könnte wie dem Euthanasieprogramm, sollte es in Deutschland erneut zu öffentlichen Protesten kommen. Wenn wir von der empathischen Beobachterposition aus die Perspektive der Mehrzahl der Konferenzteilnehmer einnehmen, erweist sich die Frage, was mit deutschen Mischlingen und Juden in Mischehen geschehen solle, als die vielleicht *entscheidende* Frage, über die auf der Konferenz diskutiert und beschlossen wurde. Einerseits wollten die Teilnehmer Juden und Mischlinge aus dem deutschen Volkskörper eliminieren. Andererseits befürchteten sie, dass öffentliche Proteste das gesamte Vernichtungsprojekt ernsthaft gefährden könnten, wenn Halb- und Vierteljuden sowie Juden in Mischehen, die u. U. zahlreiche nichtjüdische deutsche Verwandte hatten, in großer Zahl deportiert würden.

277 Browning, *Die Entfesselung der »Endlösung«*, S. 585; Gerlach, Die Wannsee-Konferenz, S. 119.

278 Man hoffte, auf der Konferenz durch eine gewisse Planung »einen ›Durchbruch‹ bei der Behandlung von jüdischen Mischlingen zu erreichen«. Roseman, *Die Wannsee-Konferenz*, S. 87; Gerlach, Die Wannsee-Konferenz, S. 88, 102f.

279 Stoltzfus, *Widerstand des Herzens*, S. 23.

Mir ist keine Historikerin und kein Historiker, mit Ausnahme vielleicht von John Grenville, bekannt, die/der die lange, hitzige Diskussion über den Umgang mit Mischlingen und Juden in Mischehen auf der Wannsee-Konferenz mit der Rolle in Verbindung gebracht hätten, die der Protest der Bevölkerung für die offizielle Beendigung des Euthanasieprogramms gespielt hat.[280] Selbst Historiker, die den hohen Stellenwert jener Debatte und die ihr zugrundeliegende Angst vor öffentlichen Protesten anerkennen, haben diesen Zusammenhang nicht hergestellt,[281] und auch Historiker und Historikerinnen des Euthanasieprogramms haben, soweit ich sehe, keinen Zusammenhang zwischen dessen erzwungener offizieller Aussetzung und den Diskussionen in der Villa am Wannsee aufgezeigt.[282]

Warum wird ein solcher Zusammenhang von Historikern nicht gesehen? Wie oben angedeutet, haben sie mit den Vorteilen der Rückschau aus der Position des äußeren Beobachters die Wannsee-Konferenz mehr auf der Basis dessen, was folgte, als auf der Grundlage dessen, was vorausgegangen war, verstanden. Hingegen begriffen die historischen Teilnehmer die Konferenz (im Rahmen ihres Erfahrungsraumes) auf der Grundlage dessen, was zuvor geschehen war, und orientierten ihr Handeln (ihrem Erfahrungshorizont entsprechend) an dem, was sie in Anbetracht ihres Erfahrungs-

280 Grenville bringt Hitlers Bedenken hinsichtlich der öffentlichen Meinung über Mischlinge und Juden in Mischehen mit dem Schicksal des Euthanasieprogramms in Verbindung, lässt die Wannsee-Konferenz in dieser Hinsicht allerdings unerwähnt. Grenville, Die »Endlösung« und die »Judenmischlinge« im Dritten Reich, S. 115.

281 So erkennt Doris Bergen an, dass die Nazi-Führung unerwünschte Reaktionen der nichtjüdischen Verwandten auf eine Deportation von Juden in Ehen mit »arischen Deutschen« oder mit Halbjuden befürchtete. Sie stellt aber keinen Zusammenhang her zwischen der Diskussion über dieses Thema auf der Wannsee-Konferenz und dem Schicksal des Euthanasieprogramms. Bergen, *War and Genocide*, S. 168f. In ähnlicher Weise erkennt Michael Burleigh an, dass die Definition, welche Juden oder Halb- oder Vierteljuden in die Endlösung einzubeziehen seien oder nicht, auf der Wannsee-Konferenz zentralen Stellenwert besaß; er weist auch darauf hin, dass die Proteste zugunsten einzelner jüdischer oder halbjüdischer Bürger für diese Diskussion eine Rolle spielten. Aber obwohl Burleigh zuvor schon ein Buch speziell über das Euthanasieprogramm geschrieben hat, zieht er den Einfluss der Beendigung des Programms auf die Diskussion, die sich in der Villa am Wannsee über den Umgang mit Mischlingen und Juden in Mischehen entspann, nicht in Erwägung. Burleigh, *Die Zeit des Nationalsozialismus*, S. 750.

282 Dass Henry Friedlander in einem Buch, das die Verbindung zwischen dem Euthanasieprogramm und dem Genozid an den Juden herausstrich und zeigte, dass der Genozid aus dem Euthanasieprogramm hervorging, keinen Zusammenhang herstellte zwischen der Diskussion über Mischlinge und Juden in Mischehen auf der Wannsee-Konferenz und dem Schicksal des Euthanasieprogramms, ist besonders auffällig. Friedlander, *The Origins of Nazi Genocide*, S. 290.

raumes für die Zukunft erwarteten. Dass die offizielle Beendigung des Euthanasieprogramms in Eichmanns Protokoll der Konferenz an keiner Stelle erwähnt wurde, ist ein weiterer Grund, weshalb Historiker die lebhafte Debatte über Mischlinge und Juden in Mischehen damit nicht in Verbindung gebracht haben. Es ist durchaus möglich, dass Hitlers Aussetzung des Programms auf der Konferenz sogar zur Sprache gekommen ist, ohne dass dies ins Protokoll aufgenommen wurde. Möglich ist auch, dass Eichmann und Heydrich entsprechende Diskussionsbeiträge nachträglich aus dem Protokoll gestrichen haben. Da insgesamt 30 Exemplare des Konferenz-Protokolls hergestellt und verteilt wurden – einschließlich der Exemplare für die 15 Teilnehmer der Besprechung –, die potenziell eine größere Verbreitung hätten finden können (wozu es aber offenbarbar nicht gekommen ist), zogen Eichmann und Heydrich es möglicherweise vor, einen derartigen Rückschlag in der Verwirklichung der neuen rassistischen Ordnung der Nazis, eine, ja, derartige Niederlage, keinesfalls schriftlich zu dokumentieren – erst recht nicht in einem offiziellen Protokoll. Möglich ist auch, dass das Euthanasieprogramm auf der Konferenz tatsächlich nicht zur Sprache gekommen ist. Da es im Rasseprojekt der Nazis eine zentrale Rolle gespielt hatte, war seine Beendigung für die Konferenzteilnehmer so niederschmetternd, dass ihnen der Zusammenhang mit ihrer Diskussion am Wannsee vielleicht gar nicht zu Bewusstsein kam. Mit höherer Wahrscheinlichkeit aber war die Relevanz der Aussetzung des Euthanasieprogramms für die Debatte über Mischlinge und Juden in Mischehen so offensichtlich, dass sie der Rede nicht wert war.

Natürlich müssen wir auch die Möglichkeit in Betracht ziehen, dass das Schicksal des Euthanasieprogramms auf der Wannsee-Konferenz überhaupt keine Rolle gespielt hat. Auch wenn uns dies auf das dünne Eis historischer Spekulation führt, scheint es jedoch, sobald wir uns in unserer Vorstellung in den Erfahrungsraum und in den Erwartungshorizont der Teilnehmer hineinversetzen, hineinfühlen und hineindenken, ausgeschlossen zu sein, dass die Beendigung des Euthanasieprogramms in Reaktion auf den öffentlichen Protest auf der Wannsee-Konferenz keinen maßgeblichen Einfluss auf die Diskussion über den Umgang mit Mischlingen und Juden in Mischehen ausgeübt haben sollte.

Unter dem empathischen Blickwinkel betrachtet, stellen sich Geschichte und Stellenwert der Wannsee-Konferenz ein wenig anders dar als von außen gesehen. Der zurückblickende Beobachter liest die Konferenz im Licht der auf sie folgenden Auslöschung der Juden Europas als Ereignis, das »den Weg zum Genozid geebnet hat«, indem es die bürokratischen Grundlagen für die »Endlösung« schuf, der SS die Autorität bei der Durchführung des Völkermordes einräumte und die Mittäterschaft von Staat und Partei sicherte.[283] Dies ist eine authentische, wertvolle und aussagekräftige Interpretation

283 Roseman, *Die Wannsee-Konferenz*, S. 153.

der Konferenz. Und sie erklärt Heydrichs offensichtliche Genugtuung über das Ergebnis. Aber auch die Interpretation, die der empathische Beobachtungsblickwinkel nahelegt, ist authentisch, wertvoll und aussagekräftig. Sie konzentriert sich stärker auf die langgezogene und erregte Debatte über den Umgang mit Mischlingen und Juden in Mischehen, die sie überzeugend zu erklären vermag. Sie wirft auch Licht auf die Kontingenz, indem sie nicht nur erhellt, was nach der Konferenz geschah, sondern auch beleuchtet, was hätte geschehen können. Wenn man die Diskussion auf der Wannsee-Konferenz als Reaktion auf die Aussetzung des Euthanasieprogramms betrachtet, werden mögliche Entwicklungen erkennbar, die von der Nazi-Führung vorausgesehen – und befürchtet – wurden und die einen Genozid dieses Ausmaßes hätten verhindern können. Aus einer empathischen Perspektive betrachtet, belegt die Diskussion auf der Konferenz intellektuell und emotional überzeugend, dass den Nazi-Offiziellen ihr Plan, die deutschen Juden zu vernichten, als riskant, unsicher und gefährdet erschien, sollten öffentliche Proteste gegen seine Durchführung laut werden. Die Entscheidung, das Euthanasieprogramm offiziell zu beenden, hatte die Nazis schwer getroffen. Daher war die Frage des Umgangs mit Mischlingen und Juden in Mischehen für sie von entscheidender Bedeutung, stand doch nicht weniger auf dem Spiel als das Schicksal der »Endlösung der Judenfrage in Europa«.

Historikerinnen und Historiker haben dem deutschen Volk oft vorgehalten, niemals gegen die Endlösung protestiert und es den Nazis auf diese Weise ermöglicht zu haben, den Genozid an den Juden durchzuführen.[284] Und sie haben gefragt, wie viele Leben hätten gerettet werden können, wenn nichtjüdische Deutsche gegen die Deportation ihrer jüdischen Nachbarn protestiert hätten. In den Worten John Grenvilles:

> »Die Politik der Nationalsozialisten wurde nachdrücklich von der Sorge beeinflußt, welche öffentliche Reaktion darauf zu erwarten war; das trifft auch auf die Judenpolitik zu. Es ist daher erlaubt, zumindest die hypothetische Frage zu stellen, was hätte verzögert und dadurch vielleicht abgewendet werden können, wenn mehr Deutsche, insbesondere Deutsche in hohen Positionen, ihre Sorge um das Schicksal ihrer verfolgten jüdischen und christlichen Mitbürger wirksamer zum Ausdruck gebracht hätten.«[285]

284 Siehe z. B. Ian Kershaw (1981). Alltägliches und Außeralltägliches: Ihre Bedeutung für die Volksmeinung, 1933–1939. In: *Die Reihen fest geschlossen: Beiträge zur Geschichte des Alltags unterm Nationalsozialismus.* Hg. vcn Detlev Peukert und Jürgen Reulecke. Wuppertal (Peter Hammer), S. 286.

285 Grenville, Die »Endlösung« und die »Judenmischlinge« im Dritten Reich, S. 116.

Eine empathische Geschichte der Wannsee-Konferenz macht die Befürchtungen der Nazis, mit der Endlösung öffentliche Proteste auszulösen, auf besonders überzeugende Weise deutlich. Diese Angst, die sich in der Entscheidung, das Euthanasieprogramm auszusetzen, ebenso widerspiegelt wie in der hitzigen Debatte über Mischlinge und Juden in Mischehen auf der Wannsee-Konferenz, legt die Vermutung nahe, dass allgemeiner, öffentlicher Protest die Vernichtung der Juden Deutschlands, Österreichs und vielleicht Westeuropas maßgeblich hätte erschweren können.[286] Eine empathische Geschichte der Wannsee-Konferenz unterstreicht auf bezwingende Weise die tragischen Konsequenzen der Tatsache, dass es mit einer einzigen Ausnahme keine allgemeinen Proteste gegen die Deportation der Juden Deutschlands und Österreichs gegeben hat – trotz realistischer Erfolgsaussichten. Nicht nur im Falle des Euthanasieprogramms, sondern in zwei weiteren Situationen, in denen es tatsächlich zu nennenswerten Protesten der Bevölkerung kam, machten die Nazis einen Rückzieher. Aufgrund allgemeiner Proteste gaben sie 1941 den Versuch auf, die Kruzifixe aus bayerischen Schulen zu entfernen, auch wenn dieses Vorhaben auf ihrer Agenda weit unter dem Euthanasieprogramm und der Endlösung stand. Und im Februar 1943, ein Jahr nach der Wannsee-Konferenz, führte der Protest Hunderter nichtjüdischer Deutscher, vorwiegend Frauen, zur Freilassung von 2.000 jüdischen Ehemännern und anderer jüdischer Verwandter, die von einem Sammellager in der Berliner Rosenstraße aus in den Osten deportiert werden sollten. Die Demonstration in der Rosenstraße war, so der Historiker Nathan Stoltzfus, »das einzigartige Beispiel für einen Massenprotest gegen die Deportation deutscher Juden«.[287] Aufgrund der Feigheit, des Antisemitismus und der allgemeinen Empathielosigkeit nichtjüdischer Deutscher gegenüber ihren jüdischen Mitbürgern sowie der wohlkalkulierten Entscheidung der Nazis, Mischlinge und Juden in Mischehen von der Deportation weitgehend auszunehmen, ist es nirgendwo in Deutschland zu weiteren nennenswerten Protesten gegen die Endlösung gekommen.[288] Und doch bezeugt der Erfolg der Demonstration in der Rosenstraße, dass die Nazis sensibel auf Unruhe in der Bevölkerung reagierten und Proteste fürch-

286 Um das Ausbleiben öffentlicher Proteste gegen die Verfolgung, Deportation und, soweit sie davon wussten, die Vernichtung der Juden Deutschlands zu verstehen, muss man sich in die Erfahrungsräume und Erwartungshorizonte nichtjüdischer Deutscher hineindenken, sich hineinfühlen und in seiner Vorstellung hineinversetzen. Ich bin dem Psychoanalytiker Armin Vodopiutz zu Dank verpflichtet, denn er hat meine Aufmerksamkeit auf die Bedeutsamkeit gelenkt, die ein empathischer Fokus in diesem Kontext besitzt.

287 Stoltzfus, *Widerstand des Herzens*, S. 18.

288 Eines der zentralen Argumente meines Buches besagt, dass die Verweigerung der Empathie es den Nazis ermöglichte, die von ihnen so genannte Endlösung der Judenfrage in Europa durchzuführen. Kohut, *Eine deutsche Generation und ihre Suche nach Gemeinschaft*, S. 204–217, 253–260, 354–356. Siehe auch LaCapra, *Understanding Others*, S. 47.

teten.[289] Eine empathische Geschichte der Wannsee-Konferenz – eine Geschichte, die sich auf das Erleben der Teilnehmer und ihre Hoffnungen, aber vor allem auf ihre Befürchtungen konzentriert – bestätigt auf nachdrückliche und tragische Weise, dass allgemeine Proteste den Plan der Nazis, die Juden Mitteleuropas zu vernichten, hätten gefährden können.

Über den Holocaust schreiben

Dass unsere Beobachterposition entscheidend mitbestimmt, was wir über die Vergangenheit wissen, verrät die Sprache, die wir benutzen, wenn wir über den heute so genannten »Holocaust« schreiben. Erst seit den 1960er Jahren bezeichnet »der Holocaust« die systematische Tötung europäischer Juden im Zweiten Weltkrieg. Als die Geschehnisse, die er bezeichnet, stattfanden, war der Begriff den Tätern wie auch den Opfern unbekannt. Historiker und andere Forscher benutzen ihn, um zu definieren, was sich ihnen im Rückblick, von ihrer äußeren Beobachterposition aus, als ein mehr oder weniger kohärentes Phänomen darstellt. Die Millionen einzelner Tötungen, die Menschen, die sich zu Tode schufteten, verhungerten, auf Todesmärschen starben, den Tod am elektrischen Draht oder durch Gift fanden, die Todesfabriken wie Auschwitz, die Tötungen durch Einsatzgruppen, die Tötungen ihrer jüdischen Nachbarn durch polnische Dörfler, die Tötungen allüberall in Europa über Tage, Monate, Jahre, die Täter, die aus ganz Europa kamen, die Opfer, die religiöse Juden waren oder säkulare Juden, die Menschen, die sich selbst nicht als Juden betrachteten, die massenhaften, isolierten und unzusammenhängenden, chaotischen und willkürlichen Tötungen dieser als »Juden« kategorisierten Menschen werden rückblickend unter den Begriff »der Holocaust« gestellt.

Es ist absolut nichts verkehrt an der Bezeichnung »der Holocaust« oder an ihrer Verwendung, um die Massentötungen von Juden im Zweiten Weltkrieg zu charakterisieren. In der Tat ist der Holocaust unter den historischen Großphänomenen vielleicht eines der kohärentesten. Und doch dürfen wir nicht vergessen, dass wir, wenn wir den Begriff »der Holocaust« benutzen, als äußere Beobachter auf eine Vielzahl von Geschehnissen, Menschen, Zeitpunkten, Orten und Erfahrungen zurückblicken. Die in dem Begriff implizierte Kohärenz kann die Erfahrungen, die eine empathische, die

289 Laut Stoltzfus berichtete Goebbels, »daß Hitler seine Reaktion auf die ›psychologischen‹ Auslösefaktoren von gesellschaftlicher Unruhe verstanden habe«. Stoltzfus, *Widerstand des Herzens*, S. 42. Gerlach behauptet, dass der Plan, Mischehen zwangsweise aufzulösen, infolge der Demonstration in der Rosenstraße fallengelassen wurde. Gerlach, Die Wannsee-Konferenz, S. 149f.

Perspektive der Opfer einnehmende Beobachtungsperspektive erfassen würde, nicht vermitteln. Diese Erfahrungen werden durch den Begriff vielmehr verzerrt, ja sogar übergangen: die vielen einzelnen Erfahrungen, die Verwirrung, die schreckliche Ungewissheit; die Hoffnungen, die zerschlagenen Hoffnungen, die durchdringliche Individualität des Erlebens eines jeden historischen Beteiligten. Was von außen betrachtet mehr oder weniger schlüssig und konsequent wirkt, war im Erleben der Juden Europas, die mehrheitlich gar keinen Überblick über die eigene Situation haben konnten, auf beängstigende Weise unberechenbar und unüberblickbar, atomisierend und isolierend. Unsere Beobachtungshaltung bestimmt, was wir von der Vergangenheit sehen und wissen. Die äußere Perspektive und die empathische Perspektive ergeben hier zwei radikal unterschiedliche »histories«. Auch wenn sie beide legitim und wertvoll sind, scheinen die Tendenz der Historiker, die Vergangenheit von außen zu beobachten, und unsere Präferenz für Klarheit und Stimmigkeit doch dazu geführt zu haben, dass über »den Holocaust« mehr geschrieben wurde als über die vielen einzelnen traumatischen Erfahrungen, die das Geschehen für die Juden Europas bedeutete. Wie dem auch sei – da unsere Beobachtungsperspektive vorgibt, was wir sehen, ist es für Historiker wichtig anzuerkennen, dass sich aus der äußeren und der empathischen Beobachterperspektive je unterschiedliche Sichtweisen der Vergangenheit ergeben, und zu versuchen, sich in der Rückschau auf die Vergangenheit des eigenen Blickwinkels bewusst zu bleiben.

Wir müssen uns nicht nur bewusst machen, ob wir Menschen der Vergangenheit aus unserer oder aber aus ihrer eigenen Perspektive betrachten; darüber hinaus müssen wir uns, wenn wir die empathische Position einnehmen, sehr genau darüber im Klaren sein, in wessen Haut wir schlüpfen, d.h. in welche Person oder in welche Personen der Vergangenheit wir uns einfühlen.[290] Um noch einmal auf den Holocaust und die Sprache, in der wir ihn beschreiben, zurückzukommen: Wie charakterisieren wir das Töten der Juden? Wenn wir das Wort »Mord« benutzen, um z.B. das Töten in Auschwitz zu beschreiben, verwenden wir ein Wort, das diejenigen, die das Töten durchgeführt haben, nicht benutzt haben, um ihr Tun zu beschreiben. Das Töten in Auschwitz als »Mord« zu bezeichnen ist eine Charakterisierung, die dem Erleben der historischen Täter zum Zeitpunkt ihres Tuns äußerlich ist und zudem impliziert, dass die Täter um des eigenen Vorteils willen töteten. Man »mordet« aus Eigennutz – um eines finanziellen, sexuellen oder anderweitigen Vorteils wegen – oder aus persönlicher Leidenschaft, Wut, Eifersucht oder Rachsucht. Freilich haben sich SS-Männer auf Kosten ihrer Opfer persönlich bereichert und/oder deren Leiden und Sterben sadistisch genossen. Das war aber ein Nebenprodukt des Tötens und nicht

290 Siehe hier, Fußnote 286, oben.

seine eigentliche Motivation. Was Vernichtungslager wie Auschwitz und das gesamte Tötungsprojekt der Nazis in Gang hielt, war in weit höherem Maß ein kollektiv-unpersönlicher und ideologischer Antrieb als individuelles Eigeninteresse oder persönliche Leidenschaft. Darüber hinaus ist »Mord«, »murder«, per definitionem die gesetzwidrige Tötung eines Menschen. Im englischen Common Law bezeichnet »Mord« die Tötung von Personen, die zum Tatzeitpunkt »under the King's peace« stehen, d. h. den Schutz des Staates genießen.[291] Unter keinen Umständen kann man behaupten, dass die Juden in Nazideutschland oder in den vom Dritten Reich besetzten Ländern durch so etwas wie einen »king's peace« geschützt gewesen wären. Die Verwendung des Wortes »Mord« zur Bezeichnung der Tötung von Juden im Zweiten Weltkrieg trifft daher auf das Erleben der Täter nicht zu und verschleiert den unpersönlichen, ideologischen Charakter des Genozids.

Das Töten als »Vernichtung« zu bezeichnen bedeutet hingegen, die Perspektive derjenigen, die es durchführten, zu übernehmen, denn »Vernichtung« war das Wort, das die Täter – sei es hinterm Schreibtisch im Büro oder mit einem Maschinengewehr in der Hand vor einem mit toten und sterbenden Menschen gefüllten Graben – benutzten. »Vernichtung« bringt die Erfahrung der Täter oder zumindest die Erfahrung, um die es ihnen zu tun war, zum Ausdruck. Die Juden, die sie »vernichteten«, waren für sie keine Menschen, sondern so etwas wie Ungeziefer oder Bazillen, Gefahren für die arische Rasse, die es ohne Gnade auszumerzen galt. Anders als »Mord«, die Tötung eines Menschen durch einen anderen Menschen, bezeichnet das Wort »Vernichtung« den entmenschlichenden Aspekt des Tötens, eine Entmenschlichung, die die Nazi-Täter vornahmen und die von ihren Opfern erlebt wurde. Heinz Kohut zufolge gibt es »noch einen Schritt jenseits eines empathiegeleiteten Hasses, der Sie zerstören will«, Sie ermorden will, »eine empathielose Umwelt, die Sie schlicht vom Antlitz der Erde wegfegt«. Die Nazis »haben die Menschlichkeit der Opfer vollständig missachtet. […] Das war das Schlimmste.«[292]

Wir müssen uns darüber im Klaren sein, dass wir, wenn wir die Begriffe »Vernichtung« oder »Endlösung« für den Genozid an den Juden Europas im Zweiten Weltkrieg benutzen, weder die Position des äußeren Beobachters einnehmen noch die Position der zahlreichen Opfer der Nazis. Wir müssen uns darüber im Klaren sein, dass wir die Perspektive der Täter übernehmen. Um es zu wiederholen: Daran ist auch nichts verkehrt, zumal Empathie nicht gleichbedeutend ist mit Identifizierung oder Mitgefühl. Die Ideologie und die Erfahrung der Täter finden Ausdruck in

291 David Mitchell Aird (1873). *Blackstone Economized: Being a Compendium of the Laws of England to the Present Time.* London (Longmans, Green, and Co.), S. 311. Ich danke Eric Knibbs für diese Definition von Mord im englischen Common Law.

292 H. Kohut (2016 [1981]). Über Empathie, S. 204f.

den Wörtern, die von ihnen benutzt wurden, und sie werden vermittelt, wenn auch wir als Historikerinnen und Historiker ihre Wörter benutzen. Die Verwendung des Vokabulars der Täter lässt ihre Unmenschlichkeit, ihren grauenhaften Fanatismus, ihre Abartigkeit unverstellter hervortreten, als wenn wir zur Beschreibung ihres Verhaltens Wörter benutzen, die ihrem Erleben und ihrer Erfahrung äußerlich sind. Kann das Schreiben irgendeines Historikers das Grauen des Vernichtungsprojektes der Nazis überzeugender vermitteln als die berüchtigte Rede, die Himmler am 4. Oktober 1943 in Posen vor den SS-Generälen hielt?[293] Aus diesem Grund stehen Wörter aus dem Vokabular der Nazis in diesem Buch nicht in Anführungszeichen. Sie in Anführungszeichen zu setzen wäre ein Akt der inneren Distanzierung, einer Empathieverweigerung, der sowohl den Autor als auch Leser und Leserinnen vor dem direkten Erleben dessen, was diese Wörter für die Menschen bedeuteten, die sie gesprochen und gehört haben, schützt.

Und schließlich wäre es für uns wichtig, die Wörter und Formulierungen zu kennen, mit denen die Juden selbst das, was ihnen angetan wurde, beschrieben haben, und ihre Sprache zu benutzen, um ihr Erleben dessen, was wir heute als »den Holocaust« bezeichnen, auszudrücken. Ich bin kein Holocaust-Historiker; dennoch habe ich den Eindruck, dass die europäischen Juden das, was sie erlebten, nicht als eine in sich geschlossene, kohärente Erfahrung empfunden haben, die sich durch ein Wort oder eine Formulierung auf den Punkt bringen lässt – ganz im Gegensatz zu denjenigen unter uns, die im Rückblick auf ebendiese Geschichte Worte finden können, die all die Erfahrungsvielfalt, die Individualität und Unberechenbarkeit der Erfahrung zu einem singulären, mehr oder weniger kohärenten historischen Phänomen zusammenziehen, und im Gegensatz auch zu den Nazis, deren Sprache zum Ausdruck brachte, dass sie sich selbst als Vollstrecker eines mehr oder weniger folgerichtigen Prozesses der Realisierung einer »Endlösung der Judenfrage« in ganz Europa verstanden. Ich vermute, dass es keinen speziellen Begriff oder keine Wortgruppe gab, mit der Juden das, was ihnen, ihren Freunden, ihrer Familie und ihren jüdischen Leidensgenossen widerfuhr, beschrieben haben. Als Historiker halte ich es für wichtig, sich in Juden zur Zeit des Genozids einzufühlen, um die Worte zu

293 Rede Himmlers auf der SS-Gruppenführertagung in Posen am 4.10.1943. Archiv des Instituts für Zeitgeschichte München, Nürnberger Dokument PS 1919, S. 41f. https://www.1000dokumente.de/pdf/dok_0008_pos_de.pdf (zuletzt aufgerufen am 20.10.2022). Für gründliche und empathische Analysen der Himmler'schen Rede siehe Saul Friedländer (2007 [1982]. *Kitsch und Tod. Der Widerschein des Nazismus.* Übers. von Michael Grendacher und Günter Seib. Frankfurt am Main (Fischer), S. 104–107; Dominick LaCapra (1994). *Representing the Holocaust: History, Theory, Trauma.* Ithaca (Cornell University Press), S. 106–110; La Capra, *Understanding Others*, S. 87f.

entdecken und dann auch verwenden zu können, die sie selbst verwendet haben. Diesen Aspekt betont der Historiker Amos Goldberg. Seiner Ansicht nach »sollte eine Hauptbetonung der historischen Analyse des Holocaust und der Juden auf der Sprache liegen, die [...] die Conditio humana ungleich eindrücklicher offenzulegen vermag als jeder Bericht oder jeder andere Tatsachenbeweis« – wobei Sprache hier auch symbolische Praktiken umfasst, »anhand deren Juden Bedeutung produziert oder manchmal vergeblich zu produzieren versucht haben«.[294]

Auf der Suche nach den Worten, die Juden benutzt haben, um ihr Erleben auszudrücken und mitzuteilen, ist es wichtig anzuerkennen, dass jene Worte keine singuläre jüdische Erfahrung widerscheinen lassen, sondern eine Vielfalt an Erfahrungen, eine Vielfalt an Erfahrungen von Millionen verschiedener Juden, aber auch eine Vielfalt an Erfahrungen ein und desselben jüdischen Menschen. Und es ist, wenn wir solche Worte finden und verwenden, wichtig anzuerkennen, dass das Leben jüdischer Menschen während des Geschehens, das wir als »den Holocaust« bezeichnen, nicht deterministisch auf den Tod, der sie erwartete, fokussierte, sondern geprägt war von Erfahrungen des Hungers, der Demütigung, der Trauer, Angst, Hilflosigkeit und, ja, auch der Würde, Handlungsfähigkeit, Hoffnung und Fröhlichkeit. In der Sprache, die wir verwenden, um die Erfahrungen jüdischer Menschen während des von uns heute so genannten Holocaust zu beschreiben, dürfen wir jene Leben nicht auf das Sterben und den Tod reduzieren und deterministisch alle Erfahrungen der Juden ignorieren, die nicht zwangsläufig mit Auschwitz zusammenhingen. Wenn wir die Erfahrungen jüdischer Menschen im Zweiten Weltkrieg betrachten, dürfen wir »den Holocaust« nicht als eine ausgemachte Sache sehen, denn eine solche ist er für sie nicht gewesen.

Mithin ist es für Historiker wichtig zu wissen, wessen Perspektive sie einnehmen, wenn sie über die Menschen der Vergangenheit nachdenken und schreiben, und zu wissen, wessen Sprache sie verwenden.[295] Blicken Historiker von außen, außerhalb der Erfahrung ihrer historischen Subjekte, auf die Vergangenheit, über die sie schreiben, oder versetzen sie sich in das Erleben ihrer historischen Subjekte hinein,

---

294 Amos Goldberg (2009). The Victim's Voice and Melodramatic Aesthetics in History. *History and Theory* 48, S. 236f.

295 Dominick LaCapra, dessen Empathieverständnis sich im Großen und Ganzen mit dem hier beschriebenen deckt, erkennt die Implikationen an, die der Sprache, die wir verwenden, und den Namen, die wir benutzen, für die Empathie inne liegen. LaCapra, *History and Memory after Auschwitz*, S. 53f., 206f.; *Understanding Others*, S. 166f. LaCapra deutet indirekt sogar an, dass Historiker, die die Perspektive des äußeren Beobachters auf den von uns heute so genannten Holocaust einnehmen, in die problematische, Objektivität vortäuschende Rolle »des Zuschauers« schlüpfen.

um die Menschen der Vergangenheit zu betrachten und über sie zu schreiben? Und wenn Historiker die empathische Perspektive einnehmen, um wessen Perspektive handelt es sich dann? Mir ist vollauf bewusst, dass es außerordentlich schwierig ist, ein solches Gewahrsein zu entwickeln und durchzuhalten. Selbst in den vorangegangenen Absätzen habe ich den Blickwinkel gewechselt, ohne dies ausdrücklich zu vermerken. Ich habe Wörter wie »Töten«, »Täter«, »Opfer« und »Genozid« benutzt, die wahrscheinlich dem Blick von außen entsprechen – für »Genozid« gilt dies auf jeden Fall. Als Historiker und Historikerinnen wechseln wir zwischen den Beobachterpositionen hin und her, und es ist extrem schwierig – wiewohl wichtig –, sich dieser Perspektivwechsel bewusst zu bleiben.

Sich seiner selbst konsequent bewusst zu bleiben, während man die empathische Perspektive einnimmt, ist ebenfalls nicht einfach, und zwar nicht zuletzt deshalb, weil Menschen je nach Situation unterschiedlich über sich selbst denken und sich unterschiedlich erleben. Nehmen wir das Wort »Jude«. Einerseits ist es problematisch, jemanden als Juden zu bezeichnen, der von außen – oder unter dem Blickwinkel der nationalsozialistischen Rassengesetze – betrachtet auf der Grundlage rassischer, ethnischer oder kultureller Kriterien als jüdisch definiert werden kann, sich selbst aber nicht als jüdisch begreift. Wenn wir solche Menschen als »Juden« charakterisieren, stülpen wir ihnen eine Identität über. Andererseits haben sich auch Menschen, die sich als Juden identifizierten, nicht zu allen Zeiten und unter allen Umständen als Juden erlebt. Jemand, der sich in dieser oder jener Situation als Jude wahrnahm, erlebte sich in anderen Situationen vielleicht zuallererst als Vater, als Sohn, als Lehrer, als Münchener, als Deutscher, als Sozialist usw. Um sich in diesen Menschen einfühlen zu können, muss man herauszufinden und zu kommunizieren versuchen, wie er sich in dem Moment, den wir verstehen wollen, selbst wahrgenommen hat. Gleiches gilt natürlich für Menschen, die wir als »Nazis« oder »Deutsche« bezeichnen.[296] Auch wenn es außerordentlich schwierig und letztlich wahrscheinlich unmöglich ist, die Perspektive des historischen Subjekts exakt auf der Basis seines momentanen Erlebens einzunehmen, bleibt dies dennoch ein Ideal, nach dem wir streben sollten, und zwar nicht zuletzt deshalb, weil es verhindert, dass wir Menschen der Vergangenheit Identitäten überstülpen, sie auf einen einzigen

296 Ich bedauere, diese Unterscheidungen in meinem ersten Buch, *Wilhelm II and the Germans*, nicht herausgearbeitet zu haben. Ich hätte Missverständnisse vermeiden und mir Kritik ersparen können, hätte ich »die Deutschen« so, wie ich es hier erläutere, definiert. So, wie ich sie hätte definieren sollen, waren »die Deutschen« also »diejenigen, die sich selbst im Moment ihrer Selbstwahrnehmung als Deutsche wahrnahmen«. Thomas A. Kohut (1991). *Wilhelm II and the Germans: A Study in Leadership.* New York und Oxford (Oxford Univ. Press).

Aspekt ihrer selbst reduzieren und sie zu jemandem machen, als der sie sich selbst nicht wahrgenommen haben. Und weil es uns einer genuin humanen, komplexen, nuancierten, facettenreichen, lebendigen Menschheitsgeschichte der Veränderungen und Umbrüche näherbringt.

5. Kapitel
Wie wir empathisch verstehen

In den vorangegangenen Kapiteln habe ich zu zeigen versucht, wie wichtig es für Historikerinnen und Historiker ist, sich bewusst zu machen, aus welcher Perspektive sie die Vergangenheit beobachten – nicht zuletzt deshalb, weil Geschichte von der äußeren und von der empathischen Beobachterposition aus auf je verschiedene, wenngleich in beiden Fällen wertvolle Weise geschrieben wird. In der Hoffnung, die Notwendigkeit einer selbstreflektierten Verwendung der Empathie durch Historikerinnen überzeugend dargelegt zu haben, betrachte ich im Folgenden in erster Linie andere Aspekte, die mit der Rolle der Empathie für den historischen Erkenntnisgewinn zusammenhängen. Das Kapitel geht der wichtigen Frage nach, wie wir erkennen und verstehen, indem wir unsere Empathie einsetzen, und beleuchtet insbesondere drei Faktoren, die häufig als Voraussetzung empathischen Wissens und Verstehens in der Geschichtswissenschaft betrachtet werden: Das Wissen um den Kontext des historischen Subjekts, die Existenz spezifischer Erfahrungen, die der Historiker und sein historisches Subjekt miteinander teilen, und, damit eng verbunden, die Existenz universaler Erfahrungen oder einer universalen menschlichen Natur.

Die Bedeutung des Kontextes für die Empathie

Schon seit Adam Smith haben Philosophen behauptet, dass das empathische Verstehen eines anderen Menschen erstens die Rekonstruktion seines Kontextes voraussetzt und sodann den Versuch, sich imaginativ in seine Position innerhalb dieses rekonstruierten Kontextes hineinzuversetzen.[297] Tatsächlich zeigen neurowissenschaftliche Untersuchungen, dass wir, um das Verhalten eines Anderen verstehen zu können, den Kontext seines Handelns kennen müssen.[298] Unsere Spiegelneuronen feuern nicht in Reaktion auf dekontextualisiertes Handeln. Die neurologische Spiegelreaktion fällt sogar umso robuster aus, je gründlicher wir über den Kontext des Handelns informiert sind.[299]

297 Smith, *Theory of Moral Sentiments*, S. 13–15. Für eine Darstellung der Bedeutung des Kontextes für empathisches Verstehen siehe Retz, *Empathy and History*, S. 8, 216, 218.

298 Watson und Greenberg, *Empathic Resonance*, S. 126; Zahavi, *Empathy and Mirroring*, S. 219f.; de Vignemont und Singer, *The Empathic Brain*, S. 437f.

299 Watson und Greenberg, *Empathic Resonance*, S. 129f.

Rekonstruieren wir also, wenn wir Geschichte empathisch erforschen, lediglich möglichst umfassend und gründlich und differenziert den Kontext der Person oder der Personen aus der Vergangenheit, die wir verstehen wollen, um uns dann in unserer Vorstellung in diesen Kontext hineinzuversetzen? Belassen wir es letztlich dabei, einen imaginären Raum der Vergangenheit mit imaginärem Mobiliar der Vergangenheit zu füllen und uns dann vorzustellen, selbst in diesem Raum zu leben?[300] Droht hierbei nicht die Gefahr, dass wir dem historischen Kontext größere Beachtung schenken als den Menschen, die in ihm gelebt haben, so dass wir Verhalten und Erfahrungen der Vergangenheit nicht den Menschen zuschreiben, die Erfahrungen gesammelt oder die gehandelt haben, sondern schlichtweg ihrem Lebenskontext? Wenn wir Empathie in diesem Sinn verstehen, verlieren die Menschen der Vergangenheit ihre Handlungsmacht; sie werden zu einem sogar durch den Historiker austauschbaren Produkt ihrer Umstände. Dieses Verständnis der Empathie vertraten im Grunde genommen Collingwood und jene Historiker, die vor mehr als 50 Jahren in der Debatte über die Rolle allgemeingültiger Gesetzesaussagen für eine empathische Geschichtsforschung plädierten. Collingwood und seine Nachfolger betrachteten historische Akteure im Großen und Ganzen als rationale Akteure, deren Handlungen mehr oder weniger durch ihre Lebensumstände diktiert wurden. In Anbetracht dieser Rationalität und der äußeren Zwänge muss der Historiker demnach lediglich erneut die Begründung oder Rechtfertigung durchdenken oder nachvollziehen, an der sich das Handeln jene Akteure unter den gegebenen Umständen orientiert haben *muss*. Dieser Sichtweise zufolge ist Einfühlung in Menschen der Vergangenheit möglich, weil Historiker und historische Akteure eine, wie Jane Heal es nennt, »gemeinsame Rationalität« besitzen. Der rationale Historiker schlüpft in die Haut des rationalen historischen Akteurs und rekonstruiert die logische Grundlage für dessen Handeln. Aufgrund der ihnen gemeinsamen Rationalität nimmt man an, dass sich der Historiker und der historische Akteur unter denselben historischen Umständen identisch verhalten würden.[301]

Nicht nur irrationales Handeln, sondern auch individuelle Unterschiede sowie freier Wille und Kontingenz bleiben in Erklärungen der Empathie, die sich ausschließlich oder weitgehend auf die Rekonstruktion des historischen Kontextes und die Vorstellung stützen, sich in ihn hineinzuversetzen, auf der Strecke. Eine ausschließliche Fundierung der Empathie durch die Rekonstruktion des historischen Kontextes kann auch der Menschlichkeit des historischen Subjekts nicht gerecht werden. Dem Historiker Mark Roseman zufolge setzt Empathie in der Geschichtswissenschaft mehr voraus als die Kenntnis des historischen Kontextes, die Möblierung des historischen Raumes

300 Persönliche Mitteilung von Mark Roseman.

301 Heal, *Mind, Reason, and Imagination*, S. 29 und 44.

und den Versuch, sich vorzustellen, was von den Sesseln in diesem Raum aus zu sehen ist. Empathie »sollte mehr sein als eine mechanische Rekonstruktion« dessen, was unter »einem bestimmten Blickwinkel« sichtbar wurde.

> Empathie beschränkt sich offenbar nicht auf das, was zu sehen war, sondern erfasst auch, was gefühlt werden konnte oder was tatsächlich wahrgenommen wurde, und das bedeutet, dass man nicht nur den Raum möblieren und beleuchten, sondern sich irgendwie ins Denken und Fühlen der Person hineinversetzen muss.[302]

Nach Dominick LaCapra ist die Kontextualisierung »mit Blick auf historisches Verstehen unabdingbar, aber nicht ausreichend«. Er befürchtet, dass empathische historische Arbeit bei einseitiger Gewichtung des Kontextes die Geschichte »objektifiziert«.[303] Laut LaCapra können »Objektifizierung« und »Kontextualisierung« es einfühlsamen Historikern erschweren zu erkennen, dass sie eine kognitive und affektive Beziehung zu ihren historischen Subjekten haben.[304] Er argumentiert, dass Historiker die historischen Subjekte aus ihrer kontextuellen Bindung befreien müssen, um ihre eigene Interaktion mit den Menschen der Vergangenheit umfassender und selbstreflektierter wahrnehmen zu können.[305]

Die von Heinz Kohut formulierte Definition der Empathie als »stellvertretende Introspektion« ist von Belang, wenn wir die Rolle des Kontextes im Zusammenhang mit der Empathie untersuchen.[306] Was genau bedeutet »stellvertretende Introspektion«? Bedeutet der Begriff, wie der Philosoph Louis Agosta behauptet, dass »ich fühle, was du fühlst, und wenn ich mich selbst, während ich dieses Gefühl habe, ansehe, würde ich das sehen und verstehen«?[307] Oder bedeutet er: »Wenn ich du wäre und mich selbst ansähe, würde ich das sehen und verstehen«? Der Unterschied zwischen diesen beiden Erklärungen mag schwierig zu fassen sein oder vielleicht auch unwichtig erscheinen, aber das ändert nichts daran, dass die zweite Definition der stellvertretenden Introspektion unserer Vorstellung einen weiteren Schritt abverlangt. Man stellt sich nicht lediglich vor, sich in der Situation des Anderen, im Kontext des Anderen, zu befinden; vielmehr stellt man sich vor, sich als der Andere an dessen Stelle zu befin-

302 Persönliche Mitteilung von Mark Roseman.

303 LaCapra, Tropisms of Intellectual History, S. 502.

304 LaCapra, *Understanding Others*, S. 3, 165f.

305 LaCapra, *History in Transit*, S. 18.

306 H. Kohut, *Wie heilt die Psychoanalyse?*, S.126. Siehe auch Köhler, Von der Freud'schen Psychoanalyse zur Selbstpsychologie Heinz Kohuts, S. 38f.

307 Agosta, *Empathy in the Context of Philosophy* S. 134.

den, im Kontext des Anderen selbst der Andere zu sein. Die zweite Erklärung lässt die Möglichkeit offen, dass der Einfühlende einen bestimmten psychischen Zustand erlebt, der sich vom Erleben dessen, in den er sich einfühlt, unterscheidet. Als Beispiel zitiert die Philosophin Amy Coplan den Fall des Introvertierten, der am liebsten allein ist und sich vorstellt, in die Haut eines Extravertierten zu schlüpfen, der es nicht erträgt, allein zu sein. Würde der Extravertierte beschreiben, wie sich das Alleinsein anfühlt, nähme der Introvertierte in Anbetracht seiner eigenen Vorlieben irrtümlich an, dass der Extravertierte sich wohlgefühlt haben müsse, weil er, der Introvertierte, unter den geschilderten Umständen froh und glücklich wäre.[308]

Die Unterscheidung zwischen diesen beiden Erklärungen der stellvertretenden Introspektion klingt in den Diskussionen zwischen Philosophen und Psychologen, die die Simulationstheorie vertreten, wieder an. Die meisten Simulationstheoretiker folgen Alvin Goldman und verstehen unter Empathie lediglich, in die Haut des Anderen zu schlüpfen.[309] Andere wie beispielsweise Amy Coplan vertreten die Ansicht, dass man sich, um empathisch zu verstehen, vorstellt, nicht als man selbst, sondern als der Andere in dessen Haut zu stecken. Die übliche Erklärung bezeichnet Coplan als eine »auf das Selbst orientierte« Perspektivenübernahme, die im Allgemeinen zu einer »Quasi-Empathie« führt, durch die das Selbst lediglich in die Situation des Anderen, in dessen Kontext, projiziert wird. Empathie im eigentlichen Sinn wäre dann eine »auf den Anderen orientierte« Perspektivenübernahme, die über eine bloße Projektion des Selbst in die Umstände, den Kontext, des Anderen hinausgeht, um die Unterschiede zwischen Einfühlendem und Eingefühltem besser zu erkennen und zu erklären.[310]

308 Coplan, *Understanding Empathy*, S. 9–11.

309 Kögler und Stueber, *Introduction*, S. 9.

310 Coplan, *Understanding Empathy*, S. 9-11. Der erste Philosoph, der die »auf den Anderen orientierte Empathie« beschrieben hat, war Robert Gordon. Kögler und Stueber, Introduction, S. 9f. In Peter Goldies Augen hingegen scheint der »empathische Perspektivenwechsel« im Sinne der Vorstellung, sich in die Situation des Anderen hineinzuversetzen, einer Verschmelzung und inauthentischen Identifizierung nahezukommen, so dass er ihn ausdrücklich ablehnt. Peter Goldie (2011). Anti-Empathy, in: *Empathy: Philosophical and Psychological Perspectives*. Hg. von Amy Coplan und Peter Goldie. Oxford (Oxford Univ. Press), S. 302, 317. In einem früheren Artikel aber hat Goldie die entgegengesetzte Position vertreten. In die Haut eines Anderen zu schlüpfen »bedeutet, im Unterschied zur Empathie, dass der Erzähler eine Mischung aus meiner eigenen und seiner Charakteristik besitzt; erfolgreiche Empathie beinhaltet keinen Aspekt meiner selbst in diesem Sinn, denn empathisches Verstehen ist eine Möglichkeit, tiefer zu verstehen, wie es *für ihn* ist, und nicht, wie es für jemanden mit einer Mischung aus seiner und meiner eigenen Charakteristik wäre.« Peter Goldie (1999). How We Think of Others' Emotions. *Mind and Language* 14/4: 398.

Die Psychoanalytikerin Evelyne Schwaber hat diesen Unterschied besonders ansprechend formuliert:

> »Dass wir uns auf einen gewissen Widerhall erfahrungsbasierter Ähnlichkeit stützen müssen, bedeutet [...] nicht, dass wir das Erleben der Patientin teilen müssen, als sei es unser eigenes. Uns in die Lage anderer, in das, was sie fühlen, hineinzuversetzen ist nicht dasselbe wie zu überlegen, wie *wir* uns fühlten, *wenn* wir – als wir selbst – in dieser Lage wären. Es bedarf eines beträchtlichen Grades an Selbstwahrnehmung, um diese maßgebliche Unterscheidung treffen zu können.«[311]

Ich halte es für wahrscheinlich, dass man im Allgemeinen sowohl die »auf das Selbst« als auch die »auf den Anderen« orientierte Perspektive einnimmt, je nachdem, wie gründlich man den Menschen, den man verstehen möchte, kennt. Wenn wir kaum etwas darüber wissen, wie eine Person oder eine Personengruppe auf bestimmte Umstände reagieren würde, bleibt uns keine andere Wahl als zu versuchen, *uns selbst* in ihre Lage zu versetzen; wenn wir aber mehr über sie wissen, können wir uns leichter vorstellen, uns in ihrer Lage zu befinden. Empathie als den Versuch zu definieren, sich in den »Erfahrungsraum« und den »Erwartungshorizont« der Menschen aus der Vergangenheit hineinzudenken und/oder imaginativ einzufühlen, bedeutet, dem Kontext eine Rolle im historischen Wissen zuzuweisen, die auf die Individualität der historischen Subjekte abgestimmt ist. Wie schon erwähnt, bedeutet Empathie in der Geschichtswissenschaft nicht, sich vorzustellen, dass die Menschen der Vergangenheit wie wir waren und lediglich in einem anderen historischen Kontext als wir selbst lebten; vielmehr bedeutet Empathie in der Geschichtswissenschaft, anzuerkennen, dass die Menschen der Vergangenheit – und zwar nicht nur wegen ihres historischen Kontextes – anders waren als wir selbst, und zu versuchen, sich vorzustellen, wie sie zu sein.

Und dennoch ist die Unterscheidung zwischen der Vorstellung, in der Situation des Anderen zu stecken, und der Vorstellung, der Andere zu sein und als der Andere in seiner Situation zu stecken, möglicherweise eine trügerische oder zumindest wenig sinnvolle Unterscheidung. Auch wenn die Schwierigkeit, sich vorzustellen, sich als der Andere in dessen Lage zu befinden, auf der Hand liegt, ist es doch vielleicht so gut wie unmöglich, sich vorzustellen, als *man selbst* in seiner Lage zu sein. Die Kritik, dass Empathie das historische Verständnis von Menschen der Vergangenheit auf deren historischen Kontext reduziere, dass sie darauf hinauslaufe, einen Raum mit imaginärem Mobiliar auszustatten und sich dann in ihn hineinzudenken, unterschätzt nicht

311 Evelyne A. Schwaber (1981). Empathy: A Mode of Analytic Listening. *Psychoanalytic Inquiry* 1/3: 385.

nur die Kraft historischer Imaginationsfähigkeit, sondern auch die Rolle, die der Kontext oder die Umgebung für die Prägung des Selbst spielen. In einer seiner William-James-Vorlesungen schilderte der Philosoph Richard Wollheim 1982 ausführlich, wie er sich den feierlichen Einzug Sultan Mehmeds II. in Konstantinopel im Jahr 1453 vorstellte, nachdem er Edward Gibbons Darstellung dieses Ereignisses gelesen hatte.[312] Wollheim zog mehrere Blickwinkel in Erwägung, unter denen er sich den Einzug des Sultans auszumalen vermochte. Er konnte sich vorstellen, von außen, als äußerer Beobachter, zuzuschauen. Er konnte sich vorstellen, das Schauspiel als Zuschauer entlang des Weges, den die feierliche Prozession nahm, von innen zu betrachten. Er konnte sich auch vorstellen, es als Sultan Mehmed II. von innen zu beobachten. Auf diese Perspektive bezogen, scheint Wollheim den Unterschied zu diskutieren, der uns hier beschäftigt, nämlich zwischen der Vorstellung, sich in der Situation des Sultans zu befinden, und der Vorstellung, selbst der Sultan zu sein und sich in seiner Situation zu befinden.

Wenn ich Wollheim richtig verstehe, sagt er, dass wir die Fähigkeit besitzen, uns vorzustellen, jemand anderer zu sein und nicht lediglich in der Situation eines anderen Menschen zu stecken. Damit vertritt er eine Sichtweise, die der menschlichen Vorstellungskraft größere Anerkennung zollt. Gleichwohl scheinen Wollheim und andere nicht zu berücksichtigen, dass unser Selbst psychisch und kognitiv nicht völlig autonom ist, nicht völlig undurchlässig für die Umgebung. Wenn wir uns in einen anderen Kontext hineindenken, werden wir durch diesen Kontext verändert; der Kontext verändert, wer wir in diesem Moment sind. Wenn wir in die Haut Mehmeds II. schlüpfen, der in Konstantinopel einzieht, verändert sich unser Selbst. Für die Dauer unserer Phantasiereise und vielleicht sogar noch länger werden wir zu jemand anderem. Zu einem gewissen Grad bestimmt der Kontext, und zwar auch ein imaginärer Kontext, nicht nur, was wir erleben, sondern wer wir sind. So mahnt Edmund Husserl:

> »Ich kann mich also eigentlich nicht in den Anderen hineinversetzen, sondern ich kann mir nur vorstellen, wie ich fühlen würde, wenn ich so wie der Andere wäre, wie mir zumute wäre: wobei ich eben in Wahrheit nicht mehr Ich bin, nicht mehr meine Identität aufrechterhalten kann.«[313]

Der Kontext, in dem die Menschen der Vergangenheit lebten, beeinflusste nicht nur, was sie fühlten, dachten und taten und wer sie waren; wenn wir uns in diesen Kontext

312 Richard Wollheim (1984). *The Thread of Life.* New Haven (Yale Univ. Press), S. 73–78.

313 Edmund Husserl (1973 [1906/07]). Einleitung in die Logik und Erkenntnistheorie. In: *Zur Phänomenologie der Intersubjektivität. Texte aus dem Nachlaß. Erster Teil 1905–1020. Gesammelte Werke Bd. XIII.* Hg. von Iso Kern. Den Haag (Nijhoff), S. 338.

einfühlen (ihre Vergangenheit, Gegenwart und die von ihnen antizipierte Zukunft), werden auch wir verändert. Wir gehen überdies eine kognitive und emotionale Beziehung zu den Menschen der Vergangenheit ein, eine Beziehung, die uns beeinflusst und die auch uns verändert. Wir drängen uns nicht einfach der Vergangenheit auf. Die Vergangenheit drängt sich auch uns auf und dringt in uns ein.[314]

In seinem wunderbaren Buch *Das Problem des Unglaubens im 16. Jahrhundert: die Religion des Rabelais* konnte Lucien Febvre dank seiner profunden Kenntnis des historischen Kontextes zeigen, dass es sich bei Abel Lefrancs Portrait Rabelais' als Vorläufer des skeptischen, rationalistischen, wissenschaftlichen und atheistischen Zeitalters um eine anachronistische Projektion der Gegenwart auf die Vergangenheit handelt. Febvre beschrieb Rabelais' historischen Kontext, nämlich eine zutiefst religiöse Lebenswelt, und las sodann Rabelais und die Literatur, die dessen Zeitgenossen über ihn verfasst hatten, im Lichte ebendieser Lebenswelt. So konnte er überzeugend darlegen, dass Rabelais keinesfalls der Protoaufklärer, als den Lefranc ihn dargestellt hatte, gewesen sein konnte. Indem Febvre die Atmosphäre Frankreichs im 16. Jahrhundert wiederaufleben lässt, ermöglicht er es dem Leser, sich ein Leben in jener von religiösem Glauben erfüllten Umwelt zumindest in abgeschwächter Intensität vorzustellen.[315]

Imaginäre Erfahrungen sind reale Erfahrungen, eindrückliche Erfahrungen, die uns neue Welten erschließen, Erfahrungen, die uns verändern. Einem Menschen ohne imaginäre Erfahrungen fehlt Entscheidendes. Historische Darstellungen, die auf gründlicher und differenzierter Kenntnis eines vergangenen Kontextes beruhen und es uns dadurch ermöglichen, diesen Kontext zu erleben, uns in unserer Vorstellung in ihn hineinzuversetzen, erwecken die Vergangenheit in uns zum Leben, helfen uns, sie besser zu verstehen, und verändern uns – nicht zuletzt, indem sie den Horizont unserer Erfahrung erweitern. Somit ist Empathie kein Selbstverlust, sondern eine Bereicherung und Erweiterung des Selbst.[316]

314 Die Tatsache, dass wir in einer kognitiven und affektiven Beziehung zu Menschen der Vergangenheit stehen, die nicht nur beeinflusst, was wir über sie wissen und schreiben, sondern die auch uns selbst beeinflusst und sogar verändert, bedeutet nicht, dass wir unser Selbstgefühl einbüßen oder dass wir mit jenen Menschen verschmelzen. Wir entwickeln zwar eine Beziehung zu unserem historischen Subjekt, müssen diese Beziehung aber bewusst und kritisch reflektieren, weil sie Auswirkungen auf unsere Erkenntnis und unser Verständnis des historischen Subjekts, aber auch auf uns selbst hat.

315 Lucien Febvre (2002 [1985]). *Das Problem des Unglaubens im 16. Jahrhundert: die Religion des Rabelais*. Mit einem Nachw. von Kurt Flasch. Übers. von Gerda Kurz und Siglinde Summerer. Stuttgart (Klett-Cotta).

316 Fritz Breithaupt nimmt, meiner Ansicht nach zu Unrecht, an, dass Empathie für das Selbst einen Verlust und keine Bereicherung bedeute. Breithaupt, *Kulturen der Empathie*, S. 9,

Die Bedeutung subjektiver Erfahrung für die Empathie

Von zentralem Stellenwert für die meisten Erklärungen der Empathie – nicht jedoch der phänomenologischen Position – ist die Annahme, dass wir andere per Analogieschluss erkennen. Einfühlend zu verstehen, d.h. indem ich mich »imaginativ« in die Situation des Anderen »hineinversetze«, ist dem Philosophen Robert Nozick zufolge »eine Form des Analogieschlusses«, »wobei ich dasjenige bin, dem der Andere analog ist. Der Rückschluss besagt, dass er sich so verhält, wie ich selbst mich in der Situation verhielte«.[317] Die Überlegung, dass wir die Psyche und die psychischen Zustände anderer Menschen per Analogieschluss kennenlernen und dass wir uns unsere eigenen persönlichen Erfahrungen zunutze machen, um die Erfahrungen anderer zu verstehen, geht auf David Hume und Adam Smith zurück.[318] Hume schrieb:

> »Nun ist deutlich, daß die Natur eine große Ähnlichkeit zwischen allen menschlichen Geschöpfen gestiftet hat, so daß wir niemals einen Affekt oder einen Faktor [des seelischen Lebens] bei anderen beobachten, ohne dazu mehr oder weniger ein Gegenstück in uns selbst zu finden. [...] Und diese Ähnlichkeit muß sehr viel dazu beitragen, daß wir die Gefühle anderer verstehen und uns dieselben leicht und gerne zu eigen machen.«[319]

Auch Wilhelm Dilthey ging davon aus, dass wir die äußere Welt durch »Analogieschluss« kennenlernen.[320] Folgen wir Diltheys früher Erklärung der Einfühlung, so verstehen wir andere Menschen, indem wir ihren Gesichtsausdruck beobachten und ihn mit den Gedanken und Gefühlen verbinden, die wir selbst durch diese Mimik äußern. Auf der Grundlage dieser Beziehung zwischen unserem eigenen Gesichtsausdruck und unseren Gedanken erschließen wir dann die Gedanken und Gefühle des Anderen.[321] In

109; Breithaupt (2012). A Three-Person Model of Empathy. *Emotion Review* 4: 85; Empathy for Empathy's Sake, S. 154; *Die dunklen Seiten der Empathie*, S. 44-78.

317 Robert Nozick (1981). *Philosophical Explanations.* Cambridge, MA (Harvard Univ. Press), S. 637f.

318 Smith, *Theory of Moral Sentiments*, S. 11-13; Janet Strayer (1987). Affective and Cognitive Perspectives on Empathy. In: *Empathy and Its Development.* Hg. von Nancy Eisenberg und Janet Strayer. Cambridge (Cambridge Univ. Press), S. 229.

319 Hume, *Ein Traktat über die menschliche Natur. II. Buch, Über die Affekte*, S. 49.

320 Dilthey (1990 [1890]). Beiträge zur Lösung der Frage vom Ursprung unseres Glaubens an die Realität der Außenwelt und seinem Recht. In: *Die geistige Welt. Gesammelte Schriften Bd. 5.* Hg. von Karlfried Gründer und Frithjof Rodi. Vandenhoeck & Ruprecht (Göttingen), S. 121.

321 Dilthey (1990 [1864-1868)]. Frühe Vorlesungen zur Logik. §21. Die Intuition. In: *Logik und System der Philosophischen Wissenschaften. Gesammelte Schriften Bd. 20.* Hg. von

Anlehnung an Dilthey illustrierte Heinz Kohut die Anwendung des Analogieschlusses, um zu verstehen, wie sich ein ungewöhnlich hochgewachsener Mann fühlt, der einen Raum voller durchschnittlich großer Menschen betritt: »Erst wenn wir uns in ihn hineindenken, erst wenn wir durch Einfühlung seine ungewöhnliche Größe empfinden, als ob sie die unsere wäre, und innere Erlebnisse wiedererwecken, in welchen wir selbst uns verlegen als anders oder auffällig gefühlt haben, beginnen wir, die Bedeutung dieser ungewöhnlichen Körperlänge für den Betreffenden einzuschätzen.«[322]

Obwohl unsere Subjektivität Erkenntnis und Verstehen in der Geschichtswissenschaft hemmen oder verzerren kann, scheint sie unserer Kenntnis der Vergangenheit und ihrem Verständnis doch auch zuträglich zu sein. Eigene Erfahrungen und die eigene Persönlichkeit dienen dem Historiker, um Georg Simmel zu zitieren, als »die unentbehrlichen Durchgangspunkte jedes Verständnisses Anderer«.[323] Leopold von Rankes wünschte zwar, sein Ich auszulöschen, um die Vergangenheit zur Gänze in ihrer Eigenheit, ohne Beimischung seiner Subjektivität, erforschen zu können, aber dies ist weder möglich noch erstrebenswert.[324] Direkt auf Ranke Bezug nehmend, schreibt Simmel: »Nach ausgelöschtem Ich würde nichts übrig bleiben, wodurch man die Nicht-Ichs begreifen könnte.«[325] Gerade so, wie unsere Beobachterposition vorgibt, was wir zu sehen vermögen, ermöglicht unsere Subjektivität uns, historische Phänomene zu sehen und zu verstehen, die unserem Blick andernfalls verborgen blieben.[326] Das bedeutet auch, dass Historikerinnen und Historiker mit unterschiedlichen Lebenserfahrungen je verschiedene Aspekte ein und desselben historischen Phänomens sehen und verstehen werden.[327] Dank unserer eigenen Erfahrungen können wir uns in Erfahrungen anderer Menschen einfühlen, die sich von unseren eigenen unterscheiden, ihnen aber hinrei-

Hans-Ulrich Lessing und Frithjof Rodi. Göttingen (Vandenhoek & Ruprecht), S. 101.; Beiträge zur Lösung der Frage vom Ursprung unseres Glaubens an die Realität der Außenwelt und seinem Recht, S. 121f.; (1990 [1895-96]). Beiträge zum Studium der Individualität, S. 277f. Der Psychologe Silvan Tompkins folgt Dilthey in: Silvan Tompkins (1968). Affects: Primary Motives of Man. *Humanitas* 3/3: 328f.

322 H. Kohut, Introspektion, Empathie und Psychoanalyse, S. 11.

323 Simmel, *Die Probleme der Geschichtsphilosophie*, S. 18.

324 Leopold von Ranke (1880). *Englische Geschichte. Sämtliche Werke.* Bd. 2. Leipzig (Duncker und Humblot), S. 103.

325 Simmel, *Die Probleme der Geschichtsphilosophie*, S. 18. Siehe auch Walsh, *Introduction to the Philosophy of History*, S. 106; Dominick LaCapra (1987). History and Psychoanalysis. *Critical Inquiry* 13/2: 229.

326 Peter Gay (1994 [1985]). *Freud für Historiker.* Übers. von Monika Noll. Tübingen (edition diskord), S. 8f.; Loewenberg, *Cultural History and Psychoanalysis*, S. 19.

327 Simmel, *Die Probleme der Geschichtsphilosophie*, S. 21f.

chend ähneln oder mit ihnen vergleichbar sind, so dass wir uns in sie hineinversetzen – uns in sie hineindenken – können.[328]

Die Auffassung, dass wir durch Analogie zu uns selbst auf das innere Erleben Anderer schließen und unsere eigenen Erfahrungen nutzen, um die Erfahrungen Anderer zu ergründen und zu verstehen, bedeutet u.a., dass es uns leichter fällt, uns in Menschen einzufühlen, die uns ähnlich sind und die ähnliche Erfahrungen gemacht haben wie wir selbst, als in Menschen, die sich stark von uns unterscheiden.[329] Doch wie der Soziologe Charles Cooley so treffend formulierte, müssen wir die rechte Balance zwischen Ähnlichkeit und Unterschied finden:

> »Die Ähnlichkeit der miteinander kommunizierenden Personen ist für das Verstehen, die Differenz für das Interesse erforderlich. Wir können dem absolut Fremden gegenüber keine starken Gefühle entwickeln, weil es für uns unvorstellbar, unrealisierbar ist, ebenso wenig wie gegenüber dem ganz und gar Gleichen, weil es banal ist – Identität ist immer eine langweilige Gesellschaft.«[330]

In krassem Gegensatz zu Cooley argumentierte der Schweizer Historiker Jacob Burckhardt, dass nicht unser Desinteresse an der vertrauteren jüngeren Vergangenheit historische Erkenntnis erschwert, sondern das Eigeninteresse, das unsere Forschung begleitet. Der »schlimmere Feind der Erkenntnis«, so Burckhardt, ist die Tatsache, dass

> »wir uns von den Absichten unserer eigenen Zeit und Persönlichkeit nie ganz losmachen [können]. […] Die deutlichste Probe hierfür ist: Sobald die Geschichte sich unserem Jahrhundert und unserer werten Person nähert, finden wir alles viel ›interessanter‹, während eigentlich nur wir interessierter sind.«[331]

328 Kohut, *Eine deutsche Generation*, S. 356. Das bedeutet auch, dass Forscher und Forscherinnen umso mehr Erfahrungen des historischen Subjekts begreifen und verstehen können, je größer ihre eigene Lebenserfahrung ist. Breithaupt, *Die dunklen Seiten der Empathie*, S. 20.

329 Hume, *Ein Traktat über die menschliche Natur*, S. 49; Simmel, *Die Probleme der Geschichtsphilosophie*, S.16f.; Weber, *Wirtschaft und Gesellschaft*, S. 2, 6; Aschheim, The Ambiguous Political Economy of Empathy, S. 27f.; Assmann und Detmers, Introduction, S. 8; Breithaupt, *Kulturen der Empathie*, S. 27f.; Coplan, Understanding Empathy, S. 13; Schwaber, Empathy, S. 382.

330 Cooley, *Human Nature and the Social Order*, S. 153.

331 Jacob Burckhardt (1910). *Weltgeschichtliche Betrachtungen*. 2. Aufl. Hg. von Jakob Oeri. Berlin und Stuttgart (Spemann), S. 10.

Damit die Geschichtswissenschaft zur Lösung des »große[n] und schwere[n] Rätsel[s] des Lebens auch nur geringstenteils« beitragen kann,

> »müssen wir wieder aus den Regionen des individuellen und zeitlichen Bangens zurück in eine Gegend, wo unser Blick nicht sofort egoistisch getrübt ist. Vielleicht ergibt sich aus der ruhigeren Betrachtung aus größerer Ferne ein Anfang der wahren Sachlage unseres Erdentreibens, und glücklicherweise sind in der Geschichte des Altertums einige Beispiele erhalten [...].«[332]

Um die eigene Zeit begreifen und kritisch betrachten zu können, blickte Burckhardt auf die italienische Renaissance zurück, in der er den Ursprung seines eigenen modernen, individualistischen, säkularen Zeitalters erkannte.

Vom Eigeninteresse abgesehen, kann auch allzu große Nähe die Einfühlung problematisch machen. Mitunter fällt es uns schwerer, Menschen zu verstehen, die uns sehr ähnlich sind, als Menschen, die ganz anders als wir sind, und zwar vor allem deshalb, weil wir über das, was sie von uns unterscheidet, womöglich hinwegsehen oder es nicht wirklich anerkennen.[333] Die Erklärung der Empathie als Erkenntnis durch Analogieschluss scheint also einen Sweetspot zu enthalten, in dem man denjenigen, die man erkennen und verstehen möchte, weder allzu nahe noch allzu fern ist. Und in Anbetracht der hilfreichen Bedeutung des Kontextes für einfühlendes Erkennen reduziert das gleichermaßen umfassende wie differenzierte Wissen um die Lebensumstände des Anderen oder, genauer, um seinen Erfahrungsraum und Erwartungshorizont die Differenz, die Einfühlende von Eingefühlten scheidet.

Dennoch stellt sich die Frage: Erkennen wir, was in Anderen vorgeht, ausschließlich durch Analogie zu uns selbst? Können wir lediglich solche Erfahrungen anderer Menschen aus der Gegenwart oder der Vergangenheit nachfühlen und verstehen, die wir auch selbst gemacht haben? Diese Erklärung der Empathie impliziert, dass wir, wie Dilthey es ausdrückte, »ein Gefühl, das wir nicht selbst erlebt haben, [...] in einem anderen nicht wiederfinden« können.[334] Schlimmstenfalls würde Empathie als Erkennen des Anderen durch Analogieschluss zu uns selbst bedeuten, dass wir nur

332 Ebd., S. 10. Siehe auch Jacob Burckhardt (2014 [1860]). *Die Kultur der Renaissance in Italien. Ein Versuch.* Hg. von Walter Rehm. Stuttgart (Reclam).

333 Georg Simmel (1999 [1918]). *Vom Wesen des historischen Verstehens. Gesamtausgabe Bd. 16.* Hg. von Gregor Fitzi und Otthein Rammstedt. Frankfurt am Main (Suhrkamp), S. 156.

334 Wilhelm Dilthey (1979 [1927]). Plan der Fortsetzung zum Aufbau der geschichtlichen Welt in den Geisteswissenschaften. *Gesammelte Schriften Bd. 7.* Tübingen (Mohr), S. 196.

erkennen können, was wir bereits wissen.[335] Bestenfalls würde Empathie bedeuten, dass wir nur zu erkennen vermögen, was mit dem, was wir bereits kennen, in Verbindung steht. Max Scheler vertrat die Auffassung, dass sämtliche Erklärungen der Empathie als Analogieschluss sich darüber hinwegsetzen, dass wir vorab wissen müssen, was wir erkennen wollen: Wenn wir nicht bereits wissen, was der Andere fühlt, können wir nämlich die passende Analogie, mit deren Hilfe wir das Gefühl erkennen, gar nicht auswählen.[336] Um auf das Beispiel des außergewöhnlich großgewachsenen Mannes zurückzukommen: Man muss vorab wissen, dass er sich als einziger Riese in dem Raum voller durchschnittlich großer Menschen unbehaglich fühlen wird, um die einschlägigen eigenen Erlebnisse aktivieren zu können, bei denen man sich selbst auffällig und in der eigenen Haut nicht wohl gefühlt hat.

Im Grunde stützt sich die Erklärung der Empathie durch Analogieschluss auf die problematische Annahme, dass wir unser eigenes Innenleben besser kennen als die Gedanken und Gefühle anderer Menschen. Sie setzt eine cartesianische Weltsicht voraus, der zufolge das Erkennen Anderer letztlich auf der Selbsterkenntnis beruht. Doch wie Edith Stein schrieb, geht es nicht an, die eigene »Erlebnisstruktur [...] als Maßstab« zu nehmen, denn »dann sperren wir uns ein ins Gefängnis unserer Eigenart; die andern werden uns zu Rätseln oder, was noch schlimmer ist, wir modeln sie um nach unserem Bilde und fälschen so die historische Wahrheit«.[337] Wir können Andere nur indirekt, per Analogieschluss, erkennen, und indem wir *uns selbst* in ihren Kontext, so wie wir ihn in unserer Vorstellung wiedererschaffen, hineinversetzen. Diese Beschreibung der Empathie scheint die Selbsterkenntnis zu privilegieren und psychische und epistemologische Autonomie vorauszusetzen. Wie im 2. Kapitel im Zusammenhang mit der phänomenologischen Position erörtert, übersieht sie, dass unsere Selbsterkenntnis problematisch, partiell und verzerrt sein kann und dass die Einfühlung ins eigene Selbst ungemein schwierig ist. Sie übersieht auch, in welch hohem Maß unser Innenleben durch unser Erleben der äußeren Welt, einer von anderen Menschen bewohnten Welt, geprägt wird. Für George Herbert Mead ist das Selbst »im Grunde eine gesellschaftliche Struktur und erwächst aus der gesellschaftlichen Erfahrung«.[338] Die Erfahrung eines Selbst »ausschließlich aus sich selbst heraus wäre nicht möglich«. Wir brauchen Andere, um unser Selbst überhaupt erleben zu können.[339]

335 Zahavi, Empathy and Other-Directed Intentionality, S. 131.

336 Scheler, *Wesen und Formen der Sympathie*, S. 21, 239.

337 Edith Stein (1980 [1917]). *Zum Problem der Einfühlung.* Reprint der Dissertation von 1917. München (Kaffke), S. 131.

338 Mead, *Geist, Identität und Gesellschaft*, S. 182.

339 Ebd., S. 239.

Psychologisch betrachtet, ist das Selbst niemals vollständig autonom. Seine Grenzen sind fluide, uneindeutig und durchlässig. Tatsächlich entwickelt es sich durch die umwandelnde Verinnerlichung der Reaktionen unserer familiären und größeren sozialen Umgebung.[340] In der frühen Kindheit sind die Grenzen zwischen Selbst und Umwelt noch nicht stabil verankert. Der Säugling ist zu einem gewissen Grad mit der Umwelt verschmolzen. Phasenweise erlebt er die Welt als Teil seiner selbst und sich selbst als Teil der Welt. Mit wachsender Reife entwickelt sich auch unsere Fähigkeit, zwischen Selbst und Anderen zu unterscheiden, so dass wir uns nach und nach als kohärent im Raum und kontinuierlich in der Zeit wahrnehmen. Gleichwohl ist sogar ein reifer, psychisch gesunder Erwachsener nie ganz und gar autonom.[341] Nicht nur in der frühen Kindheit, sondern lebenslang bleiben wir unserer Umwelt psychisch verbunden und erleben uns auf subtile, differenzierte Weise als Teil Anderer und Andere als Teil unserer selbst, als, wie Heinz Kohut sie nannte, »Selbstobjekte«.[342] Wir wohnen in den psychischen und geistigen Welten anderer Menschen, und Andere wohnen in unserer inneren Welt. Oder, wie die Philosophin Kathleen Haney es ausdrückt, wir sind keine distinkten autonomen Selbste: Wir berühren einander, und »wir können sogar ineinander weilen.«[343] Man kann die Empathie tatsächlich als eine »Selbstobjekt-Beziehung« konzipieren. Ihr Entwicklungsursprung liegt in der frühkindlichen Verschmelzungserfahrung, aus der, wenn wir psychisch reifen, die Fähigkeit hervorgeht, die Position des Anderen zu beziehen.[344] Ein sicher verankertes Selbstgefühl zu

340 Leonard S. Cottrell (1950). Some Neglected Problems in Social Psychology. *American Sociological Review* 15: 707.

341 Scheler, *Wesen und Formen der Sympathie*, S. 244; Hoffman, Interaction of Affect and Cognition in Empathy, S. 103–131; Doris Bischof-Köhler (2012). Empathy and Self-Recognition in Phylogenetic and Ontogenetic Perspective. *Emotion Review* 4/1: 43.

342 Unser psychisches Eingebundensein in die Umwelt wird in der Selbstpsychologie mit dem Konzept des »Selbstobjekts« beschrieben, d.h. eines Objekts, das als Teil des Selbst empfunden wird. Der Soziologe Leonard Cottrell hat 1942 ein ähnliches Konzept formuliert und mit der Empathie in Verbindung gebracht. Leonard S. Cottrell (1942). The Analysis of Situational Fields in Social Psychology. *American Sociological Review* 7: 370, 378.

343 Kathleen Haney (2009). Empathy and Otherness. *Journal of Philosophy: A Cross-Disciplinary Inquiry* 4/8, S. 11.

344 Die Psychoanalytikerin Lotte Köhler hat die Entwicklung der menschlichen Empathiefähigkeit, die sich gewöhnlich zwischen dem 5. und 6. Lebensjahr konsolidiert, überzeugend dargelegt. In diesem Alter vermag das Kind anzuerkennen, dass andere Menschen anders denken und fühlen als es selbst, und den Unterschied zwischen seinen eigenen Gefühlen und denen anderer kognitiv zu begreifen. Es ist in der Lage, »kognitiv die Perspektive des anderen einzunehmen […] der letzte Schritt in der Entwicklung der Empathie«. Köhler, *Von der Freud'schen Psychoanalyse zur Selbstpsychologie Heinz Kohuts*, S. 47.

besitzen und gleichzeitig in der Lage zu sein, Gefühle mit Anderen zu teilen und sich in Andere einzufühlen, ist sogar ein Merkmal psychischer Reife und Stärke.

Wir sind psychisch nicht autonom. Wir sind auch epistemologisch nicht autonom. Die phänomenologische Position beruht, wie wir gesehen haben, auf einer Kritik an der Annahme, dass wir den Anderen erkennen, indem wir eine Analogie zu uns selbst ziehen, und dass wir an unserer eigenen Psyche ansetzen, die wir doch nie wirklich verlassen, statt anzuerkennen, in welch hohem Maß unser Denken und Fühlen sozial und kulturell konstruiert ist. Die Erfahrungen, die wir als unsere eigenen ansehen, gründen letztlich in der weiten Welt gemeinsamer Erfahrungen. Wie wir unsere Gedanken, Gefühle und Empfindungen ausdrücken, begreifen und beurteilen, wird von außen mitbestimmt, und zwar nicht zuletzt durch unseren Sprachgebrauch. Wenn wir mit einem anderen Menschen interagieren, sind wir Teil seiner Erfahrung, und er ist Teil unserer Erfahrung. Die phänomenologische Erklärung der Empathie hebt auf die interaktive, intersubjektive Dimension der Erkenntnis ab. Wir teilen einen intersubjektiven Raum mit den Menschen, die uns umgeben, und ein Großteil dessen, was wir über uns selbst und über Andere wissen, geht aus diesem Raum hervor. Wir verstehen die Gedanken und Gefühle des Anderen nicht, indem wir lediglich annehmen, dass sie sich von unseren eigenen nicht unterscheiden; wir verstehen sie durch unsere kommunikative und kognitive Beziehung zu seiner Psyche, weil unser beider Psychen auf einer bestimmten Ebene aufeinander bezogen und miteinander verbunden sind, ineinander »weilen«.

Dieses Verschwimmen epistemologischer Grenzen findet nicht nur in der Beziehung zwischen Individuen im Hier und Jetzt statt, sondern – im Widerspruch zur phänomenologischen Position – auch in der Beziehung, die wir zu den Menschen aus der Vergangenheit entwickeln, indem wir uns auf ihre Äußerungsweisen und auf ihre Hervorbringungen, die von ihnen überlieferten Quellen, einlassen. Vielleicht erkennen wir sie nicht nur, weil wir wie sie sind, weil wir sie spiegeln oder nachahmen, weil wir Erfahrungen haben, die ihren Erfahrungen analog sind. Vielleicht erkennen wir Menschen der Vergangenheit, weil wir eine Beziehung zu ihnen haben, in der wir, unseren täglichen Beziehungen analog, zu einem gewissen Grad zu ihnen werden und sie zu uns. Dass die Grenzen zwischen Menschen sowohl psychisch als auch kognitiv nie unverrückbar oder undurchlässig sind, dass wir durch menschliche Interaktionen verändert werden, bedeutet, dass die Menschen der Vergangenheit sich uns einprägen, so wie wir uns ihnen einprägen. Nicht nur wir versetzen uns an ihre Stelle; sie versetzen sich auch an unsere Stelle. Historische Erkenntnis ist ein Prozess, der nicht in eine einzige Richtung, vom Historiker zu den Menschen der Vergangenheit, verläuft, sondern auch von den Menschen der Vergangenheit zum Historiker. Collingwood hat die wechselseitige Beziehung zwischen dem Denken des Historikers und dem des historischen Subjekts wunderschön beschrieben:

> »[H]istorische Erkenntnis ist jener besondere Fall von Erinnerung, in dem das Objekt dieses gegenwärtigen Denkens das Denken der Vergangenheit ist. Dabei wird der Abstand zwischen Gegenwart und Vergangenheit nicht nur durch die Fähigkeit des gegenwärtigen Denkens überbrückt, die Vergangenheit zum Gegenstand seiner Tätigkeit zu machen, sondern auch durch die Fähigkeit des vergangenen Denkens, sich selbst in der Gegenwart zu erneuern.«[345]

Zwar üben wir als Historiker Autorität über die Menschen der Vergangenheit aus, doch umgekehrt gilt das Gleiche.[346] Die Vergangenheit übt, was unser historisches Wissen anlangt, sogar größere Macht über uns aus, als wir gern eingestehen. Indem wir in die Welten und die Erfahrungen der Menschen der Vergangenheit eintauchen, werden wir selbst so verändert, dass wir sie erkennen und verstehen können.

Den Phänomenologen zufolge besitzen wir zweifellos die Fähigkeit, zu erkennen, was wir selbst nicht erlebt haben. Um Max Webers berühmtem Ausspruch zu zitieren: »Man braucht nicht Cäsar zu sein, um Cäsar zu verstehen.«[347] Webers Zeitgenosse Georg Simmel zufolge gelingt uns die »Nachbildung auch an Inhalten [...], die niemals in das eigene psychische Erleben getreten sind«, und wir können uns

> »auf die geeigneten, aber immerhin doch nur äußeren Anregungen hin [...] in die Seelen von Personen versetzen, die mit der unsrigen keinerlei Erfahrungen, keinerlei Stimmungen, keinerlei Impulse teilen [...].«[348]

Weber, der unser Empathievermögen möglicherweise allzu begrenzt sah, traute uns die Einfühlung in Menschen, deren Gefühlsleben unserem eigenen fern liegt (Massenmörder, Psychotiker, extrem traumatisierte Menschen), nicht zu. Dennoch schrieb er:

> »Aktuelle Affekte (Angst, Zorn, Ehrgeiz, Neid, Eifersucht, Liebe, Begeisterung, Stolz, Rachedurst, Pietät, Hingabe, Begierden aller Art) und die (vom rationalen Zweckhandeln aus angesehen:) irrationalen aus ihnen folgenden Reaktionen vermögen wir, je mehr wir ihnen selbst zugänglich sind, desto evidenter emotional nachzuerleben, in jedem Fall aber, auch wenn sie ihrem Grade nach unsre eignen Möglichkeiten absolut übersteigen, sinnhaft einfühlend zu verstehen und in ihrer

345 Collingwood, *Philosophie der Geschichte*, S. 307.

346 LaCapra, Tropisms of Intellectual History, S. 502; Retz, *Empathy and History*, S. 12, 65, 69.

347 Weber, *Wirtschaft und Gesellschaft*, S. 2, 6.

348 Simmel, *Die Probleme der Geschichtsphilosophie*, S. 300.

Einwirkung auf die Richtung und Mittel des Handelns intellektuell in Rechnung zu stellen.«[349]

Weber nahm also an, dass wir uns in Erfahrungen anderer Menschen einfühlen können, die wir mit ihnen nach der Art, wenn auch nicht nach der Intensität, teilen. Wilhelm Dilthey ging ebenfalls davon aus, dass wir längst entschwundene Menschen, die keine Ähnlichkeit mit uns selbst haben, »auf der Grundlage der allgemeinen Menschennatur« erkennen können. So kann etwa ein Atheist Martin Luther verstehen:

> »Indem nun der Ausleger [Luthers] seine eigene Lebendigkeit gleichsam probierend in ein historisches Milieu versetzt, vermag er von hier aus momentan die einen Seelenvorgänge zu betonen und zu verstärken, die anderen zurücktreten zu lassen und so eine Nachbildung fremden Lebens in sich herbeizuführen.«[350]

Und dennoch beruhte Webers und Diltheys Verständnis unserer empathischen Fähigkeiten, auch wenn sie diese nicht auf die unmittelbaren persönlichen Erfahrungen eingrenzten, auf der Annahme, dass wir Andere letztlich verstehen, indem wir uns in sie einfühlen und Analogien zu uns selbst ziehen. Daher halte ich Edith Steins Konzipierung unserer Fähigkeit, uns in Menschen, die ganz anders sind als wir selbst, einzufühlen, für zutreffender. Wir müssen eine Erfahrung nicht selbst gemacht haben, um sie, wenn ein Anderer sie macht, zu verstehen. Wir brauchen, so Stein, lediglich die *Fähigkeit*, diese Erfahrung zu machen.[351] Anders formuliert: Wir können uns in Erfahrungen einfühlen, die selbst zu machen wir uns vorstellen können. Karsten Stueber schreibt, die Natur habe uns »mit einer Psyche ausgestattet, die über die Kraft der Vorstellung verfügt [...] und über die Fähigkeit, über reale und mögliche Welten nachzudenken«.[352] Wir sollten diese Kraft nicht unterschätzen – ebenso wenig wie unsere Fähigkeit zu lernen (durch Kunstwerke, Belletristik, Fachliteratur usw.). Das Lernen erschließt uns den Zugang zu zahllosen Erfahrungen, die wir nie selbst, direkt, machen können. Diese durch Lernen erworbenen, stellvertretenden Erfahrungen sind reale Erfahrungen, Erfahrungen, die den Wissensschatz erweitern, der es uns erleichtert, andere Menschen in der Gegenwart wie auch in der Vergangenheit zu verstehen.

349 Weber, *Wirtschaft und Gesellschaft*; S. 2.

350 Dilthey, *Die Entstehung der Hermeneutik*, S. 201.

351 Stein, *Zum Problem der Einfühlung*, S. 81.

352 Stueber, *Rediscovering Empathy*, S. 111.

Die Bedeutung universaler Erfahrungen für die Empathie

Mit der Annahme, dass wir die Erfahrungen von Menschen, die in der Vergangenheit gelebt haben, mithilfe analoger eigener Erfahrungen kennenlernen und verstehen, hängt eine weitere Annahme eng zusammen, der zufolge wir uns auf bestimmte grundlegende Ähnlichkeiten der Menschen oder auf bestimmte grundlegende Erfahrungen stützen, um uns in Menschen aus früheren Zeiten einzufühlen. Der römische Komödiendichter Terenz brachte es wie folgt auf den Punkt: »Ich bin ein Mensch, nichts Menschliches ist mir, denk ich, fremd.«[353] Und Jacob Burckhardt fand die Worte: »[W]ir betrachten das sich Wiederholende, Konstante, Typische als ein in uns Anklingendes und Verständliches.«[354] Der frühe Dilthey stützte seine Auffassung des *Verstehens* [im Orig. deutsch] auf seine Überzeugung, »daß ich selber, der ich mich von innen erlebe und kenne, ein Bestandteil dieses gesellschaftlichen Körpers bin, und daß die anderen Bestandteile mir gleichartig und sonach für mich ebenfalls in ihrem Innern auffaßbar sind«.[355] Wir können akzeptieren, dass Aspekte der menschlichen Natur unwandelbar sind, auch wenn wir nicht so weit gehen wollen wie David Hume in seinem berühmten Ausspruch:

> »Allgemein wird zugestanden, daß eine große Gleichförmigkeit in den Handlungen der Menschen aller Nationen und Zeitalter besteht und daß die menschliche Natur in ihren Prinzipien und Vorgängen stets dieselbe bleibt. […] Die Menschen sind in allen Zeiten und Orten so sehr dieselben, daß uns die Geschichte auf diesem Gebiete nichts Neues oder Fremdartiges berichtet.«[356]

Historiker, die heute die empathische Position beziehen, um die Vergangenheit zu erforschen, erkennen die Rolle an, die Universales für historisches Verstehen spielt. So schreibt die Historikerin Lyndal Roper: »Es bedeutet keine Gefahr für den Status

353 Publius Terentius Afer (Terenz) (1983). *Heautontimorumenos. Text.* Münster (Aschendorff), V. 77.

354 Burckhardt, *Weltgeschichtliche Betrachtungen*, S. 4.

355 Dilthey, *Einleitung in die Geisteswissenschaften*, S. 37.

356 Hume, *Eine Untersuchung über den menschlichen Verstand*, S. 110f. Der spezifische Wert der Geschichtswissenschaft besteht laut Hume gerade darin, »unsere Erfahrung zu erweitern auf alle Zeitalter der Vergangenheit und die entferntesten Nationen; ihren größtmöglichen Beitrag zur Verbesserung unseres Wissens zu ermöglichen, so als hätten wir sie tatsächlich beobachtet. Man kann sagen, dass ein mit der Geschichte vertrauter Mensch in gewisser Hinsicht von Anbeginn der Welt an gelebt und seinen Wissensvorrat in jedem Jahrhundert stetig vergrößert hat«. Hume, *On the Study of History*, S. 566f.

des Historischen, wenn man sich eingesteht, daß es Aspekte der menschlichen Natur gibt, die fortdauern, ganz wie auch einige Aspekte der menschlichen Physiologie konstitutiv sind.«[357] Unser Wissen nicht allein über Menschen der Vergangenheit, sondern über Menschen im Allgemeinen wird dadurch ermöglicht, dass »die Natur alle Menschen mit einem Geist ausgestattet hat, der auf ähnliche Weise strukturiert ist und psychisch auf ähnliche Weise funktioniert«.[358] Laut der Historikerin Barbara Taylor beruht »historisches Verstehen auf einer empathischen Verbundenheit zwischen der Historikerin und ihren menschlichen Subjekten, einer Verbundenheit, die durch die arteigene Ähnlichkeit zwischen individuellen Subjektivitäten über Raum und Zeit hinweg ermöglicht wird«.[359]

Wir haben gesehen, dass überzeugende physiologische Funde auf eine Empathiefähigkeit als wesentlichen Aspekte der menschlichen Natur schließen lassen. Die Tatsache, dass Menschen und Affen Spiegelneuronen besitzen, die möglicherweise Teil eines diffizilen und komplexen Systems des bei beiden Arten ähnlich funktionierenden sensomotorischen Lernens sind, legt die Vermutung nahe, dass Menschen seit Anbeginn der Menschheit die Fähigkeit besitzen, sich in Andere einzufühlen. Offenbar ist nicht zu leugnen, dass das Universale eine Rolle in der Geschichte spielt und dass Menschen unterschiedlichster zeitlicher und räumlicher Herkunft trotz allem, was sie trennt, fundamentale Erfahrungen, einen unveränderlichen Kern der menschlichen Natur, teilen, auf die Historiker sich stützen, wenn sie die Vergangenheit erforschen.[360] In meiner eigenen Arbeit habe ich mich auf zwei Aspekte der universalen menschlichen Natur gestützt, um das Verhalten junger deutscher Mittelschichtsangehöriger im Dritten Reich verstehen zu können. Menschen haben ein – freilich unterschiedlich intensives – Bedürfnis, zur Gruppe zu gehören und infolgedessen Andere auszuschließen, und dieses Bedürfnis erklärt zum Teil, was den in meinen Augen zentralen ideologischen Grundsatz der Nazis, das rassisch exklusive Kollektiv der nationalsozialistischen *Volksgemeinschaft*, so attraktiv machte. Menschen besitzen zudem die Fähigkeit, ihre Einfühlung in Andere auszuschalten, eine Fähigkeit, die es deutschen Tätern und Zuschauern ermöglichte, ihre jüdischen Mitbürger zu entmenschlichen, so dass diese verfolgt, deportiert und vernichtet werden konnten. Auf einer bestimmten Ebene trug das menschliche Bedürfnis nach Zugehörigkeit und Gemeinschaft dazu bei, den Genozid an den europäischen Juden zu ermöglichen; auf einer bestimmten Ebene

357 Lyndal Roper (1995 [1994]). *Ödipus und der Teufel. Körper und Psyche in der Frühen Neuzeit.* Übers. von Peter Sillim. Frankfurt am Main (Fischer), S. 27.

358 Stueber, *Rediscovering Empathy*, S. 111.

359 Taylor, *Historical Subjectivity*, S. 195.

360 Walsh, *Philosophy of History*, S. 107; White, *Foundations of Historical Knowledge*, S. 216.

ermöglichte die menschliche Fähigkeit, die Einfühlung in Andere zu verweigern, die Durchführung des Völkermordes.[361] Im Grunde kann man sagen, dass jede historische Interpretation bestimmte Regelmäßigkeiten voraussetzt, bestimmte Verallgemeinerungen über Menschen, ihre psychische Verfasstheit und ihr Verhalten.[362] Diese Annahmen sind so basal, so offensichtlich, dass uns im Allgemeinen gar nicht bewusst wird, wie sehr wir uns auf sie stützen.[363] So schreiben der Politikwissenschaftler John Connelly und der Psychologe Alan Costall, dass »historische Erkenntnis als solche ohne die Annahme einer Konstanz zumindest mancher Aspekte der menschlichen Natur […] unmöglich« wäre.[364]

Den Menschen ist nicht nur eine basale Physiologie und menschliche Natur gemeinsam; möglicherweise teilen sie auch bestimmte universale menschliche Bräuche und Institutionen. Dies war jedenfalls die Überzeugung Giambattista Vicos, als er 1725 schrieb:

> »Wir bemerken, daß alle Völker, sowohl die barbarischen als auch die menschlichen, auch wenn sie, durch ungeheure räumliche und zeitliche Abstände voneinander entfernt, getrennt gegründet worden sind, doch diese drei menschlichen Sitten beobachten: daß sie alle irgendeine *Religion* haben, daß sie alle *feierlich die Ehe* schließen, daß sie alle *ihre Toten bestatten* […]; und auch bei den wildesten und rohesten Völkern begeht man keine menschlichen Handlungen mit ausgesuchteren Zeremonien und mit heiligerer Feierlichkeit als Religionsbräuche, Eheschließungen und Bestattungen.«[365]

Diese »drei ewigen und universalen Einrichtungen« legte Vico seiner neuen »Wissenschaft« der Geschichte als »universale und ewige Prinzipien« zugrunde.

---

361 Kohut, *Eine deutsche Generation*, S. 354.

362 Siehe hier, 1. Kap., Anm. 68 über Carl Hempels Auffassung, dass sämtliche Erklärungen auf allgemeinen Gesetzesaussagen (covering laws) oder zumindest auf Universalhypothesen beruhen.

363 Walsh, *Philosophy of History*, S. 58; Gardiner, *Historical Explanation*, S. 82, 93, 99, 125; Michael Scriven (1964). Truisms as the Grounds for Historical Explanations. In: *Theories of History.* Hg. von Patrick Gardiner. Glencoe, NY (Free Press of Glencoe), insbes. S. 444, 458; Kohut, *Psychohistory as History*, S. 339.

364 John Collelly und Alan Costall (2000). R. G. Collingwood and the Idea of an Historical Psychology. *Theory and Psychology* 10, S. 165.

365 Giambattista Vico (1970 [1744]). *Prinzipien einer neuen Wissenschaft über die gemeinsame Natur der Völker.* Übers. von Vittorio Hösle und Christoph Jermann und mit Textverweisen von Christoph Jermann. Hamburg (Felix Meiner Verlag) 2009, S. 143.

Insbesondere Philosophen, die wie Hans-Georg Gadamer aus der hermeneutischen Tradition stammen, bestreiten die Existenz einer universalen menschlichen Natur oder universaler menschlicher Erfahrungen, mit deren Hilfe wir uns Menschen und Lebenswelten erschließen, die sich von unseren eigenen unterscheiden. Doch scheint die Behauptung, dass Veränderung die einzige Universalie sei und dass nichts in der menschlichen Welt bleibe, wie es ist, eine Schlussfolgerung zu sein, die nicht auf empirischer Beobachtung und historischer Evidenz beruht, sondern philosophisch fundiert ist. Vielleicht besitzt jede Gesellschaft oder jede Lebenswelt ihr eigenes unverwechselbares Sprachspiel mit eigenen unverwechselbaren Regeln, aber jede Gesellschaft besitzt ein Sprachspiel mit Regeln. Und auch wenn jede Gesellschaft oder Lebenswelt ihr eigenes unverwechselbares Selbstverständnis entwickelt, versuchen doch alle Gesellschaften und Lebenswelten, sich selbst und die Menschen, die sie bevölkern, zu verstehen. Dieses Streben ist dem Philosophen Peter Winch zufolge ein universales Charakteristikum der menschlichen Gesellschaft und der Geschichte der Menschen. Mit Blick auf Vicos Auffassung, dass sämtliche Kulturen Einrichtungen besitzen, die sich um die Geburt, die Beziehungen der Geschlechter und den Tod drehen, gelangte Winch zu dem Schluss, dass diese universalen menschlichen Erfahrungen uns in die Lage versetzen, andere Gesellschaften kennenzulernen:

> »Für jeden Versuch, das Leben einer anderen Gesellschaft zu verstehen, muss daher die Erforschung der Formen, die solche Konzepte annehmen – der Rolle, die sie im Leben der Gesellschaft spielen –, zentralen Stellenwert erhalten und als Grundlage dienen, auf der sich Verstehen entwickeln kann.«[366]

366 Peter Winch (1964). Understanding a Primitive Society. *American Philosophical Quarterly* 1/4, S. 324.

6. Kapitel
Ist historische Empathie einzigartig?

Wie eingangs festgestellt, widmen sich die Forschungsfelder, die der Empathie seit einigen Jahren Aufmerksamkeit widmen, vornehmlich der Rolle, die sie für das »Lesen« der Gedanken und Gefühle anderer Menschen im Hier und Jetzt spielt. Damit stellt sich die Frage: Unterscheidet sich die Empathie, mit der wir Menschen aus der Vergangenheit verstehen, von der Empathie, mit der wir Menschen in der Gegenwart zu verstehen versuchen? Dieser Frage gehe ich im vorliegenden Kapitel nach. Doch bevor ich mich ihr im zweiten Teil direkt zuwende, untersuche ich zunächst, wie Gefühl und Wissen in der Empathie miteinander zusammenhängen, denn die affektive Dimension der Empathie spielt in unseren alltäglichen Interaktionen einschließlich des »Lesens« der Psyche und der psychischen Zustände anderer eine wichtige Rolle. Allerdings würden die meisten Historikerinnen und Historiker vermutlich bestreiten, dass gemeinsame Gefühle für historische Erkenntnis und historisches Verstehen von Belang sind, und wenn in ihrer Arbeit Gefühle ins Spiel kommen, ist ihnen oft nicht bewusst, dass es Gefühle aus der Vergangenheit sind, die in ihnen selbst wieder aufleben.

Fühlen und Wissen in der Empathie

Obwohl Historiker dies nicht immer vorbehaltlos anerkennen, eignet ihrer Beschäftigung mit der Vergangenheit auch eine affektive Dimension. Nicht nur beeinflussen unsere eigenen emotionalen Besetzungen und Bindungen, was wir erforschen und wie wir es erforschen;[367] auch die Vergangenheit übt einen – oft tiefen – emotionalen Einfluss auf uns aus.[368] Deutlich wird dies vor allem im Zusammenhang mit Traumata.

---

367 Michael S. Brady (2013). *Emotional Insight: The Epistemic Role of Emotional Experience.* Oxford (Oxford Univ. Press).

368 Ein Geschichtsphilosoph, der voll und ganz anerkennt, wie stark die Geschichte den Historiker – auch emotional – beeinflusst, ist Dominick LaCapra, *Writing History, Writing Trauma*, S. 502; Tropisms of Intellectual History. Gleiches gilt für Saul Friedländer (1992). Trauma, Transference and »Working through« in Writing the History of the »Shoah«. *History and Memory* 4/1; ders. (1992). Introduction, in: *Probing the Limits of Representation: Nazism and the »Final Solution«*. Hg. von Saul Friedländer. Cambridge, MA (Harvard Univ. Press).

Historische traumatische Erfahrungen haben nicht nur für die unmittelbar Betroffenen schwerwiegende Folgen, sondern auch für diejenigen, die sie mittelbar erleben, und zwar nicht allein ihre Kinder und Enkelkinder, sondern auch Historikerinnen und Historiker, die sie erforschen. Traumatische Geschehnisse wie der Holocaust sind lediglich extreme und offensichtliche Beispiele für die Macht, die Geschichte über Menschen im Allgemeinen und Historiker im Besonderen ausübt.

Wir weilen nicht nur imaginativ in der Vergangenheit; die Vergangenheit weilt auch in uns selbst. Dies kann eine schwierige, verstörende Erfahrung sein. Häufiger, als wir es uns vielleicht klar machen, sind die intensiven Gefühle, die die Geschichte in uns weckt, für einige der Schwierigkeiten verantwortlich, mit denen uns die historische Arbeit konfrontiert. Wir lassen uns nicht nur persönlich auf unsere Arbeit ein, sondern wählen von Anfang an solche Arbeitsthemen aus, die uns intellektuell wie auch persönlich wichtig sind. Wenn wir die Vergangenheit erforschen, erforschen wir auf gewisse Weise zugleich uns selbst. Und unser Eintauchen in entschwundene historische Welten kann Gefühle wecken und persönliche Schwierigkeiten aktivieren, die nicht einfach zu handhaben sind. Zum Beispiel habe ich mich in meinem Buch *Eine deutsche Generation* eingehend mit dem Dritten Reich und der Verfolgung, Deportation und Vernichtung der Juden auseinandergesetzt. Darüber nachzudenken und darüber zu schreiben war belastend. Es bedrückte mich, und mir war lange nicht klar, dass die Vergangenheit die Quelle meiner Bedrängnis und meines Unbehagens war. Ich kam nur mühsam voran, machte mir Vorwürfe, weil ich nicht effektiver, rascher, ausdauernder arbeitete, und erkannte nicht, dass meine Schwierigkeiten triftige Gründe hatten. Nach und nach erst wurde mir bewusst, dass meine Vertiefung ins Dritte Reich im Allgemeinen und meine Beschäftigung mit den Reaktionen nichtjüdischer Deutscher auf ihre jüdischen Mitbürgerinnen und Mitbürger im Besonderen Gefühle der Hilflosigkeit und Passivität in mir weckten und ich mich selbst potenziell in der Rolle eines Opfers sah.

Nachdem ich dies realisiert hatte, kam ich zügiger und mit weniger unbehaglichen und angstvollen Gefühlen voran. Ich konnte auch kritisch darüber nachdenken, auf welche Weise diese durch die Vergangenheit wachgerufenen Gefühle meine Arbeit womöglich beeinflusst hatten. Ich fand – zuerst für mich selbst und schließlich für meine Leser – Worte, die meine Sorge zum Ausdruck brachten, dass meine Interpretationen und die Strukturierung des Materials, für die ich mich entschieden hatte, vielleicht dazu beitrugen, meinen Gefühlen der Hilflosigkeit und Passivität und meiner potenziellen Identifizierung mit der Opferrolle etwas entgegenzusetzen. Mir wurde schließlich bewusst, dass ich, wie man es klassisch psychoanalytisch formulieren würde, eine »Gegenübertragung« auf die Deutschen entwickelt hatte, die ich in meinem Buch untersuchte; sie hatten Gefühle in mir geweckt, die mein Verständnis und meine Beschreibung dieser Menschen – ja, meine Einfühlung in sie – zu beeinträchtigen drohten.[369] Dies zu erkennen ermöglichte mir, mich selbst besser zu verstehen und die wichtige psychische Rolle, die der Holocaust in meiner Familie gespielt hat und in meinem Leben spielt, in höherem Maß anzuerkennen.[370] Das Verstehen der Vergangenheit kann uns helfen, die persönlichen Themen und Anliegen, die uns ursprünglich auf unser spezifisches historisches Thema gebracht haben, und die Schwierigkeiten, mit denen uns unsere Beschäftigung mit diesem Thema im Laufe der Arbeit konfrontiert hat, besser zu bewältigen. Anders formuliert: Als Historiker arbeiten wir auf einer bestimmten Ebene auch an uns selbst, für uns selbst und mit uns selbst. Wir sind emotional beteiligte Teilhaber der Geschichte.[371]

Die emotionale Beschäftigung mit der Vergangenheit kann es uns erschweren, zu forschen, zu schreiben und uns in die Menschen der Vergangenheit hineinzuversetzen, um sie zu verstehen. Sie kann den Blickwinkel, unter dem wir diese Menschen betrachten, verzerren. Aber die emotionale Beschäftigung mit der Vergangenheit kann unserem historischen Wissen und Verstehen auch zugutekommen – ganz abgesehen davon, dass emotionale Beteiligung und emotionale Bindungen unserer historischen Arbeit einen Impetus geben und richtungsweisend für sie werden. Aus unseren emotionalen Reaktionen auf die Vergangenheit können wir tatsächlich etwas lernen. Um nur ein Beispiel zu zitieren. In mehreren Seminaren, die ich am Williams College leite, zeige ich den Studentinnen und Studenten die ungekürzte Fassung des nationalsozialistischen Propagandafilms *Triumph des Willens* von 1935. Häufig berichten diese jungen Leute dann, dass sie das nicht endende Marschieren, das unaufhörliche Schmettern der Marschmusik und die ständigen Wiederholungen trotz der Schönheit vieler Bilder des Films langweilig finden. Ich bitte sie, über dieses Erleben nachzudenken und sich nicht nur zu fragen, ob Deutsche im Jahr 1935 den Film langweilig gefunden haben, sondern auch ihre eigenen Reaktionen zu reflektieren und zu analysieren. Diese Arbeit ermöglicht es ihnen, die wichtige Rolle anzuerkennen, die der Wiederholung im Film zukommt, indem sie Individualitätserfahrungen aus dem Zuschauer austreibt, individualisierendes Denken auslöscht und eine gemeinsame, passive emotionale Erfahrung erzeugt. Die Langeweile, die uns beim Betrachten des Films überkommt, resultiert nicht nur aus dem Bemühen seiner Macher, uns einzulullen; sie ist auch Ausdruck unserer eigenen affektiven Anstrengung, unsere Individualität vor dem Anschlag des Kollektivismus, den dieser Film auf uns verübt, zu schützen.

369 Kohut, *Eine deutsche Generation*, insbes. S. 45, 355f.

370 Roger Frie (2018). Psychoanalysis and History at the Crossroads: A Dialogue with Thomas Kohut. In: *History Flows through Us: Germany, the Holocaust, and the Importance of Empathy.* Hg. von Roger Frie. London und New York (Routledge), S. 167f., 176f.

371 LaCapra, *History in Transit*, S. 5; History and Psychoanalysis, S. 228.

Insbesondere mit Bezug auf die Geschichte habe ich Empathie in diesem Buch als eine Form der Kognition, eine Erkenntnisweise, verstanden; gleichwohl vertreten die meisten Psychologen und viele Philosophen, vor allem die Anhänger der Simulationstheorie, aber auch jene, die die kognitive Dimension der Empathie betonen, die Auffassung, dass Empathie gemeinsame Gefühle impliziert. Somit ist zu fragen: Entwickeln Historiker nicht nur ihre eigenen subjektiven emotionalen Reaktionen auf die Vergangenheit, die das historische Verstehen behindern, aber auch ermöglichen können, sondern empfinden sie auch die Emotionen, die Menschen aus der Vergangenheit empfunden haben, und sind diese gemeinsam geteilten Gefühle der historischen Erkenntnis und dem historischen Verstehen zuträglich?

Als gemeinsames Teilen von Gefühlen spielt die Empathie in zahlreichen psychologischen und philosophischen Erklärungen der Einfühlung als Methode, die Psyche und die psychischen Zustände Anderer zu »lesen« und zu verstehen, eine wichtige Rolle. Wie im 3. Kapitel erläutert, sind Verschmelzungserfahrungen und affektive Ansteckung von Empathie zu unterschieden, denn diese setzt ein klares Bewusstsein der Unterschiedenheit von Selbst und Anderem voraus. Der gemeinsam geteilte Affekt aber, der mit dem Bewusstsein einhergeht, dass man das, was man fühlt, vom Anderen übernommen hat, ist die simulationstheoretische Lehrbucherklärung der Empathie als »affektives Lesen der Gedanken und Gefühle Anderer«, die gelegentlich auch als »sharing first account« bezeichnet wird. Demnach empfindet der Einfühlende die Emotion des Anderen, prüft sie introspektiv und schreibt die nun identifizierte Emotion sodann dem Anderen zu; auf diese Weise versteht der Einfühlende, weshalb der Andere in Anbetracht seiner Situation diese spezifische Emotion empfindet.[372] Zu dieser affektiven Form der Kognition in einem kontrollierten und strukturierten Setting kommt es oft in der psychoanalytischen Behandlung, wenn die Analytikerin mit gleichschwebender Aufmerksamkeit ein Gefühl in sich wahrnimmt und dann erkennt, dass dieses Gefühl in Wirklichkeit gar nicht ihr eigenes, sondern ein Gefühl des Analysanden ist. Indem sie das Gefühl einer »stellvertretenden Introspektion« unterzieht, versucht sie die Bedeutung, die es für den Analysanden hat, auf der Basis dessen, was sie über den Patienten weiß, zu identifizieren und zu verstehen.

Der Geschichtsphilosoph Dominick LaCapra betont konsequent nicht nur die kognitive, sondern auch »die affektive Dimension historischen Verstehens« einschließlich und speziell der Empathie.[373] Mithilfe des psychoanalytischen Konzepts der »Über-

372 De Vignemont und Jacob unterziehen diese Erklärung, die sie mit Alvin Goldman in Verbindung bringen, einer kritischen Prüfung in: Frederique de Vignemont und Pierre Jacob (2012). What Is It Like to Feel Another's Pain? *Philosophy of Science* 79/2, S. 310f.

373 LaCapra, *Writing History, Writing Trauma*, S. 218; Tropisms of Intellectual History, S. 503; History and Psychoanalysis, S. 228; *History in Transit*, S. 43f.

tragung« beschreibt er die kognitive und affektive Beziehung, die sich zwischen dem Historiker und dem historischen Subjekt entwickelt.[374] Die Übertragung, die er als »die wechselseitige, aber unterschiedliche Implikation des Selbst in Andere« definiert, ist nach seiner Ansicht sogar »eine Grundlage der Empathie«.[375] Übertragung in der Geschichtswissenschaft ist nicht lediglich die Implikation des Historikers in das historische Subjekt, wobei der Historiker – vergleichbar der »Gegenübertragung« in der klassischen Psychoanalyse – unbewusst seine eigenen Besetzungen und Bindungen auf die Menschen der Vergangenheit projiziert. Übertragung ist für LaCapra auch die Implikation des historischen Subjekts in den Historiker – eine »Ko-Implikation«, die »affektives Beteiligtsein und die Tendenz beinhaltet, zu wiederholen, was im Anderen gefunden oder in ihn projiziert wurde«.[376] Das heißt, auch die Vergangenheit projiziert oder »überträgt« sich auf den Historiker, so dass »sich die Probleme, die den Gegenstand der [historischen] Forschung betreffen, in der Arbeit des Historikers wiederholen (oder mit Variationen wiederholt werden)« – wobei dem Historiker eine derartige Übertragung im Allgemeinen gar nicht bewusst wird.[377]

Dieses Buch folgt somit LaCapra in seiner Betonung der wechselseitigen kognitiven und affektiven Beziehung zwischen dem Historiker und der Vergangenheit, insbesondere den Menschen der Vergangenheit. Wir projizieren uns nicht einseitig auf sie, sondern sie projizieren sich auch in uns hinein. Die meisten Historikerinnen und Historiker nehmen die eigene Projektion eher bewusst wahr als die Tatsache, dass entschwundene Menschen sich in uns hineinprojizieren, und zwar zum Teil deshalb, weil die Anerkennung des Einflusses, den die Vergangenheit auf Historiker ausübt, zugleich bedeutet, die Grenzen anzuerkennen, die diese Vergangenheit ihrer Autonomie und Autorität über die gelebte und die geschriebene Geschichte zieht.

Von John Demos, dem Historiker der amerikanischen Kolonialzeit, stammt eine Illustration der Übertragung in dem von LaCapra verstandenen Sinn. Seine eigene

374 LaCapra betrachtet die Beziehung, die zwischen Historiker und historischem Subjekt entsteht, als Grundlage der Empathie. *Understanding Others*, S. 36, auch S. 165f.

375 Ebd., S. 2.

376 Ebd., S. 57, auch S. 122.

377 LaCapra, History and Psychoanalysis, S. 228; LaCapra (1992). Representing the Holocaust: Reflections on the Historian's Debate, in: *Probing the Limits of Representation: Nazism and the Final Solution.* Hg. von Saul Friedländer. Cambridge, MA (Harvard University Press), S. 110; *Representing the Holocaust*, S. 72. Saul Friedländer macht ebenfalls geltend, dass der Historiker sich seine Gegenübertragung sowie der Macht der Vergangenheit, Erfahrungen in ihm zu wecken, in denen sich die Realität vergangener Erfahrungen spiegelt, nach dem Vorbild des Psychoanalytikers bewusst machen sollte. Friedländer, *History and Psychoanalysis*, S. 18f.

Arbeit veranschaulicht die produktive affektive Beziehung zwischen dem Historiker und dem historischen Subjekt auf eine der Beziehung zwischen Psychoanalytiker und Patient analoge Weise. Demos, gleichermaßen wissbegierig wie kenntnisreich, was die Psychoanalyse betrifft, war sich des Problems der Gegenübertragung, d.h. der Gefahr, dass persönliche Schwierigkeiten dem Historiker die Sicht verstellen oder sein Verständnis der Vergangenheit verzerren können, vollauf bewusst. Aber er erkannte auch, dass »die Psychoanalyse noch einen weiteren Weg bahnt. Vom anderen Ende der Analysecouch aus betrachtet, kann nämlich das Selbst [des Analytikers] tatsächlich zu einer Quelle der Einsicht – und somit des Behandlungserfolgs – werden«. Die Reaktionen des Analytikers auf den Patienten »können nicht nur Hinweise auf Aspekte seines eigenen inneren Lebens geben, sondern auch auf Aspekte des Seelenlebens seines Patienten«.[378] Demos hat diese aus der psychoanalytischen Behandlung hergeleitete Einsicht auf seine historische Arbeit angewendet. In seinem Essay »Using Self, Using History« beschreibt er, wie seine Kenntnis und sein Verständnis der frühen Geschichte des modernen Amerikas von seinen eigenen Lebenserfahrungen profitierten. Als er für sein Buch *A Little Commonwealth* recherchierte und zu schreiben begann, half ihm die Beziehung zu seinen eigenen Kleinkindern, die puritanischen Familien und ihre Erziehungsmethoden genauer und gründlicher zu verstehen.[379] Soziale Interaktionserfahrungen sowie »die Kraft und das Spiel menschlicher Emotionen« in Demos' persönlichem und beruflichem Leben haben maßgeblichen Einfluss auf sein Buch über die Hexenverfolgung im frühen Amerika, *Entertaining Satan*, ausgeübt. Und eine eindrückliche Erfahrung veränderter Sinneswahrnehmung wirkte so befreiend auf ihn, dass es ihm leichter fiel, über die, wie er es ausdrückt, »unheimlichen Teile der Prozessprotokolle« zu schreiben.[380]

Demos' persönliche Erfahrungen haben seine Arbeit als Historiker beeinflusst, aber die historische Forschung übte auch Einfluss auf Demos selbst aus. Diese wechselseitige Beeinflussung kam in seiner Studie über die berühmte »indianische Gefangene« Eunice Williams besonders stark zum Tragen.[381] In Demos' eigenen Worten: »Ich benutzte nicht nur mich selbst und meine Erfahrung um meines Projektes willen; das Projekt benutzte mich auch seinerseits«.[382] Insbesondere Eunice Williams'

378 John Demos (2002). Using Self, Using History. *Journal of American History* 89/1, S. 38.

379 Ebd.; John Demos (1970). *A Little Commonwealth: Family Life in Plymouth Colony.* New York und Oxford (Oxford Univ. Press).

380 John Demos (1982). *Entertaining Satan: Witchcraft and the Culture of Early New England.* New York und Oxford (Oxford Univ. Press); Using Self, Using History, S. 39.

381 John Demos (1994). *The Unredeemed Captive: A Family Story from Early America.* New York (Knopf).

382 Demos, Using Self, Using History, S. 40.

Entscheidung, nicht in ihre puritanische Herkunftsfamilie zurückzukehren, sondern bei der Mohawk-Familie zu bleiben, in der sie nach ihrer Entführung aufgewachsen war, hinterließ in Demos einen tiefen Eindruck, denn er hatte erlebt, wie seine eigenen Töchter ihr Elternhaus verließen, um sich ein eigenständiges Leben aufzubauen. Letztlich half ihm Eunice Williams' Geschichte, seine emotionale Reaktion auf den Verlust der eigenen Töchter ans Erwachsenenalter besser zu verstehen und zu verarbeiten.[383] Demos' Wahl dieses speziellen historischen Themas wird kaum zufällig gewesen sein. Vielmehr schreibt er, dass alle Historiker Themen bevorzugen, die »untrennbar mit dem Selbst verwurzelt sind. Solche Entscheidungen sind alles andere als zufällig [...] sie sind auf maßgebliche und persönliche Weise determiniert«. Jedes Thema, »ganz gleich, wie öffentlich und unpersönlich seine sichtbarsten Aspekte scheinen mögen, birgt innere Resonanzen«, auf die Historiker »zu reagieren neigen (oder gezwungen sind)«. Wer wir sind, beeinflusst zutiefst, was wir als Historikerinnen und Historiker erforschen. Und wer wir sind, wird durch das, was wir erforschen, zutiefst beeinflusst.[384]

Somit kann das gemeinsame Teilen von Gefühlen in der historischen Arbeit Wissen und Einsicht auf eine Weise ermöglichen, die dem Teilen von Gefühlen in einer psychoanalytischen Behandlung analog ist. Gleichwohl folgen nicht sämtliche Deutungen in der Psychoanalyse – zu schweigen von der psychoanalytischen Psychotherapie – dem »Sharing first«-Modell der Simulationstheoretiker. Ich vermute sogar, dass psychoanalytisches Verstehen zumeist nicht damit beginnt, dass der Analytiker das Gefühl des Patienten mitempfindet, sondern dass es gänzlich oder überwiegend kognitiv bleibt und der Analytiker sich denkend statt fühlend in das Erleben des Patienten hineinversetzt. Philosophen, die die phänomenologische Position vertreten, sind sogar überzeugt, dass wir den emotionalen und geistigen Zustand eines Anderen empathisch erfassen und verstehen können, ohne ihn selbst nachempfinden zu müssen. Max Scheler führt den »Historiker von Bedeutung«, den »dramatischen Künstler« und den Romanschriftsteller an: Sie alle »müssen die Gabe des ›Nacherlebens‹ in hohem Maße besitzen; aber ›Mitgefühl‹ brauchen sie nicht im mindesten mit ihren Gegenständen und Personen zu haben«.[385] Zeitgenössische Phänomenologen wie Dan Zahavi und Søren Overgaard folgen Schelers Auffassung, dass wir die Gedanken und Gefühle eines anderen Menschen nacherleben können, ohne dass sich dessen Empfinden direkt auf uns überträgt. Empathisch zu sein bedeutet, sich auf das Erleben des Anderen und nicht auf das eigene zu konzentrieren. »Somit setzt Empathie nicht

383 Ebd., S. 40f.

384 Ebd., S. 41.

385 Scheler, *Wesen und Formen der Sympathie*, S. 20.

voraus, dass wir selbst die Emotion, die wir am Anderen beobachten, mitempfinden. Es kann so sein, ist aber keine Voraussetzung.«[386]

Dennoch spricht einiges dafür, dass sich in der Einfühlung Wissen und gemeinsamer Affekt miteinander verbinden. So konzipiert der Anthropologe Douglas Hollan die Empathie als ein kulturenübergreifendes Phänomen. Was sie aber in den westlichen Kulturen von der Empathie in anderen Teilen der Welt unterscheidet, ist die westliche Tendenz, zwischen Denken und Fühlen scharf zu trennen.[387] Aktuelle neurowissenschaftliche und psychologische Untersuchungen bestätigen die nicht-westliche Auffassung, dass Empathie keineswegs als entweder kognitiv oder affektiv verstanden werden kann, sondern, so Karsten Stueber, immer »beides umfasst«. Stueber sieht »eine solche vereinheitliche Konzipierung der Empathie« insbesondere durch die Entdeckung der Spiegelneuronen bestätigt.

> »Wenn die Spiegelneuronen tatsächlich die primären grundlegenden Kausalmechanismen des *kognitiven* Erkennens bestimmter emotionaler Zustände anderer Personen durch Beobachtung ihres Gesichtsausdrucks sind, dann ist durchaus verständlich, dass eine solche Beobachtung auch zum Empfinden einer Emotion führen kann, die mit der Situation des Anderen in höherem Maß übereinstimmt, d. h. zur Empathie im affektiven Sinn. Solche affektiven Reaktionen sind darauf zurückzuführen, dass die Wahrnehmung einer anderen Person ähnliche Neuronen im Subjekt wie auch im Ziel aktiviert.«[388]

Die wechselseitige Beziehung von Denken und Fühlen beschreibt der Begriff des »Erlebens« oder der »Erfahrung« [»experience], der im Allgemeinen einen Zustand meint, der weder exklusiv intellektuell noch exklusiv emotional ist, sondern ein Amalgam darstellt. Im »Erlebnis« als Phänomen und im »Erleben/Erfahren« als Wahrnehmungs- oder Auffassungsweise dessen, was wir und wie wir es zu erkennen trachten, kommen Denken und Fühlen zusammen.[389]

---

386 Zahavi und Overgaard, Empathy without Isomorphism, S. 7.

387 Douglas Hollan (2012). Emerging Issues in the Cross-Cultural Study of Empathy. *Emotion Review* 4, S. 72.

388 Stueber (2014). Empathie (Conclusion). Siehe auch Gerdes, Empathy, Sympathy and Pity, S. 41; Bischof-Köhler, *Empathy and Self-Recognition*; Vaage, *Fiction Film and Empathic Engagement*, S. 164.

389 Für eine philosophisch, psychologisch und historisch differenzierte und gedankenvolle Betrachtung des Erfahrungskonzepts siehe Donna M. Orange (2018). Experiential History: Understanding Backwards. In: *History Flows through Us: Germany, the Holocaust, and the Importance of Empathy.* Hg. von Roger Frie. London und New York (Routledge); siehe

Wenn also Fühlen und Erkennen/Wissen im Alltagsleben und im »Erleben« miteinander zusammenhängen und wenn dem historischen Erkennen eine wichtige affektive Dimension eignet: Bedeutet dies, dass Historikerinnen, die sich in Menschen aus der Vergangenheit einfühlen, die Gefühle ihrer historischen Subjekte im Erkenntnisprozess auch selbst empfinden? Collingwood behauptete, dass der Historiker, um Gedanken der Vergangenheit ergründen zu können, diese selbst erneut denken müsse. Empfindet der Historiker die Gefühle entschwundener Menschen, durchlebt er ihr Gefühlsleben und ihre Erfahrungen, indem er solche Gefühle und Erfahrungen in sich »nachbildet«? Es ist unwahrscheinlich, dass Empathie im Sinne der »Sharing-first«-Erklärung in der historischen Arbeit häufig vorkommt, zumindest nicht in der selbstreflektierten, kontrollierten Weise, wie es in der Psychoanalyse geschieht. Anders als Psychoanalytiker lernen Historiker in ihrer Ausbildung nicht, sich gemeinsam geteilte Gefühle bewusst zu machen oder ihre eigenen emotionalen Reaktionen introspektiv zu prüfen, damit sie als Instrument zum Verstehen des Erlebens eines anderen Menschen dienen können. Wahrscheinlich aber taucht in Historikern häufig eine emotionale Resonanz mit Menschen der Vergangenheit auf, selbst wenn ihnen zumeist nicht bewusst ist, dass diese Gefühle ihren Ursprung in den historischen Subjekten haben und letztlich deren Gefühle sind. Diese Ansicht scheint der Historiker Michael Roper zu vertreten. Ebenso wie LaCapra betont Roper historische Erkenntnis als einen »affektiven Prozess« und lenkt die Aufmerksamkeit auf die »unbewusste Kommunikation« zwischen den Menschen der Vergangenheit und dem Historiker.[390] Weil das gemeinsame Teilen von Gefühlen im Falle der Historikerinnen und Historiker weitgehend unbewusst bleibt, besitzt es in der Geschichtswissenschaft im Wesentlichen denselben Status wie im Alltagsleben, wo wir der Simulationstheorie zufolge die emotionalen Zustände anderer verstehen, indem wir sie unbewusst nachahmen.

Ich weiß nicht, ob Empathie als Teilen von Gefühlen für historische Erkenntnis immer oder nur gelegentlich eine Rolle spielt, vermute aber, dass ein tiefes empathisches Verstehen vergangener Erfahrung mit emotionaler Resonanz einhergeht. Kann man beispielsweise Hitlers Antisemitismus empathisch verstehen, ohne seine Angst vor und seinen Hass auf Juden zumindest ansatzweise in sich selbst zu erleben? Man muss kein Antisemit werden, um einen Antisemiten zu verstehen, doch vielleicht muss man einen Hauch der Angst des Antisemiten vor Juden und seines Hasses auf sie verspüren. Wäre ein rein intellektuelles Verstehen von Hitlers Antisemitismus ein tiefes

auch Ankersmit, *Sublime Historical Experience*; Martin Jay (2005). *Songs of Experience: Modern American and European Variations on a Universal Theme.* Berkeley (University of California Press).

390 Michael Roper (2014). The Unconscious Work of History. *Cultural and Social History* 11/2, S. 186, 171f.

empathisches Verstehen? Kann man das Erleben eines Anderen wirklich verstehen, ohne das, was er empfindet bzw. – im Fall der Geschichtswissenschaft – empfunden hat, ansatzweise nachzuempfinden? Ich halte es für wahrscheinlich, dass Historiker bisweilen – wenn auch in abgemilderter Intensität – das Erleben der Menschen aus der Vergangenheit teilen, auch wenn diese gemeinsam geteilte Erfahrung gleichermaßen ein Nebenprodukt wie ein wesentlicher Bestandteil des Einfühlungsprozesses ist. Aufgrund seines überwiegend unbewussten Charakters unterscheiden sich gemeinsames Teilen von Emotionen oder emotionale Resonanz zwischen Historikerin und historischem Subjekt aber von der bewusst und selbstreflektiert eingesetzten Empathie.

Ganz gleich, welche Rolle gemeinsame Gefühle für das Erkennen der Psyche und der inneren Zustände anderer spielen mögen – in dem hier verstandenen Sinn steht Empathie letztlich im Dienst der Kognition. Abgesehen von der elementaren Empathie, die wir im täglichen Leben zumeist intuitiv einsetzen, ist die nachvollziehende Empathie eine hochentwickelte, psychisch und kognitiv reife menschliche Fähigkeit. Sie wird gezielt und selbstreflektiert eingesetzt und ist charakterisiert durch die Übernahme der Perspektive des- oder derjenigen, die man kennenlernen und verstehen möchte. Gelegentlich können wir uns den Weg ins Erleben der Menschen aus vergangenen Zeiten *erfühlen*, vor allem aber *denken* wir uns in ihr Erleben hinein. Die Betonung der gemeinsam geteilten Gefühle als Merkmal der Empathie droht den Blick auf deren kognitives Ziel und ihren vorwiegend rationalen Charakter zu verstellen. Max Webers Behauptung, dass Verstehen entweder rational sei oder durch emotionales »einfühlendes Nacherleben« erreicht werde und die Einfühlung daher zwar heuristischen Wert habe, aber durch Logik, Abstraktion und Vergleich zu ergänzen sei, lässt außeracht, dass Empathie zwar mit gemeinsamen Gefühlen einhergehen kann, aber ein rationaler kognitiver Prozess ist.[391] Um Lotte Köhler zu zitieren: »Systematisierte Empathie [...] setzt keinen Verzicht auf rationale Erkenntnis voraus, sondern sie führt im Gegenteil zu deren Erweiterung, Vertiefung und Differenzierung.«[392]

Empathie im Alltagsleben und in der Geschichte – mit einem Exkurs zu Hans-Georg Gadamer

Auch wenn das derzeit große Interesse an der Empathie fast ausschließlich der Empathie in alltäglichen menschlichen Interaktionen gilt, steht R.G. Collingwood seit einigen Jahren ebenfalls im Zentrum der Aufmerksamkeit vor allem jener, die davon

391 Weber, *Wirtschaft und Gesellschaft*, S. 2, 6; *Roscher und Knies*, S. 111.

392 Köhler, *Von der Freud'schen Psychoanalyse zur Selbstpsychologie Heinz Kohuts*, S. 51.

überzeugt sind, dass seine Geschichtsphilosophie mit der Simulationstheorie vereinbar sei. Doch auch sonst wird Collingwoods Werk mit der Empathie im Alltagsleben in Verbindung gebracht.[393] Die Philosophen und Psychologen, die sich mit dem Geschichtswissenschaftler und -philosophen Collingwood beschäftigen, gehen merkwürdigerweise nicht auf den Unterschied oder potenziellen Unterschied zwischen Empathie als Modus, Menschen in der Gegenwart zu verstehen, und Empathie als Modus, Menschen aus der Vergangenheit zu verstehen, ein, sondern scheinen das Verstehen Anderer im täglichen Leben häufig sogar unausgesprochen mit dem Verstehen historischer Subjekte in eins zu setzen. Für die beiden anderen philosophischen Theorien des »Lesens« der Psyche und der psychischen Zustände Anderer scheint die Beziehung zwischen Empathie im Alltag und in der Geschichtswissenschaft gar kein Thema zu sein. Der »Theorie-Theorie« zufolge gibt es nur eine einzige Wissenswelt und folglich keinen Unterschied zwischen der Art und Weise, wie wir Menschen in der Gegenwart und wie wir historische Subjekte kennenlernen. In beiden Fällen wenden wir lediglich theoriebasierte Hypothesen auf die Menschen, die wir verstehen wollen, an; Empathie spielt weder eine Rolle noch ist sie erforderlich. Der »phänomenologischen« Position zufolge erkennen wir die psychischen Zustände Anderer direkt, ohne auf Analogieschluss oder Nachahmung zu rekurrieren; empathisch gewonnenes Wissen beschränkt sich auf direkte persönliche Begegnungen. Da wir uns nicht in Menschen einfühlen können, die wir lediglich durch ihre Ausdrucksformen kennenlernen, spielt Empathie gemäß der phänomenologischen Erklärung für historische Erkenntnis keine Rolle.

Doch können wir uns wirklich nur direkt, in unvermittelter persönlicher Interaktion, in andere Menschen einfühlen? Wenn wir einen Brief oder eine E-Mail von einer Freundin lesen, die uns ihre Gedanken und Gefühle schildert – sind wir dann nicht imstande, uns in sie einzufühlen? Verstehen wir ihre psychische Verfassung unter diesen Umständen tatsächlich anders, als wenn wir von Angesicht zu Angesicht mit ihr sprächen? Vermag Empathie diese Kluft nicht zu überbrücken?[394] Und wenn ein Brief

---

393 Über Collingwood haben in den vergangenen Jahren u.a. folgende Philosophen und Philosophinnen geschrieben: Giuseppina D'Oro (2000). Collingwood on Re-Enactment and the Identity of Thought. *Journal of the History of Philosophy* 38; Re-Enactment and Radical Interpretation; Collingwood, Psychologism and Internalism; Karim Dharamsi (2011). Re-Enacting in the Second Person. *Journal of the History of Philosophy* 5/2; Jacquette, Collingwood on Historical Authority and Historical Imagination; Sandis, A Just Medium. Zu den Philosophen, die der Simulationstheorie nahestehen und über Collingwood geschrieben haben, zählen u.a.: Heal, *Mind, Reason, and Imagination*; Stueber, *Rediscovering Empathy*; Stephen Turner (2011). Collingwood and Weber vs. Mink: History after the Cognitive Turn. *Journal of the History of Philosophy* 5/2.

394 David Hume hielt dies durchaus für möglich: »Zweifellos bleibt die Sympathie [Empathie] nicht immer auf den gegenwärtigen Augenblick beschränkt; oft läßt sogar Mitteilung ein

oder eine E-Mail uns einen empathischen Zugang zum Anderen gewähren, dann sollten wir auch zum Seelenleben entschwundener Menschen durch die Äußerungen, die sie hinterlassen haben und die wir nachfühlen können, einen empathischen Zugang finden. Schließlich erfassen wir die Psyche und die psychischen Zustände Anderer im direkten Kontakt auch durch ihre Kleidung, ihre Körperhaltung, Gestik, ihren Gesichtsausdruck und vor allem durch ihre mündliche Ausdrucksweise. All dies sind ebenfalls »Texte«, die wir »lesen«. Im täglichen Leben und in der Geschichtswissenschaft finden wir Zugang zum inneren Leben der Menschen durch ihre Äußerungen, indem wir die von ihnen verfassten »Texte« lesen. Und wenn wir uns in den Brief eines Freundes vertiefen, haben wir das Gefühl, einen Dialog weniger mit dem Brief als vielmehr mit unserem Freund selbst zu führen. Möglicherweise hören wir, während wir lesen, sogar seine Stimme oder sehen sein Gesicht vor uns. Auf ähnliche Weise haben Historiker, die sich für Menschen aus der Vergangenheit interessieren, bei der Lektüre eines Dokuments im Allgemeinen das Gefühl, sich nicht allein mit dem Text, sondern auch mit dem Menschen, der ihn niedergeschrieben hat, auseinanderzusetzen. Freilich gibt es auch Historiker, denen in höherem Maß an Texten als an deren Verfassern gelegen ist. Viele Historiker aber interessieren sich in erster Linie für Menschen aus früherer Zeit und studieren Texte, um die Verfasser oder Verfasserinnen, ihre Denkweise, ihre psychischen Zustände und ihre Erfahrungen zu verstehen – auch wenn Hans-Georg Gadamer anderer Meinung war.

Obwohl Gadamer die Auffassung Vicos, Droysens, Diltheys und anderer teilte, die zwischen den Natur- und den Geisteswissenschaften einen epistemologischen Unterschied machten, lehnte er die Empathie als Erkenntnismodus in den Geisteswissenschaften im Allgemeinen und in der Geschichtswissenschaft im Besonderen ab. Wie seine Vorgänger war auch Gadamer der Ansicht, dass die Naturwissenschaften danach strebten, »die konkrete Erscheinung als Fall einer allgemeinen Regel zu erfassen«, während die Geisteswissenschaften »die Erscheinung selber in ihrer einmaligen und geschichtlichen Konkretion zu verstehen« suchen.[395] Das Charakteristikum geisteswissenschaftlicher Erkenntnis aber ist laut Gadamer das Verständnis der *Bedeutung* des Einzelfalls durch Textauslegung. Mithin begibt sich der Interpret in einen Dialog mit Texten. Nicht Empathie, sondern dieser Dialog führt zu geisteswissenschaftlichem Verstehen. Mit speziellem Bezug auf die Geschichtswissenschaft betrachtete Gadamer den Historiker nicht als einen Zuschauer der Geschichte, sondern als historisches Wesen. Wir können unserem historischen Moment weder entkommen, noch

Gefühl für fremde Leiden und Freuden in uns entstehen, die noch nicht vorhanden sind, sondern die wir nur durch die Kraft unserer Phantasie vorausnehmen.« Hume, *Ein Traktat über die menschliche Natur, 2. Buch, Abschnitt 9*, S. 121.

395 Gadamer, *Wahrheit und Methode*, S. 10.

sollten wir versuchen, ihn hinter uns zu lassen und uns in die Vergangenheit hineinzuversetzen, um sie ihren eigenen Bedingungen gemäß zu verstehen:[396]

> »Historisch denken enthält eben immer schon eine Vermittlung zwischen jenen Begriffen [der Vergangenheit] und dem eigenen Denken. Die eigenen Begriffe bei der Auslegung vermeiden zu wollen, ist nicht nur unmöglich, sondern offenbarer Widersinn. Auslegen heißt gerade, die eigenen Vorbegriffe mit ins Spiel bringen, damit die Meinung des Textes für uns wirklich zum Sprechen gebracht wird.«[397]

Geschichtlichkeit bedeutete für Gadamer, dass der Historiker einer bestimmten historischen Tradition angehört und dass Zeit und Raum, die er einnimmt, durch einen bestimmten historischen Horizont begrenzt sind. Warum und wie Historiker Texte lesen, hängt von der Tradition ab, der sie angehören, und von dem Horizont, der ihr Blickfeld beschneidet. Historiker tragen ihren eigenen Horizont sowie ihre eigenen Interessen und Überzeugungen an den Text und seinen Horizont heran, an die Interessen und Überzeugungen, denen er Ausdruck gibt, und aus dieser Interaktion geht durch »eine wirkliche Horizontverschmelzung« etwas Neues hervor.[398] Infolgedessen »ist Verstehen kein nur reproduktives, sondern stets auch ein produktives Verhalten«.[399] Wir tragen eine Frage an Texte aus der Vergangenheit heran, die durch unsere eigene gegenwärtige Situation bedingt ist. Die aktuelle Frage kommt mit der Antwort der Vergangenheit zusammen und produziert neue Antworten, die an die Vergangenheit rückgebunden sind, sie aber zugleich transzendieren und eine Relevanz für die Gegenwart erhalten.[400] Unser Interesse gilt, folgen wir Gadamer, daher nicht der Vergangenheit um ihrer selbst, sondern um unseretwillen.[401]

---

396 Für eine bündige Darlegung von Gadamers Ablehnung des Historismus siehe Retz, *Empathy and History*, S. 153.

397 Gadamer, *Wahrheit und Methode*, S. 401.

398 Ebd., S. 312.

399 Ebd., S. 301.

400 Ebd., S. 379f.

401 Gadamers *Wahrheit und Methode* exemplifiziert seine hermeneutische Philosophie. Er tritt in einen Dialog mit Texten der Vergangenheit ein, mit den Schriften Platons, Schleiermachers, Diltheys und Heideggers. In einem gewissen Maß ist er bestrebt, diese Schriften in den Kontext der Tradition, der sie angehören, zu stellen, aber vor allem nimmt er einen Dialog mit ihnen auf, der ihm hilft, seine eigene Philosophie der Hermeneutik auszuarbeiten und auszuformulieren. Einen Dialog mit historischen Texten führt man laut Gadamer nicht lediglich aus Interesse an den Texten selbst. Das Studium der Geschichte muss vielmehr auf die Gegenwart anwendbar und der Gegenwart nutzbar sein. Gadamer ist kein Histori-

Interpretation oder »Auslegung«, wie Gadamer sagt, ist nach seinem Verständnis also eine dialektische Beziehung zwischen dem Auslegenden und dem Ausgelegten, wobei letzteres verstanden wird als ein Text, dessen Bedeutung weniger die Intentionen des Verfassers zum Ausdruck bringt als vielmehr die Tradition und den Horizont, denen der Text angehört.[402] Gadamer sah einen engen Zusammenhang zwischen dem Verstehen in der Geschichtswissenschaft und dem Verstehen im Alltagsleben. Der Historiker gelangt im Dialog *mit* einem Text zum Verstehen; im täglichen Leben gelangen wir im Dialog *über* einen Text oder ein Thema, eine *Sache*, wie Gadamer es ausdrückt, zum Verstehen. Demnach verstehen zwei Menschen einander gar nicht unmittelbar; vielmehr verständigt man sich über »eine Sache [...], die vor einen gestellt ist«.[403] Verständigung, so Gadamer, »ist also immer Verständigung über etwas.« Und Verständigung »und nicht bloß Verständnis« sucht man, indem man »aufs neue den Weg über die Sache geht«.[404]

In der Geschichtswissenschaft spielt der historische Gegenstand – oder der historische Text – eine womöglich noch größere Rolle als im Alltagsleben. Wie seine Zeitgenossen Collingwood und andere, etwa Hempel, Gardiner und Dray, die über allgemeine Gesetzesaussagen in historischen Erklärungen debattierten, nahm auch Gadamer an, dass die Aufmerksamkeit des Historikers in erster Linie Ideen und Ereignissen, historischen *Sachen*, gelte und nicht den Menschen, von denen sie produziert wurden. Es wäre, so Gadamer, ein Fehler, nähme der Historiker an, dass die Bedeutung jener Ideen oder Ereignisse, die er zu verstehen sucht, die ursprüngliche Intention des Verfassers oder Akteurs widerspiegelten.[405] »Die hermeneutische Reduktion auf die Meinung des Urhebers ist ebenso unangemessen wie bei geschichtlichen Ereignissen die

ker, und er studiert historische Texte nicht, wie Historiker sie studieren – nämlich um diese Texte und die Menschen, die sie verfasst und gelesen haben, nach Möglichkeit auf eine ihnen gemäße Weise zu verstehen. Er ist Philosoph, und er studiert historische Texte mit dem Blick auf ihre Relevanz für die Gegenwart, für unsere Tradition, im Kontext unseres Horizontes, dem wir nach seiner Ansicht nicht entkommen können und zu entkommen auch nicht versuchen sollten.

402 Gadamer, *Wahrheit und Methode*, S. 341f.

403 Ebd., S. 384.

404 Ebd., S. 184.

405 Kögler und Stueber stimmen Gadamer hier zu; siehe Einleitung, S. 30. Gadamers Kritik gilt Schleiermacher, der einen Text studiert, um zu erkennen, was dessen Autor im Sinn hatte. Dadurch geht der Interpret in seinen Gedanken den Weg vom Text zurück zum Autor, indem er dessen Gedanken einfühlend erneut denkt und sein Erleben nacherlebt. Gadamer, *Wahrheit und Methode*, S. 188–201.

Reduktion auf die Absicht der Handelnden.«[406] Die Kenntnis der Erfahrung von Menschen aus der Vergangenheit ist ein bestenfalls mangelhafter Weg, um die Ideen und Ereignisse, die sie hervorgebracht haben, zu verstehen. Es scheint Gadamer nie in den Sinn gekommen zu sein, dass man sich für Menschen früherer Zeiten um ihrer selbst willen interessieren könnte, statt in ihnen lediglich die Produzenten von Ideen und Ereignissen, von »Sachen«, zu sehen. Für Historiker, die sich der Erfahrungsgeschichte widmen, stellt sich die Situation anders dar: In erster Linie helfen uns historische Texte oder Handlungen, ihre Urheber, die Menschen, zu verstehen; dass jene Menschen uns helfen können, ihre Texte oder ihre Handlungen zu verstehen, ist dem nachgeordnet. Und obwohl unsere eigene Verortung in der Geschichte beeinflusst, wohin wir den Blick lenken, wenn wir in die Vergangenheit blicken, und vorgibt, was wir dort sehen, wollen wir Menschen aus der Vergangenheit als Historiker vor allem zu ihren eigenen und nicht zu unseren Bedingungen verstehen.

Wenn wir bereit sind, die Theorie-Theorie, die gänzlich ohne Empathie auskommt, und ihren unwahrscheinlichen Parteigänger Gadamer ebenso abzulehnen wie die phänomenologische Position, die Empathie ausnahmslos direkten Begegnungen vorbehält, und wenn wir zu akzeptieren bereit sind, dass wir unsere Empathiefähigkeit benutzen, um Menschen in der Gegenwart *und* in der Vergangenheit zu verstehen, müssen wir uns natürlich die Frage nach der Beziehung zwischen Empathie im Alltagsleben und Empathie in der historischen Wissenschaft stellen. Schon Wilhelm Dilthey traf eine Unterscheidung zwischen einem »elementaren Verstehen«, das wir mehr oder weniger unbewusst einsetzen, wenn zwischen geistigem Inhalt und seinem Ausdruck eine unmittelbare Einheit besteht, und höheren und komplexeren Formen des Verstehens, die selbstreflektierter sind und auf den Kontext sowie auf allgemeine Bedeutungsmuster Rücksicht nehmen. Diese höhere und durchdachte Form des Verstehens ist notwendig, wenn die Beziehung zwischen geistigem Inhalt und seinem Ausdruck nicht klar ist, und sie lässt uns den geistigen Inhalt des Anderen durch *Nacherleben* erfassen. Laut Dilthey benutzen wir »elementares Verstehen« im täglichen Leben, während »höheres Verstehen die Domäne der Geisteswissenschaften ist«.[407]

Dilthey klingt, wie am Ende des 2. Kapitels erörtert, bei heutigen Philosophen, Neurowissenschaftlern und Psychologen wieder an, die zwischen einer einfachen, eher affektiven und unbewussten Form der Empathie – von Karsten Stueber als »elementare Empathie« bezeichnet – und einer höherentwickelten, eher kognitiven, vorsätzlichen und selbstreflektierten Form unterscheiden, die Stueber als »nachvollziehende« Empathie charakterisiert. Den Autorinnen und Autoren zufolge, die diese

406 Gadamer, *Wahrheit und Methode*, S. 379.

407 Ermarth, *Wilhelm Dilthey*, S. 247; Makkreel, *Dilthey*, S. 325–329.

Differenzierung (wiewohl in unterschiedlicher Terminologie) vornehmen, setzen wir im Alltagleben beide Formen der Empathie ein. Die meisten Simulationstheoretiker behaupten indirekt oder beiläufig, dass wir die von Stueber so genannte elementare Empathie mehr oder weniger automatisch, unbewusst und ständig in Anspruch nehmen; auf die nachvollziehende Empathie rekurrieren wir mehr oder weniger bewusst, wenn uns Andere mit einer Reaktion konfrontieren, die unsere elementare Empathie überfordert. Im Grunde setzen wir die nachvollziehende Empathie also ein, wenn wir vor einem Erklärungsrätsel stehen, d. h. wenn die Gefühle, Gedanken oder Handlungen eines anderen Menschen in unseren Augen keine selbstevidente Reaktion auf seine Situation sind. In diesen Momenten wechseln wir bewusst in die Position des inneren, empathischen Beobachters und versuchen – in der hier verwendeten Terminologie ausgedrückt –, uns in die Situation und das Erleben der Betreffenden hineinzudenken, um zu verstehen, warum ihre Gefühle, Gedanken und Handlungen sinnvoll sind.

Die Philosophin Jane Heal trifft eine verwandte belangvolle Unterscheidung zwischen elementarer und nachvollziehender Empathie. Obwohl wir, so Heal, im Allgemeinen den emotionalen oder mentalen Zustand eines Anderen direkt erkennen (vielleicht durch so etwas wie elementare Empathie oder im Sinne der phänomenologischen Position auf unvermittelte Weise), hilft uns die nachvollziehende Empathie, wenn wir diesen Zustand nicht lediglich identifizieren, sondern *verstehen* möchten.[408] Das Bedürfnis, den emotionalen oder mentalen Zustand des Anderen zu verstehen, drängt uns, uns in der Vorstellung in seine Situation und seine Erfahrung hineinzuversetzen. Mithilfe der nachvollziehenden, *verstehenden* Empathie »betrachten wir nicht das Subjekt, das es zu verstehen gilt, sondern die Welt, die das Subjekt umgibt«.[409] Im täglichen Leben erkennen wir mithilfe der Empathie, was andere denken und fühlen, und wir tun dies oft, um ihre Reaktion in einer bestimmten Situation antizipieren zu können. In der Geschichtswissenschaft hingegen wissen wir im Allgemeinen, was die Menschen der Vergangenheit getan haben; wir wissen, wie sie reagiert haben, und vielleicht ist uns ihr Erleben nicht gänzlich unbekannt. In der Regel versetzen wir uns nicht in ihre Lage – in ihren Kontext –, um ihren mentalen Zustand zu erkennen oder ihr Verhalten zu antizipieren, sondern um die Gründe für ihre Gefühle, Gedanken oder Handlun-

408 Untermauert wird Heals Unterscheidung durch neurowissenschaftliche Studien von Alvin Goldman, die zeigen, dass die »spiegelnde Empathie« den emotionalen Zustand der Anderen zutreffender identifiziert, während die »rekonstruktive Empathie« zutreffender erkennt, *weshalb* sich die Andere in diesem emotionalen Zustand befindet. Goldman, Two Routes to Empathy, S. 42f.

409 Heal, *Mind, Reason, and Imagination*, S. 15.

gen zu *verstehen* und um zu *verstehen*, weshalb ihr Handeln und/oder ihr Erleben unter ihrem Blickwinkel sinnvoll waren. So gesehen, kann man sagen, dass der Historiker einen Empathievorteil gegenüber demjenigen hat, der den Anderen im Moment des Alltagslebens empathisch zu erkennen versucht.[410]

Karsten Stueber ist einer der wenigen zeitgenössischen Philosophen, die die Beziehung zwischen dem Erkennen und Verstehen anderer Menschen im täglichen Leben und dem Erkennen und Verstehen von Menschen in der Geschichtswissenschaft untersuchen. Er schreibt dem Narrativ eine bedeutende Rolle für historisches Erklären zu.[411] Im Unterschied zu den im 3. Kapitel unter der Zwischenüberschrift »Empathische Imagination und Perspektivenübernahme« erwähnten Autoren, die die Empathie als eine Form des Narrativs konzipieren, ist Stueber überzeugt, dass das Narrativ das empathische Verstehen historischer Akteure *erleichtert.* Historische Narrative begünstigen »das empathische Erfassen der Überzeugungen und Wünsche eines Anderen, die sein Handeln begründen«, indem sie es dem Historiker ermöglichen, solche Überzeugungen und Wünsche in einen biografischen und kulturellen Kontext einzuordnen.[412] Indem sie individuelles Handeln »in eine größere Geschichte [story] einbetten«, erleichtern historische Narrative »unser empathisches Erfassen« der »Beweggründe«, die historische Akteure zu ihrem Handeln veranlasst haben.[413] Narrative helfen Historikern auch festzustellen, welche Erklärung des Verhaltens eines Akteurs »im größeren Kontext, den das Narrativ identifiziert«, am sinnvollsten erscheint. »Auf diese Weise können wir mithilfe eines Narrativs größeres Vertrauen in unsere Einschätzung der Beweggründe setzen,

410 Ebd., S. 31. Im täglichen Leben benutzen wir die Empathie analog zu der Art und Weise, wie Historiker sie benutzen, um rückblickend zu verstehen, weshalb jemand etwas Bestimmtes getan und empfunden hat. Die konsequente Aufrechterhaltung der äußeren Beobachterposition vor, während und nach der Einfühlung gibt ihm sogar einen, wie Fritz Breithaupt es ausdrückt, »Klarheitsvorteil« gegenüber dem historischen Subjekt. Breithaupt, *Die dunklen Seiten der Empathie*, S. 17.

411 Stueber scheint zu implizieren, dass wir, wenn wir uns in Personen aus der Geschichte einfühlen, größere Aufmerksamkeit walten lassen müssen, als wenn wir uns im Alltagsleben in andere einfühlen. In höherem Maß als im Alltag arbeiten Historiker laut Stueber mit Narrativen als Methode, um kulturelle und soziale Unterschiede durch Interpretationen zu überwinden, die sich in das Lebensnarrativ der historischen Gestalt einpassen. Karsten Stueber (2008). Reasons, Generalizations, Empathy, and Narratives: The Epistemic Structure of Action Explanation. *History and Theory* 47/1, S. 34–36, 41–43; Stueber (2009). Intentionalism, Intentional Realism, and Empathy. *Journal of the Philosophy of History* 3/3, S. 299f.

412 Stueber, Reasons, Generalizations, Empathy, and Narratives, S. 34f.

413 Ebd., S. 41.

die den Betreffenden zu seinem Handeln veranlasst haben«.[414] Stueber betrachtet insbesondere die Rolle, welche die von Vertretern der Philosophie des Geistes und von Kognitionswissenschaftlern so genannte »Alltagspsychologie«, die wir benutzen, um das Verhalten und den psychischen Zustand anderer Menschen zu erklären und vorherzusagen, für die historische Erkenntnis spielt.[415] Trotz des Widerstrebens von Geschichtsphilosophen, dies als Tatsache anzuerkennen, benutzen Historiker Stueber zufolge »alltagspsychologisches Verstehen«, um Menschen der Vergangenheit zu verstehen; letztlich fallen alltagspsychologisches Verstehen und historisches Verstehen sogar häufig in eins.[416] Empathie ist laut Stueber für das alltagspsychologische Erkennen der psychischen Zustände anderer und – insoweit die Alltagspsychologe eine Rolle für historische Erkenntnis spielt – auch für historisches Verstehen von zentraler Bedeutung, vor allem was die Intentionen historischer Akteure betrifft.[417]

Um andere im täglichen Leben und in der Geschichtswissenschaft zu verstehen, setzen wir also offenbar sowohl die einfache, unbewusste elementare Empathie als auch die höhere, bewusste und selbstreflektierte, nachvollziehende oder perspektivenübernehmende Empathie ein. Ganz gleich, ob wir Menschen im Hier und Jetzt oder ob wir historische Subjekte kennenlernen möchten – wir benutzen unsere basale Empathiefähigkeit, wenn sich die Verhaltensweisen, Gedanken und Erfahrungen anderer Menschen anscheinend von selbst verstehen oder uns intuitiv einleuchten. Wenn das Verhalten und Erleben von Menschen der Vergangenheit uns jedoch verwirren und nicht intuitiv einleuchten und wenn Historikerinnen diese Verhaltensweisen und Erfahrungen im Sinne Heals *verstehen* wollen, rekurrieren sie laut Stueber gezielt und selbstreflektiert auf nachvollziehende Empathie.[418] Diese Auffassung teilt auch der Anthropologe Douglas Hollan. Ebenso wie Heal verbindet er mit der elementaren, intuitiven, eher affektiven Empathie die Fähigkeit, emotionale und mentale Zustände anderer zu identifizieren. Um diese Zustände aber zu *verstehen*, müssen wir, vor allem wenn unser Gegenüber einer anderen Kultur entstammt, die höherentwickelte, selbstreflektierte und willkürliche kognitive Form der, wie Hollan sie nennt, »komplexen Empathie« einsetzen, die

414 Ebd., S. 42f.

415 Obwohl sie mit der Theorie-Theorie zusammenhängt, scheint die Alltagspsychologie in dem von Stueber verstandenen Sinn weniger eine implizite Theorie der menschlichen Psychologie zu sein, die wir auf unser Gegenüber anwenden, als vielmehr unser durch elementare Empathie erreichtes Verstehen Anderer.

416 Stueber, Intentionalism, Intentional Realism, and Empathy, S. 291, 296f.

417 Ebd., S. 292.

418 Ebd., S. 301; Stueber, Understanding versus Explanation, S. 26.

nach seiner Auffassung kulturelles Wissen, Vorstellungsgabe und vielleicht sogar Theorie voraussetzt.[419]

Gegenstand dieser Reflexionen über den Beitrag, den die Empathie zum historischen Wissen leisten kann, ist nicht die elementare, sondern die nachvollziehende, perspektivenübernehmende oder komplexe Empathie. Weil die elementare Empathie ihrem Wesen nach automatisch und intuitiv ist, sind wir uns unserer eigenen Beobachterposition dabei nicht immer bewusst; sobald wir uns aber auf die nachvollziehende oder komplexe Empathie stützen, muss uns klar sein, dass wir unsere eigene Beobachterposition zumindest partiell verlassen, um uns in unserer Vorstellung in die Lage des Anderen zu versetzen. Darüber hinaus hängen gemeinsam geteilte Gefühle und Kognition bei der elementaren Empathie aufs engste miteinander zusammen, während das Teilen der Gefühle bei der nachvollziehenden Empathie in den Hintergrund tritt. In alltäglichen menschlichen Interaktionen spielen gemeinsam geteilte Gefühle oder emotionale Resonanz eine entscheidende, lebenserhaltende und lebensfördernde Rolle für die Art und Weise, wie wir miteinander umgehen und einander unterstützen.[420] In der Geschichtswissenschaft hingegen ist Empathie in erster Linie ein Erkenntnismodus, eine Beobachtungsweise. Gemeinsam geteilte Gefühle sind zwar in menschlichen Beziehungen von zentraler Bedeutung; in der Geschichtswissenschaft aber ist emotionale Resonanz eher nebensächlich. Sie kann der Kognition zuträglich sein, bleibt jedoch zumeist ein Nebenprodukt.

Gleichwohl versuchen Historiker und Historikerinnen, die Erfahrungsgeschichte und ganz generell Menschen erforschen, letzten Endes, andere Menschen zu verstehen. Daher dürfen wir mit Fug und Recht annehmen, dass unsere entsprechenden Fähigkeiten, die wir in unseren lebenslangen Interaktionen entwickelt haben (unsere »Alltagspsychologie«), uns helfen, uns in die Menschen aus der Vergangenheit, denen wir als Historiker begegnen, einzufühlen und sie zu verstehen. Wir stützen uns unbewusst und instinktiv auf unsere elementare Empathie, wenn wir Verhaltensweisen und Erfahrungen, die für sich selbst zu sprechen scheinen – und scheinbar keiner Erklärung bedürfen –, identifizieren und verstehen; und wir stützen uns bewusst und überlegt auf unsere nachvollziehende oder perspektiven-

419 Hollan, Emerging Issues in the Cross-Cultural Study of Empathy, S. 71.

420 Ich danke der Philosophin Bojana Mladenovic für ihre Betonung der Bedeutsamkeit, die dem Teilen von Gefühlen nicht allein in unseren alltäglichen menschlichen Interaktionen zukommt, sondern auch für historisches Erkennen und Verstehen. Dass gemeinsame Gefühle im Alltagsleben eine so wichtige Rolle spielen, könnte erklären, weshalb Empathie, so Tyson Retz, für gewöhnlich gar nicht als eine Form der Kognition betrachtet wird. Retz, *Empathy and History*, S. 218.

übernehmende Empathie, wenn wir Gefühle, Gedanken oder Handlungen erklären und verstehen wollen, die uns nicht unmittelbar einleuchten.

7. Kapitel
Die Autorität des empathisch forschenden Historikers

Dieses Kapitel untersucht die »Autorität« des empathisch forschenden Historikers aus zwar unterschiedlichen, aber eng miteinander zusammenhängenden, sogar überlappenden Perspektiven. Dabei geht es um die Autorität, die der empathisch forschende Historiker über die Menschen der Vergangenheit ausübt bzw. an sie preisgibt, und zwar vor allem verglichen mit Historikern, die mehr oder weniger ausschließlich die Position des äußeren Beobachters einnehmen. Anders formuliert: In diesem Kapitel erörtere ich die Autonomie oder, besser vielleicht, die Souveränität des empathisch forschenden Historikers gegenüber der Vergangenheit. Das Kapitel betrachtet auch die Autorität empathisch gewonnener historischer Rekonstruktionen und Interpretationen, ihre Validität und die Beweiskraft oder den Wahrheitswert empathischer Aussagen über die Vergangenheit. Und schließlich untersucht das Kapitel die Autorität des sich einfühlenden Historikers als Autor, als Repräsentant und Interpret der Vergangenheit sowie als Geschichtsschreiber. Dies schließt seine empathische Verantwortung gegenüber dem Leser mit ein. Indem ich diese unterschiedlichen Formen der Autorität des einfühlenden Historikers erörtere, vertrete ich weiterhin die Position, dass die Vergangenheit beträchtlich autonomer ist und beträchtlich mehr Autorität über Historikerinnen und Historiker ausübt, als diese traditionell anzuerkennen bereit waren. Um ihr Autonomiegefühl zu wahren und an der Illusion festzuhalten, dass sie der Vergangenheit gegenüber eine mehr oder weniger uneingeschränkte Autorität ausüben, setzen sich manche Historiker offenbar lieber dem Vorwurf aus, dass historisches Wissen Selbstprojektion sei, als dass sie anerkennen, wie stark die Vergangenheit beeinflusst, was sie wissen und verstehen, was sie schreiben und sogar wer sie sind.

Empathie und die Autorität des Historikers über die Vergangenheit

Historikerinnen und Historiker, die die empathische Position einnehmen, scheinen in beträchtlichem Maß auf Autorität über die Vergangenheit zu verzichten, indem sie das, was ihrer Erkenntnis zugänglich ist, auf die Perspektive des historischen Subjekts begrenzen. Der Historiker scheint tatsächlich immer weniger zu wissen als das historische Subjekt, in das er sich einfühlt; er hinkt ihm hinterher und hat Mühe, nachzukommen. Empathisch gewonnenes Wissen scheint die ursprüngliche Erfahrung der

Menschen aus der Vergangenheit bestenfalls blass abzubilden. Der Historiker, der die äußere Beobachterposition einnimmt, hat hingegen einen direkten, klaren Blick auf die Vergangenheit, er sieht und weiß sogar mehr als jene entschwundenen Menschen und erkennt im Rückblick auch die Konsequenzen ihrer Handlungen; er kann jene Menschen und ihre Taten beurteilen.

Traditionell gingen Historiker, die sich an den Social Sciences orientierten, davon aus, dass die Position des äußeren Beobachters mehr oder weniger objektive Erkenntnisse ermögliche. Sie lehnten empathische Geschichtswissenschaft mit der Begründung ab, dass diese den Bereich des historischen Wissens auf die stets begrenzte und häufig verzerrte Perspektive der historischen Akteure beschränke. Arthur Danto, einem Vertreter der analytischen Philosophie zufolge »besitzen diejenigen, die in das [historische] Ereignis verwickelt gewesen sind [...], keinen privilegierten Status, wo es um historische Erklärungen geht«, und der Historiker, der ihre Perspektive übernimmt, versteht die Ereignisse im Allgemeinen weniger gut als der von außen beobachtende Historiker.[421] Für marxistische Historiker steht fest, dass empathische Geschichtswissenschaft mit ihrer Fokussierung auf Motivation und Erfahrung das übersieht, was in der Geschichte wirklich zählt, nämlich die menschliche Produktionsarbeit, ihr materieller Kontext und ihre Konsequenzen. Diese Aktivität, die letztlich Motivation und Erfahrung determiniert, wird am ehesten aus der äußeren Beobachterposition verstehbar und nicht aus der subjektiven Perspektive der historischen Akteure. Für das Verständnis historischer Aktivität kann das, was die Menschen der Vergangenheit ihrer eigenen Ansicht nach taten, gänzlich irrelevant, unzulänglich oder falsch sein. Der empathisch vorgehende Historiker ist nicht in der Lage, das »falsche Bewusstsein« historischer Akteure zu kritisieren oder zu würdigen und nimmt es unter Umständen nicht einmal wahr.

In ähnlicher Weise vertreten Historikerinnen und Historiker unter Michel Foucaults Einfluss den Standpunkt, dass der empathische Historiker, der die Erfahrung der Menschen aus der Vergangenheit anerkennt, die Machtstrukturen und herrschenden Diskurse, die diese Erfahrungen mit hervorgebracht und geprägt haben, nicht hinterfragt, sondern sie unter Umständen sogar noch bestätigt. Zu diesen Autoren zählt Joan Scott, in deren Augen die Anerkennung der Evidenz der Erfahrung »die Analyse der Funktionsweise dieses Systems [der Konstruktion von Erfahrung] und seiner Geschichtlichkeit ausschließt und stattdessen seine Bedingungen reproduziert«.[422] Selbst oder vielleicht sogar vor allem im Fall marginalisierter Gruppen verstärkt der empathische Historiker erfolgreich den marginalen Status, indem er nicht danach fragt, wie

421 Danto, *Analytische Philosophie der Geschichte*, S. 370.

422 Scott, Evidence of Experience, S. 779.

ihre Marginalisierungserfahrung gesellschaftlich und kulturell konstituiert wurde.[423] Indem Scott empathischen Historikern vorwirft, die subjektive Erfahrung historischer Akteure als solche anzuerkennen, statt sie von einer distanzierten Beobachterposition aus kritisch zu untersuchen, lässt sie Bertolt Brechts Kritik am traditionellen Theater wiederanklingen, das die Zuschauer ermutigte, »sich mit den Figuren des Stücks« zu identifizieren. Statt um empathische Einfühlung in diese Figuren war es Brecht um einen »Verfremdungseffekt« zu tun, der die Zuschauer in eine emotional distanzierte Position versetzt, die es ihnen ermöglichen soll, die Figuren, ihre Handlungen und ihre Situation kritisch zu betrachten.[424] Die kritische Distanzierung soll das Publikum befähigen, den Status quo zu verändern, statt ihn als unabdingbare Wirklichkeit zu akzeptieren.

Nachdem die hohe Politik aus ihrem Blickfeld weitgehend entschwunden war, tendierten Historikerinnen und Historiker dazu, Erklärungen zu privilegieren, denen zufolge Geschichte nicht *von* Menschen, sondern *für* Menschen gemacht wird. Unter diesem Blickwinkel betrachtet, werden die Menschen von der Geschichte in höherem Maß geprägt, als dass sie die Geschichte prägen – vielleicht auch deshalb, weil diese Erklärungen den Historiker auf Kosten der Menschen aus der Vergangenheit autorisieren. Sie schreiben ihm die Fähigkeit zu, zu sehen und zu analysieren, was jene Menschen oft nicht sehen und analysieren konnten, nämlich die ökonomischen Kräfte, die Strukturen und Prozesse oder die Diskurse, die ihre Gefühle, Gedanken und Handlungen mitbestimmten, ihre Erfahrung und ihr Verständnis ihrer selbst und ihrer Welt, die Art und Weise, wie sie ihr Leben lebten.

Wir haben jedoch gesehen, dass Historiker die empathische Position nie ununterbrochen oder ausschließlich einnehmen und dass sie, wenn sie die Position des äußeren Beobachters beziehen, an der Autorität über die Vergangenheit festhalten, die ihnen die äußere Beobachterposition verleiht – auch wenn diese Autorität durch das, was sie aus der empathischen Perspektive, der Perspektive des historischen Subjekts, sehen, erfahren und verstehen, begrenzt wird. Wir entscheiden von unserer eigenen Beobachterposition aus, welche Aspekte historischer Erfahrung wir erkennen und verstehen wollen, Aspekte, die uns vielleicht sogar wichtiger sind, als sie es den Menschen früherer Zeit waren. Der Blick zurück kann insbesondere Einfluss dar-

423 Ebd., S. 771.

424 Sandis, *A Just Medium*. Sandis stellt Brechts bewusste Bemühungen, die Entwicklung von Empathie seitens des Theaterpublikums zu verhindern, Constantin Stanislavskis »übertrieben empathischer« Methode gegenüber, die verlangt, dass der Schauspieler »in den Charakter der Person hineinschlüpft, deren Handlungen in Frage stehen«. Ebd., S. 187. Siehe auch Nowak, The Complicated History of Einfühlung, S. 314; Oliver, The Aesth-*Ethics* of Empathy, S. 167, 176.

auf nehmen, welche ihrer Erfahrungen wir empathisch verstehen wollen. Indem wir empathisch rekonstruierte Erfahrungen zu einem Narrativ verweben und empathisch gewonnene Erkenntnisse über diese Erfahrungen analysieren, schreiben wir aus einer Perspektive, die über die Perspektive der Menschen aus der Vergangenheit hinausweist, und berücksichtigen dabei Faktoren, die jene gar nicht wahrgenommen haben – darunter auch die Konsequenzen ihrer Handlungen.[425] Nachdem wir uns empathisch in das Erleben längst entschwundener Menschen vertieft haben, nehmen wir erneut die Position des äußeren Beobachters ein, um sie einzuschätzen oder zu beurteilen. Selbst während wir uns in sie einfühlen, behalten wir unser Selbstgefühl und bleiben zumindest teilweise in der Position des äußeren Beobachters. Von dieser Position aus können wir uns kritisch in andere einfühlen und über das, was wir nacherleben, nachdenken.

Theoretiker der Empathie wie Droysen und Dilthey erkannten schon im 19. Jahrhundert, dass historisches Verstehen nicht allein durch das imaginative Wiedererleben früherer Erfahrungen erreicht werden kann. Indem Historiker Kontexte und Zusammenhänge, die dem historischen Subjekt nicht zugänglich waren, mit dessen Erfahrung in Verbindung brachten, vermochten sie jenen Menschen besser zu verstehen als er sich selbst.[426] Dementsprechend lehnte Collingwood Historiker, die Erklärungen und Darstellungen des historischen Subjekts für bare Münze nahmen und zu einer »Story« kompilierten, ab und warf ihnen vor, mit der »Schere-und-Kleister-Methode« zu arbeiten.[427] Der sich einfühlende Historiker belässt es nicht dabei, frühere Gedanken lediglich nachzuvollziehen; dieses Nachvollziehen ist vielmehr »eine mühevolle aktive und daher kritische Denkarbeit«. Dadurch transzendiert der Historiker das Erleben des historischen Akteurs, indem er sein Wissen – insbesondere sein Wissen um den Kontext des historischen Akteurs – in Spiel bringt, um dessen Gedanken zu beurteilen. »Die Kritik an dem Denken, mit dessen Geschichte er sich befaßt«, ist daher für Collingwood sogar »eine unerlässliche Voraussetzung der historischen Erkenntnis selbst«.[428] Obwohl also die Erfahrungen und Beweggründe des historischen

425 So erklärt Karsten Stueber die Kritik der »intentionalistischen« oder empathischen Position, dass sie Historiker auf einen Blick auf die Vergangenheit festlege, der dem der historischen Akteure entspricht – eine Kritik, die Stueber selbst zurückweist. Stueber, Intentionalism, Intentional Realism, and Empathy, S. 296f. Siehe auch Stueber, Reasons, Generalizations, Empathy, and Narratives; Carr, Narrative Explanation and Its Malcontents, S. 21; LaCapra, *Understanding Others*, S. 113.

426 Maclean, Droysen and the Development of Historical Hermeneutics, S. 358f.; Ermath, *Wilhelm Dilthey*, S. 276, 278.

427 Collingwood, *Philosophie der Geschichte*, S. 269–273, 293f.

428 Ebd., S. 226, 257, 302.

Subjekts »die eigentlichen Gegenstände der Interpretation«, wie Karsten Stueber sie nennt, bleiben, gibt sich der empathisch forschende Historiker mit dessen Perspektive nicht zufrieden. Vielmehr muss er diese Erfahrungen und Beweggründe im Kontext »einer komplexen Umgebung« sehen, die über das Subjekt hinausreicht und auf die es bewusst und unbewusst antwortet.[429]

Mithin beziehen wir die Position des äußeren Beobachters, bevor, nachdem und sogar während wir empathisch zu verstehen versuchen, da sie es uns ermöglicht, über die Perspektive des historischen Subjekts hinauszublicken. Offenbar ist die Kenntnis seiner Persönlichkeit, seiner Bindungen, Werte, Wünsche, Ängste usw. – und insbesondere seiner gesamten »Lebenskurve«[430] – tatsächlich ein integraler Aspekt des Einfühlungsprozesses selbst. Dieses Wissen befähigt uns, Empathie zu fokussieren und feinabzustimmen und Erfahrungsaspekte des Subjekts zu erkennen, anzuerkennen und zu verstehen, die ihm selbst in jenem spezifischen Moment seines Lebens, den wir verstehen wollen, mehr oder weniger unbewusst gewesen sind. Unsere Kenntnis seiner Persönlichkeit und seines Lebens ermöglicht uns nicht, die Erfahrung des Subjekts zu transzendieren, indem wir sie von außen betrachten, sondern vertieft unser empathisches Erkennen dieser Erfahrung, indem wir sie von innen anschauen.

Obwohl ein empathisches Verstehen der Menschen aus der Vergangenheit auf einer bestimmten Ebene immer bedeutet, dass wir uns anstrengen müssen, um mit ihnen Schritt zu halten, und obwohl wir uns letztlich eingestehen müssen, dass unser Empathievermögen unzulänglich bleibt und wir uns nur begrenzt in Andere einfühlen können, sind wir *auf einer anderen Ebene* in der Lage, die Menschen der Vergangenheit tiefer und umfassender zu verstehen, als sie sich selbst verstanden haben. Es ist das Konzept des *Unbewussten*, das uns dieses tiefere, umfassendere Verständnis ermöglicht. Einerseits kann der Historiker, so Koselleck, Erfahrungen und Erwartungen einsehen, die dem historischen Subjekt in einem kulturellen und sozialen Sinn möglicherweise unbewusst waren. Unsere Erfahrungen sind uns nie zur Gänze bewusst, weil sie kulturelle und soziale Erfahrungen und Praktiken enthalten, die so tief in uns eingebettet sind, dass wir ihrer nicht innewerden. Und auch Erwartungen müssen uns nicht vollauf bewusst sein, weil sie gleichzeitig unsere persönlichen Hoffnungen und Ängste und diejenigen der Kultur und Gesellschaft repräsentieren, der wir angehören.[431] Auf der anderen Seite können Historikerinnen und Historiker Erfahrungen und Erwartungen, die dem historischen Subjekt nicht bewusst waren, auch im traditionellen psychoanalytischen Sinn erkennen. Gadamer zufolge glaub-

429 Stueber, *Rediscovering Empathy*, S. 197, 201.

430 Diese Formulierung benutzte Heinz Kohut.

431 Koselleck, »Erfahrungsraum« und »Erwartungshorizont«, S. 354f.

te Friedrich Schleiermacher, einer der bedeutendsten Befürworter der Empathie im 19. Jahrhundert, dass der Interpret »die Überlegenheit [...] über seinen Gegenstand« in Anspruch nehmen könne, weil »nicht die reflektierende Selbstauslegung, [sondern] die unbewußte Meinung des Urhebers das ist, was verstanden werden soll«. Der Interpret vermag demnach »allein durch Denken, durch Entwicklung der in den Begriffen eines Autors gelegenen Konsequenzen, zu Einsichten zu gelangen, die der eigentlichen Absicht des Autors entsprechen – Einsichten, die er teilen müßte, wenn er klar und deutlich genug gedacht hätte«.[432] In ähnlicher Weise impliziert Collingwoods Auffassung historischer Erkenntnis, so Karim Dharamsi, »ein Verstehen anderer, wie sie sich selbst verstanden haben *könnten*«.[433] William Dray hat die Ansicht vertreten, dass Collingwood »nicht zögerte, Historikern etwas zuzuschreiben, was man häufig Psychoanalytikern zuschreibt: die Fähigkeit, in der Schilderung dessen, was jemand getan hat, verschiedene Gedanken zu entdecken, die dem Betreffenden überhaupt nicht bewusst waren«.[434]

Das Beispiel der Psychoanalytiker, die sich in Erfahrungen ihrer Patientinnen und Patienten hineindenken und einfühlen können, die diesen selbst weitgehend oder völlig unbewusst sind, beweist, dass sich auch Historikerinnen und Historiker um ihre Fähigkeit keine Sorgen machen müssen, sich in Erfahrungsaspekte einzufühlen, die den Menschen aus der Vergangenheit nicht vollständig bewusst waren, oder um ihre Fähigkeit, jene Menschen vielleicht besser zu verstehen, als diese sich selbst verstanden haben. In einer Psychoanalyse oder psychoanalytischen Psychotherapie können Psychotherapeutinnen und -therapeuten empathische Deutungen anbieten, die dem Erleben der Patientin entsprechen und sinnvoll sind, zu denen diese aber nicht allein gelangt wäre. Wenn der Analytiker sein Verständnis in angemessenen Worten und zum richtigen Zeitpunkt formuliert (nämlich dann, wenn die Patientin bereit ist, die Deutung zu hören), wird diese es dadurch bestätigen, dass sie sich verstanden fühlt. Freilich ist eine solche Validierung in der Geschichtswissenschaft nicht möglich. Karl-Otto Apel plädiert für eine geisteswissenschaftliche Auffassung des Verstehens, die die Menschen aus der Vergangenheit nicht zu »Studienobjekten« macht, sondern sie als »virtuelle Ko-Subjekte der Interaktion und Kommunikation« anerkennt, und empfiehlt dem Historiker, die Stimmen jener Menschen in einem imaginären empathischen Gespräch in der Gegenwart wieder zum Leben zu erwecken.[435] In einem solchen imaginären Gespräch kann der Historiker die Menschen der Vergangenheit

432 Gadamer, *Wahrheit und Methode*, S. 197, 198.

433 Dharamsi, Re-Enacting in the Second Person, S. 165.

434 Dray, *History as Re-Enactment*, S. 40, auch S. 111.

435 Apel, The Erklären-Verstehen Controversy, S. 33.

– analog dem Psychoanalytiker – zu Einsichten und Erkenntnissen über sich selbst hinlenken, zu denen sie aus eigenem Vermögen nicht gelangt wären. Ich habe in meiner Arbeit über Kaiser Wilhelm II. und später über die deutschen Frauen und Männer, die während der Weimarer Republik in der Jugendbewegung aktiv waren, Deutungen formuliert, zu denen weder der Kaiser noch diese Gruppe von Deutschen gefunden haben, Deutungen, die über ihre bewusste Selbstkenntnis hinausreichten. Gleichwohl hege ich die Phantasie – und auf einer bestimmten Ebene sogar die Überzeugung –, dass sowohl Kaiser Wilhelm II. als auch jene ehemals Jugendbewegten meine Deutungen am Ende angenommen und sich tatsächlich verstanden gefühlt hätten, sofern diese Deutungen empathisch gewesen wären und ihr Erleben und ihre Erfahrung zutreffend erfasst und verstanden hätten.

Der Historiker, der Geschichte schreibt – auch der empathische Historiker –, weist den Menschen der Vergangenheit eine Bedeutung und Kohärenz zu, die nicht Teil ihrer eigenen Erfahrung gewesen ist. Aber die Menschen der Vergangenheit weisen auch der Geschichtsschreibung Bedeutung zu. Wie ich ein ums andere Mal betont habe, dürfen wir nicht übersehen, welch große Macht die Vergangenheit über uns besitzt. Geschichtsschreibung ist ein dialektischer Prozess, an dem die Gegenwart und die Vergangenheit, die Historikerin und das historische Material beteiligt sind – im Grunde ist das Schreiben der Geschichte eine Gemeinschaftsproduktion von Historiker und historischem Subjekt.[436] Der von außen beobachtende Historiker gesteht den Menschen der Vergangenheit bei dieser Gemeinschaftsarbeit weniger Autorität zu; der empathisch beobachtende Historiker räumt ihnen ungleich mehr ein.[437]

Der heuristische Wert und die Beweiskraft der Empathie

Im historischen Exkurs habe ich erläutert, dass nicht wenige Wissenschaftler, nach deren Ansicht wir die Welt der Menschen und die Welt der Natur im Wesentlichen auf gleiche Weise erkennen, zum Beispiel der positivistische Philosoph Carl Hempel, die Empathie nicht grundsätzlich ablehnten. Sich in der Vorstellung in das Erleben historischer Akteure hineinzuversetzen könnte heuristisch wertvoll sein, wenn es dem Historiker ermöglicht, Hypothesen über die Motivation ihres Handelns aufzustellen. Solche Hypothesen besitzen aber keine Beweiskraft. Die durch sie nahegelegten Erklärungen müssen mithilfe der naturwissenschaftlichen Methoden, der Logik

436 Kohut, *Eine deutsche Generation*, S. 39; siehe auch LaCapra, *History in Transit*, S. 105; Retz, *Empathy and History*, S. 12, 65, 69, 118, 166.

437 LaCapra, *History in Transit*, S. 78f.

und empirisch nachgewiesener allgemeingültiger Gesetze verifiziert werden.[438] Auch Max Weber war der Ansicht, dass die Einfühlung den Zugang zur subjektiven Bedeutung, die im Brennpunkt geisteswissenschaftlicher Erkenntnis stand, erleichtern könne; sie müsse aber durch Logik, Abstraktion und Vergleich ergänzt werden, um empathisch gewonnenen Erklärungen »Evidenz« zu verleihen.[439] Weber verhöhnte die Vorstellung, dass der Historiker versuchen solle, eingefühlte Gefühle im Leser zu wecken, d. h. strenge kausale Analyse der Zusammenhänge durch emotionale Ansteckung zu ersetzen: »Die subjektive gefühlsmäßige ›Deutung‹ in dieser Form« stellt keine »empirische historische Erkenntnis realer Zusammenhänge (kausale Deutung)« dar.[440] Einfühlung war für Weber gleichbedeutend mit »gemeinsame Gefühle«, und er brachte, wie oben erwähnt, Logik, Vernunft und Evidenz nicht mit einfühlendem Verstehen in Verbindung. Seiner Auffassung nach belassen es empathisch vorgehende Historiker dabei, sich in die subjektive Erfahrung des historischen Subjekts einzufühlen, ohne sich jedoch hineinzudenken oder schlussfolgernd hineinzuversetzen. Er erkannte nicht, dass die Empathie, auch wenn gemeinsame Gefühle beteiligt sind, einen rationalen, kognitiven und auf historischer Evidenz beruhenden Erkenntnismodus konstituiert.[441]

Um Webers Behauptung, dass Empathie zwar Hypothesen generieren könne, aber keine Beweiskraft besitze, zu widerlegen, argumentierte der Philosoph Peter Winch, dass eine empathische Interpretation, um akzeptabel zu sein, keine logische und empirische Verifizierung von außen erfordere. Vielmehr gilt es, eine empathische Interpretation von innen zu verifizieren, innerhalb des Kontextes der Lebenswelt oder im Rahmen der Regeln des Sprachspiels, dem das zu Interpretierende angehört und dem es seine Bedeutung verdankt.[442] Letztlich erhält die Interpretation ihre Validität durch ihren empathischen Charakter.[443]

438 Hempel, The Function of General Laws in History, S. 44f. Siehe auch Abel, The Operation Called Verstehen, S. 217; Gruner, Understanding in the Social Sciences and History, S. 160–162; Nagel, *The Structure of Science*, S. 483–485.

439 Weber, *Roscher und Knies*, S. 126.

440 Ebd., S. 122.

441 Collingwood, *Philosophie der Geschichte*, S. *256f.*

442 Peter Winch (1974 [1958]). *Die Idee der Sozialwissenschaft und ihr Verhältnis zur Philosophie.* Übers. von Roland Pelzer. Frankfurt am Main (Suhrkamp), S. 146–148.

443 In einer offensichtlich verwandten Argumentation schreibt Robert Nozick der Empathie mehr als lediglich heuristischen Wert zu. Empathisches Verstehen ist seiner Ansicht nach plausibles Verstehen, und Plausibilität ist ein anerkanntes wissenschaftliches Kriterium. Laut Nozick ist »die inferentielle Reliabilität« empathischen Verstehens »empirisch, ebenso wie jeder andere Analogieschluss«. Nozick, *Philosophical Explanations*, S. 636 und 638.

Dennoch ist zu fragen: Wer bestimmt in der Geschichtswissenschaft, dass eine Interpretation empathische Validität besitzt, dass sie, aus der Erfahrung der Menschen der Vergangenheit betrachtet, Sinn ergibt und dass sie innerhalb des Kontextes der Welt, die sie zu verstehen sucht, verifiziert werden kann? In der Geschichtswissenschaft ist es der Leser, der hier – zumindest anfänglich – eine wichtige Rolle spielt. Empathisch gewonnene Interpretationen werden angenommen, wenn Leserinnen und Leser die Empathie des Historikers zu teilen vermögen und sich in die Menschen der Vergangenheit infolge der vom Historiker geleisteten empathischen Arbeit einfühlen können. In diesem Fall besitzt die Einfühlung an sich »wissenschaftlichen Wert«, wie Hempel es formuliert hat. Da Empathie in der Geschichtswissenschaft, wie wir gesehen haben, vorwiegend eine rationale, auf Logik und Evidenz beruhende Form der Kognition darstellt, wird die Interpretation des historischen Subjekts für den Leser durch die Fähigkeit des Historikers »verifiziert«, ihm die Einfühlung in das historische Subjekt zu ermöglichen. Tatsächlich besteht eine der vorrangigen Aufgaben des sich einfühlenden Historikers darin, den Leser zu empathischem Verstehen hinzuführen.

In der Literatur zur Empathie wird die Aufgabe des Historikers, im Leser Empathie für das historische Subjekt zu wecken, offenbar fast vollständig übersehen. Eine bemerkenswerte Ausnahme ist Karsten Stueber.[444] Gleiches gilt für Peter Winch, der die Empathie allerdings eher in einem anthropologischen als in einem historischen Kontext betrachtet. Maßgeblich beeinflusst durch Wittgensteins Sprachspiel-Begriff, geht Winch davon aus, dass der Forscher Sprachspiel und Lebensform der von ihm erforschten Menschen in ein Sprachspiel und eine Lebensform übersetzen muss, die der Leser verstehen kann.[445] Was Winch als Übersetzung bezeichnet, würde ich als ein Anregen der Empathiefähigkeit der Leser charakterisieren, als Hilfe, aus ihrem Erfahrungsraum und Erwartungshorizont herauszutreten und sich imaginativ in den Erfahrungsraum und den Erwartungshorizont der Menschen der Vergangenheit hineinzuversetzen.

Vielleicht lässt sich eine Parallele ziehen zwischen empathischer Validierung in der Geschichtswissenschaft und in der Psychoanalyse bzw. psychoanalytischen Psychotherapie. Wie schon erwähnt, können Psychotherapeuten ihre Patienten auf eine Weise verstehen und deren Erleben erklären, die den Patienten selbst nicht zugänglich

444 Stueber erkennt zwar an, dass allein der Nachvollzug der Gedanken und Gefühle des historischen Subjekts (zuerst durch den Historiker und dann durch den Leser) nicht ausreicht, um dem Leser als Grundlage für eine Beurteilung rivalisierender Interpretationen zu dienen, betont aber, dass dieses Nachvollziehen »für die Beurteilung der Plausibilität eines jeden interpretatorischen Ansatzes als Rekonstruktion rationaler Handlungsfähigkeit wesentlich« bleibt. Stueber, *Rediscovering Empathy*, S. 204.

445 Winch, Understanding a Primitive Society.

ist. Ob dieses Verständnis in der Psychotherapie aber valide ist oder nicht, hängt letztlich nicht vom Analytiker ab, sondern von der Patientin, die sich durch die Deutung ihres Erlebens und ihrer Erfahrung verstanden fühlen muss. Auch wenn ich oben gesagt habe, man könne sich als Historiker vorstellen, dass für die Menschen der Vergangenheit die Interpretation ihrer Erfahrung letztlich akzeptabel sei, entspräche der Validierung der analytischen Deutung durch die Patientin in der Geschichtswissenschaft die Validierung durch die individuelle Leserin, und zwar zumindest solange, bis sich ein professioneller Konsensus bezüglich der Validität der Interpretation abzeichnet. Sowohl in der Psychoanalyse als auch in der historischen Wissenschaft sollen Deutungen/Interpretationen ein empathisches Verstehen des Subjekts ermöglichen. Die Validität von Erklärungen beruht in der Psychoanalyse und in der Geschichtswissenschaft zu einem gewissen Grad auf der Fähigkeit des Psychoanalytikers bzw. des Historikers, sein empathisches Verstehen so zu vermitteln, dass auch die angesprochenen Personen, Patienten bzw. Leser, das Subjekt verstehen.[446] Die Leserin muss in der Lage sein, sich der empathischen Arbeit des Historikers anzuschließen, und zwar nicht, um lediglich deren Resultate zu akzeptieren, sondern um den Weg, auf dem diese Resultate erzielt wurden, gedanklich nachzuvollziehen.

Die Kritik, dass Empathie den räumlichen und zeitlichen Abstand nicht überbrücken könne

Während diejenigen, die die Geschichte als eine rationale Social Science betrachten, die Empathie kritisieren, weil diese emotional sei, sich in übertriebenem Maß auf die Vorstellungskraft stütze und es an empirischer Präzision fehlen lasse, beanstanden die Vertreter des entgegengesetzten Endes des philosophischen Spektrums, dass die Empathie die Kluft, die den Historiker von den Menschen der Vergangenheit trennt, nicht anerkenne.[447] Erstere behaupten, dass empathische historische Arbeit den menschlichen Ähnlichkeiten, allgemeingültigen Regeln und Gesetzmäßigkeiten, ja, den universalen Gesetzen, denen die Natur und das Verhalten der Menschen gehorche, nicht genügend Aufmerksamkeit widme; letztere behaupten, dass empathische historische Arbeit historischen und kulturellen Unterschieden, die ein empathisches Verstehen im Grunde unmöglich machten, nicht genügend Aufmerksamkeit widme. Diese Kritiker, die häufig von der Postmoderne beeinflusst sind und/oder

446 Kohut, Psychohistory as History, S. 344. Wenngleich Mink auf Empathie in diesem Zusammenhang nicht Bezug nimmt, siehe Mink, Autonomy of Historical Understanding, S. 45

447 Taylor, Historical Subjectivity, S. 203f.

in der hermeneutischen Tradition stehen, sind der Ansicht, dass Historiker, die sich auf ihre Empathie stützen, sich in die Erfahrung der Menschen aus der Vergangenheit nicht hineindenken oder imaginativ hineinversetzen, sondern jenen Menschen sich selbst, ihre Lebenswelt und/oder ihren historischen Horizont überstülpen. Sie verstehen Empathie schlicht als Projektion, maskiert als Erkenntnis des Anderen.[448] Das grundlegende Problem, so Kritiker wie Hans-Georg Gadamer, bestehe darin, dass empathisch arbeitende Historiker ihre eigene Geschichtlichkeit nicht anerkennen.[449] Wir sind von den Werten, Normen, der Sprache, der Seins- und Denk- und

448 Clifford Geertz zum Beispiel steht der Empathie in der Anthropologie kritisch gegenüber, doch seine Definition als eine Art mystischer Verschmelzung oder Vereinigung entspricht nicht der Empathie in dem hier verstandenen Sinn. Wenn Geertz aber empfiehlt, unsere »abendländische Vorstellung von der Person« zurückzustellen und »die Erfahrungen anderer Leute im Kontext ihrer eigenen Ideen über Person und Selbst [zu] betrachten«, so deckt sich dies exakt mit meiner Empathie-Definition. Abgesehen davon bleibt sein Blickwinkel möglicherweise in höherem Maße der des äußeren als des empathischen Beobachters. Offenbar widerstrebt es Geertz, sich im Anschluss an die Rekonstruktion des Ideenkontextes Anderer in diese Weltsicht hineinzudenken, um bestimmte Handlungen, Gedanken und Erfahrungen von innen heraus zu verstehen. Clifford Geertz (1999 1974]. »Aus der Perspektive des Eingeborenen«. Zum Problem des ethnologischen Verstehens. In: *Dichte Beschreibung. Beiträge zum Verstehen kultureller Systeme.* Übers. von Brigitte Luchesi und Rolf Bindemann. Frankfurt am Main (Suhrkamp), S. 294.

449 Gadamer konnte sich, wie es scheint, einem gravierenden, besorgniserregenden philosophischen und ethischen Problem nicht entziehen, das mit seiner eigenen Geschichtlichkeit zusammenhängt. Seine fundamentale Kritik an den Vertretern der historischen Schule besagt, sie hätten ihre eigene Historizität nie anerkannt und nie berücksichtigt, dass ihre eigene Position in der Geschichte Einfluss darauf ausübte, wie sie die Vergangenheit sahen und was sie in ihr sahen. Laut Gadamer kann sich der Historiker aus seiner eigenen historischen Position nicht herauslösen. Allein im Kontext seines eigenen kulturellen und historischen Horizonts führt er seinen Dialog mit Texten, die in ihren eigenen, ganz anderen historischen Positionen ankern und als Erzeugnisse ganz anderer historischer Momente durch ihre eigenen, ganz anderen kulturellen und historischen Horizonte begrenzt sind. Er betont, dass es wichtig sei, sich der eigenen historischen Position, des eigenen Horizontes, bewusst zu sein, wenn man den Dialog mit historischen Texten aufnimmt. Gleichwohl scheint Gadamers eigenes Buch *Wahrheit und Methode* aus seinem historischen Moment, seiner eigenen historischen Position, seinem eigenen historischen Horizont völlig herausgelöst zu sein. Gadamer führt Dialoge mit Sokrates und Platon, mit Kant und Hegel, mit Schleiermacher und Dilthey und, als jüngstem unter seinen Dialogpartner, mit Heidegger. Das Buch wurde in den 1950er Jahren veröffentlicht, doch ein Großteil seines Inhaltes ist vermutlich schon früher, während des Dritten Reiches und des Zweiten Weltkriegs, geschrieben worden. Wo sind Hitler und das Dritte Reich in *Wahrheit und Methode*? Wo die Niederlage Nazideutschlands? Wo der Holocaust? Wie hat Gadamers eigene Position in der Geschichte seine Arbeit beeinflusst? Da diese Position im Buch nirgends zur Sprache

Empfindungsweise unserer eigenen Zeit so erfüllt, dass wir sie unmöglich zurückstellen können. Sie definieren uns; sie prägen uns; sie machen aus, wer wir sind. Sie erzeugen »eine unaufhebbare Differenz zwischen dem Interpreten und dem Urheber« der ursprünglichen Produktion, »die durch den geschichtlichen Abstand gegeben ist«.[450] Was das Leben für empathisch forschende Historiker schwierig macht und sie, so der Historiker William V. Harris, »tatsächlich aus dem Markt drängt, ist die schiere *Andersheit* der Menschen, die wir normalerweise zu erforschen versuchen«.[451]

Das Missverstehen der Empathie als Projektion beruht, wie schon erwähnt, auf den falschen Grundannahmen, dass wir für die Einflüsse der Vergangenheit mehr oder weniger unempfindlich seien und eine nahezu unbegrenzte Autorität über die Vergangenheit besäßen. Diese Sichtweise erkennt nicht an, dass die Vergangenheit beträchtliche Autorität über uns selbst ausübt. Ebenso wenig trägt sie der Tatsache Rechnung, dass uns eine wechselseitige emotionale und kognitive Beziehung mit der Vergangenheit verbindet. Diese ist kein lebloses Objekt, das darauf wartet, von uns seziert zu werden; und uns steht es wiederum nicht frei zu entscheiden, was wir über sie in Erfahrung bringen und über sie schreiben. Vielmehr arbeitet die Vergangenheit mit uns zusammen und bestimmt mit, was wir denken und was wir schreiben. Und unsere Interaktion mit der Vergangenheit beeinflusst und verändert uns, macht uns zu Anderen, als wir waren.

Die von der postmodernen und hermeneutischen Empathie-Kritik vertretene These einer »unaufhebbaren Differenz« ist offenbar nicht empirisch oder introspektiv fundiert, sondern ist das logische Produkt einer bestimmten abstrakten philosophischen Position. Worauf berufen sich diejenigen, die eine absolute Geschichtlichkeit behaupten, oder wodurch widerlegen sie, dass die Historikerin und das historische Subjekt durch bestimmte universale menschliche Erfahrungen miteinander verbunden sind – gemeinsame Erfahrungen, die es der Historikerin ermöglichen,

kommt, lässt dieses sich als ein Versuch lesen, die deutsche Romantik und die Hermeneutik des 19. Jahrhunderts den westlichen Social Sciences wiederabzugewinnen. Der Historiker Richard Wolin hat in einer überzeugenden intellektuellen und politischen Gadamer-Kritik dargelegt, dass Gadamers konservative Umarmung des spezifischen geistesgeschichtlichen Weges Deutschlands ihn während des Dritten Reichs in eine unbehagliche Nähe zum Nationalsozialismus geraten ließ. Richard Wolin (2004). *The Seduction of Unreason: The Intellectual Romance with Fascism from Nietsche to Postmodernism.* Princeton (Princeton Univ. Press), S. 89–128.

450 Gadamer, *Wahrheit und Methode*, S. 301.

451 Harris, History, Empathy and Emotions, S. 10; siehe auch Jenkins, *Re-Thinking History*, insbes. S. 47–49. Für eine Erörterung von Jenkins Empathie-Kritik siehe Retz, *Empathy and History*, S. 67f.

das historische Subjekt empathisch zu verstehen? Welches Beweismaterial legen diese Empathie-Kritiker vor oder können sie vorlegen, um nachzuweisen, dass uns die Vorstellungskraft fehlt, um unseren historischen Augenblick zu transzendieren, die historische Differenz zu erkennen, Dinge zu verstehen, die wir selbst nie erlebt haben, aus unserer Lebenswelt heraus- und in eine andere einzutreten, die Sprachspiele zu erlernen, die andere Kulturen zu anderen Zeiten gespielt haben?[452] Indem wir unser Leben leben, können wir aus der eigenen Haut heraus- und in die Haut anderer hineinschlüpfen, und ebendies tun wir ständig.

Diese Kritik an der Empathie scheint sich auch weniger vom Leben selbst herzuleiten als von einer philosophischen Position – einer philosophischen Position, die mir problematisch erscheint. Viele ihrer Vertreter würden die cartesianische Annahme, dass jeder von uns letztlich nur sich selbst zu erkennen vermag, ablehnen und betonen, dass das Selbst wie auch das Wissen kulturell konstituiert sind. Gleichwohl führen sie, indem sie die Möglichkeit empathischer Arbeit in der Geschichtswissenschaft bestreiten, sozusagen einen »kulturellen Cartesianismus« ein, dem gemäß Menschen die Fähigkeit abgeht, ihren eigenen historischen und kulturellen Augenblick zu transzendieren, und wir lediglich die Zeit und die Kultur begreifen können, der wir angehören und deren Produkt wir sind. Dieser »kulturelle Cartesianismus« kommt der Behauptung, dass jeder von uns allein sich selbst zu erkennen vermag, unangenehm nahe. Die individuelle epistemologische Autonomie wird zugunsten einer kulturellen epistemologischen Autonomie verworfen. So sind wir nicht Gefangene unserer selbst, sondern Gefangene unserer Kultur und unseres historischen Augenblicks. Aber wir sind weder persönlich noch kulturell autonom. Wir sind weder in uns selbst gefangen noch in unserer Kultur oder unserem historischen Augenblick. Als Individuen werden wir beeinflusst und sogar verändert durch die Menschen, mit denen wir interagieren. Als Historiker werden wir beeinflusst und sogar verändert durch die Menschen und die Kulturen der Vergangenheit, mit denen wir ebenfalls interagieren. Und wir besitzen die Vorstellungskraft, um über uns selbst und unsere persönlichen Erfahrungen hinauszudenken, unseren kulturellen und historischen Augenblick zu transzendieren, uns in andere Menschen, auch jene aus anderen Zeiten und anderer räumlicher Herkunft, einzufühlen.

Einerseits wirkt die Kritik, dass diejenigen, die in den Geisteswissenschaften empathisch arbeiten, räumliche und zeitliche Unterschiede unberücksichtigt ließen, wie eine angemessene Reaktion auf eine traditionelle Geschichtsschreibung, die entweder nichtwestliche Kulturen ignorierte oder westliche Kulturen und westliche europäische Psychologien auf die nichtwestliche Welt projizierte. Andererseits wirkt

452 Winch, *Die Idee der Sozialwissenschaft und ihr Verhältnis zur Philosophie.*

diese Kritik merkwürdig, weil in den vergangenen Jahrzehnten ausgerechnet Kulturhistoriker, die ihre Empathie einsetzten, kulturelle und historische Unterschiede sowie die Rolle, die Kultur und Geschichte als prägende Kräfte für das Selbst und die Art und Weise, wie Menschen sich und ihre Welt erleben, zu würdigen wussten. Trotz der Tendenz mancher Historiker des 19. und 20. Jahrhunderts, historische und kulturelle Unterschiede zu ignorieren oder zu übersehen, lässt sich die Anerkennung der Differenz durch Wissenschaftler, die andere Zeiten und Orte empathisch zu verstehen versuchen, mindestens bis zu Herder zurückverfolgen, dessen zentrale Botschaft Isaiah Berlin wie folgt formuliert hat:

> »Man darf eine Kultur nicht anhand der Kriterien einer anderen Kultur beurteilen; unterschiedliche Zivilisationen sind unterschiedliche Entwicklungen, verfolgen unterschiedliche Ziele, verkörpern unterschiedliche Lebensweisen, werden von unterschiedlichen Lebensauffassungen bestimmt; so dass man, um sie zu verstehen, einen imaginativen Akt der ›Einfühlung‹ in ihr Wesen vollziehen, sie möglichst ›von innen heraus‹ verstehen und die Welt durch ihre Augen sehen muss.«[453]

John Connelly und Alan Costall zufolge stand Collingwood Sigmund Freud ausgesprochen kritisch gegenüber, weil dieser auf der Grundlage seiner Arbeit mit neurotischen Patientinnen und Patienten, die er Anfang des 20. Jahrhunderts in seiner Wiener Praxis behandelte, Schlussfolgerungen über »Primitive« zog. Collingwood war überzeugt, dass Freud sich in die Gedanken- und Gefühlswelt sogenannter Primitiver nicht hineinversetzen konnte, weil er sie als ein äußeres, »von der ›zivilisierten Psyche‹, die sie erforscht, strikt getrenntes« Phänomen betrachtete. Auch William James fühlte sich in seiner Untersuchung der Religion in das Objekt seiner Studien nicht ein, sondern erklärte es laut Collingwood lediglich »von außen« und »schnitt sich dabei selbst von jeder wirklichen Sympathie oder Teilnahme an dem, was er erforschte – nämlich das psychische Leben dieses Menschen und seine Erfahrungen – ab«.[454] Collingwood hingegen empfahl, ganz ähnlich wie Peter Winch, »eine historische Psychologie, die das psychische Leben von Menschen in einem bestimmten Augenblick ihrer Geschichte, als eine Form der Geschichte [history], erfasst und abbildet«; er lehnte »transnationale und transhistorische« psychologische »Verallgemeinerungen, Konzepte und Kategorien« ab, die sich historischer Veränderung entziehen.[455]

453 Berlin, *Vico and Herder*, S. 210.

454 Connelly und Costall, Collingwood and the Idea of an Historical Psychology, S. 155f.

455 Ebd., S. 160.

Einerseits versucht empathische Geschichtswissenschaft ebenso wie die Psychoanalyse die Rationalität aufzudecken, die dem scheinbar Irrationalen zugrunde liegt. Andererseits versucht empathische Geschichtswissenschaft, Irrationalität zu historisieren. Als ich das Verhalten der verschiedenen historischen Akteure in der jungen Weimarer Republik untersuchte, habe ich betont, dass es aus der empathischen Perspektive wichtig ist, die »Gesetze« historischer Entwicklungen zu identifizieren, wie sie nicht durch einen »objektiven« äußeren Beobachter, sondern durch die historischen Teilnehmer selbst definiert wurden. Ebenso geht es aus der empathischen Perspektive nicht darum zu klären, was uns bezüglich der Menschen der Vergangenheit und ihres Verhaltens irrational erscheint, sondern was sie selbst für irrational hielten, und herauszufinden, wie sie ihre Gedanken und Handlungen auf ihre spezifischen Definitionen des »Irrationalen« und des »Rationalen«, des »Anomalen« und des »Normalen« stützten.[456]

Ebendieses Bewusstsein für die kulturelle und historische Differenz veranlasst den Historiker, sich in den Anderen einzufühlen und »in einem abgeschwächten Grade« zu erleben, was der Andere fühlt; es befähigt ihn, zu erfassen, dass dieser tatsächlich anders ist.[457] Das »Gefühl der Empathie« hilft uns nicht nur, den historischen Akteur zu verstehen, wie Magdalena Nowak es ausdrückt, »sondern auch die Differenz zu sehen, die Unvereinbarkeit seiner Gefühle« mit unseren eigenen, und die von Dominick LaCapra so genannte »empathische Verunsicherung« zu verspüren.[458] Somit ermöglicht uns die Empathie, emotionale und intellektuelle Verbindungen mit anderen Menschen einzugehen, die zuerst ganz anders zu sein schienen als wir selbst und vielleicht sogar fremd auf uns wirkten. Und dennoch können wir ihre Verschiedenheit dank unserer Empathie auch anerkennen und respektieren. Sich in den Erfahrungsraum und den Erwartungshorizont eines Anderen hineinzuversetzen,

---

456 Peter Winch führt als Beispiel den freudianischen Psychoanalytiker an, der einen Patienten von den Trobriand-Inseln verstehen möchte. Der Analytiker »könnte nicht ohne weitere Reflexion einfach die Begriffe anwenden, welche von Freud für Situationen entwickelt worden sind, die in unserer eigenen Gesellschaft entstehen. Er müßte zuerst Dinge wie die Idee der Vaterschaft bei den Inselbewohnern untersuchen und alle wesentlichen Aspekte berücksichtigen, unter welche diese Idee bei ihnen von der in seiner eigenen Gesellschaft geläufigen abweicht. Und es wäre beinahe unvermeidlich, daß eine solche Untersuchung zu einer Modifikation seiner psychologischen Theorie führte, um sie für die Erklärung neurotischen Verhaltens in dieser neuen Situation geeignet zu machen.« Winch, *Die Idee der Sozialwissenschaft und ihr Verhältnis zur Philosophie*, S. 116.

457 H. Kohut, *Wie heilt die* Psychoanalyse?, S. 126; Zahavi und Overgaard, Empathy without Isomorphism, S. 9.

458 Nowak, The Complicated History of Einfühlung, S. 317; LaCapra, *Writing History, Writing Trauma*, S. XI, 78; *History in Transit*, S. 65, 125.

in seine Haut zu schlüpfen, lässt uns auf einer tiefen emotionalen und intellektuellen Ebene die Kluft erkennen, die uns von anderen trennt, auch wenn wir diese Kluft in unserer Vorstellung gleichzeitig zu überbrücken versuchen. Ebendieses Gewahrsein der Differenz unterscheidet die Empathie von emotionaler Ansteckung, von Verschmelzung und Identifizierung, kurzum: Empathie ermöglicht uns, zu erleben, wie es sich anfühlen kann, wie die Menschen der Vergangenheit zu sein, und gleichzeitig zu spüren, wie sehr wir uns von ihnen unterscheiden.[459]

459 Kohut, *Eine deutsche Generation*, S. 46.

8. Kapitel
Abschließende Bemerkungen

Empathie in Psychoanalyse und Geschichtswissenschaft

Vor mehr als dreißig Jahren habe ich dargelegt, dass die Empathie sowohl der Psychoanalyse als auch der Geschichtswissenschaft als Instrument dient, um die Gedanken und Gefühle ihrer menschlichen Subjekte zu erkennen und zu verstehen.[460] In beiden Disziplinen versucht man, eigene subjektive Reaktionen zu transzendieren, um das Erleben des Anderen – wenn auch zwangsläufig in abgeschwächter Intensität – nachzuempfinden. In beiden Disziplinen denkt, fühlt und versetzt man sich in das Erleben des Anderen hinein, um zu verstehen, warum es unter Berücksichtigung dessen, was man über ihn, seine Vergangenheit und seine augenblicklichen Lebensumstände sowie seine Zukunftserwartungen weiß, Sinn ergibt, dass er so fühlte, dachte und handelte, wie er es getan hat.[461] Und sowohl Geschichtswissenschaft als auch Psychoanalyse gehen davon aus, dass Menschen in der Gegenwart und in der Vergangenheit aus triftigen Gründen so empfunden, gedacht und gehandelt haben, wie sie es taten, selbst wenn diese Gründe nicht immer auf den ersten Blick erkennbar sind.

Es ist die Empathie, durch die sich Psychoanalyse und psychoanalytische Psychotherapie von anderen Formen der Psychologie und anderen psychologischen Behandlungsmethoden unterscheiden. So beruhen etwa die Psychiatrie und die psychopharmakologische Behandlung psychischer Erkrankungen im Allgemeinen nicht auf

460 Kohut, *Psychohistory as History*. Siehe auch Loewenberg, *Cultural History and Psychoanalysis*, insbes. S. 26, 30, 34. Bei einer der wenigen Gelegenheiten, zu denen Freud das Wort »Einfühlung« benutzte, beschrieb er diese als *den* entscheidenden Weg, um sich das psychische Leben eines anderen Menschen zu erschließen: »Von der Identifizierung führt ein Weg über die Nachahmung zur Einfühlung, das heißt zum Verständnis des Mechanismus, durch den uns überhaupt eine Stellungnahme zu einem anderen Seelenleben ermöglicht wird.« Freud (1921), S. 121, Anm. 2. Die englische Übersetzung dieser Passage in der *Standard Edition of the Complete Psychological Works of Sigmund Freud* ist leider unbefriedigend und verwirrend. Für eine zutreffende Wiedergabe dieser Aussage siehe Michael Basch (1983). Empathic Understanding: A Review of the Concept and Some Theoretical Considerations. *Journal of the American Psychoanalytic Association* 31, S. 103, Anm. 101. Für eine hervorragende Übersicht der Geschichte des Begriffs Einfühlung bzw. Empathie in der Psychoanalyse siehe Pigman, *Freud and the History of Empathy*. Siehe auch Gladstein, *Historical Roots of Contemporary Empathy Research*.

461 Kohut, *Psychohistory as History*, S. 344f.

Empathie. Vielmehr nimmt die Psychiaterin die Position einer äußeren Beobachterin ein, die den Zustand des Patienten anhand der psychischen und emotionalen Manifestationen diagnostiziert und sodann auf der Grundlage dieser Diagnose die angemessene Medikation verschreibt.[462] Auch die kognitive Verhaltenstherapie stützt sich nicht auf Empathie. Sie hilft den Klienten vielmehr, kognitive und behaviorale Strategien zur besseren Bewältigung ihrer psychischen und emotionalen Zustände zu entwickeln. Auch in der kognitiven Verhaltenstherapie geht es höchstens am Rande darum zu verstehen, *warum* Klienten ihre Gefühle empfinden. Die empirische Psychologie, die vorherrschende Form der heutigen akademischen Psychologie, stützt sich ebenfalls nicht vorrangig auf Empathie, sondern fokussiert auf Phänomene, die von außen beobachtet werden können und sehr häufig sogar messbar sind.[463] Im Gegensatz dazu untersucht die Psychoanalyse als »Tiefenpsychologie« komplexe psychische Zustände, die sich nicht direkt beobachten lassen und letztlich durch Introspektion und Empathie identifiziert werden. Natürlich können sich empirische psychologische Untersuchungen an Erkenntnissen orientieren, die durch Introspektion und Empathie gewonnen wurden; durch empirische psychologische Untersuchungen gewonnene Erkenntnisse wiederum können das empathische Verstehen grundlegender, komplexer psychischer Zustände erleichtern und/oder bestätigen. Dennoch ist und bleibt die Psychoanalyse als Disziplin durch die introspektive und empathische Haltung des Beobachters definiert, die sie von der äußeren, »extrospektiven« Beobachtungsperspektive der empirischen Psychologie unterscheidet.[464]

---

462 Es ist jedoch darauf hinzuweisen, dass auch Psychiater seit etlichen Jahren bestrebt sind, den Einsatz von Medikamenten zur Behandlung psychischer Erkrankungen aus einer empathischen, psychoanalytischen Perspektive zu prüfen. Während meiner Arbeit an diesem Buch hat der Psychiater David Mintz vom Austen Riggs Center sogar ein Buch mit dem Titel *The Manual of Psychodynamic Psychopharmacolgy* veröffentlicht.

463 R. G. Collingwood hat die empirische Psychologie seiner Zeit aus ebendiesen Gründen abgelehnt: Sie blicke von außen auf das innere Leben der Menschen und bediene sich u.a. deshalb der naturwissenschaftlichen Verfahren. Connelly und Costall, Collingwood and the Idea of an Historical Psychology, S. 158f.

464 Dieses Argument hat Heinz Kohut in seinem heute klassischen Beitrag »Introspektion, Empathie und Psychoanalyse« von 1959 (deutsch 1977) entfaltet. Siehe auch die Transkription seiner Erläuterungen, die er 1981 kurz vor seinem Tod in Berkeley formulierte: Kohut, Über Empathie, S. 201f. Für eine luzide, kenntnisreiche und durchdachte Darlegung von Kohuts Empathieverständnis siehe Elizabeth Lunbeck (2011). Empathy as a Psychoanalytic Mode of Observation: Between Sentiment and Science. In: *Histories of Scientific Observation.* Hg. von Lorraine Daston und Elizabeth Lunbeck. Chicago (University of Chicago Press), S. 255-275. Für eine Würdigung H. Kohuts unter ideengeschichtlichem Blickwinkel siehe Lunbeck (2014). *The Americanization of Narcissism.* Cambridge, MA (Harvard Univ. Press). Kohuts These, die Psychoanalyse sei durch ihren introspektiven,

Ebenso wie der Historiker nimmt auch der Psychoanalytiker die empathische Beobachterposition aber nicht ausschließlich ein; das psychoanalytische Zuhören verlangt eine, wie Martha Nussbaum es ausdrückt, »›doppelte Aufmerksamkeit‹, bei der man sich zum einen vorstellt, wie es sich anfühlt, in der Situation des Leidenden zu sein, und sich gleichzeitig zweifelsfrei sicher ist, dass man sich nicht in dieser Situation befindet«.[465] Entsprechend schreibt Evelyne Schwaber: »Analytisches Zuhören bedient sich zweier Realitäten – derjenigen des Beobachters ›von außen‹ und derjenigen ›von innen‹ (auch wenn dieser – der subjektiven Realität des Patienten – unsere vorrangige analytische Aufmerksamkeit gilt).«[466]

---

empathischen Ansatz charakterisiert, ist vielleicht insofern ein wenig zugespitzt, als der empathisch arbeitende Psychoanalytiker ebenso wie der empathisch forschende Historiker keinen exklusiv introspektiven, empathischen Blickwinkel einnimmt. Die Extrospektion, das heißt die äußere Beobachtung, hilft ihm zu entscheiden, in welche Erfahrung des Patienten er sich empathisch einzufühlen versucht. Und auch während dieses Einfühlungsprozesses bewahrt sich der Analytiker einen extrospektiven Blick auf die eigene Empathie. Wie in kritischen Betrachtungen der Kohut'schen Position erwähnt, verwenden Analytiker regelmäßig Material, das sie – durch ihre Beobachtung der Mimik, der Kleidung, des Auftretens und der verbalen Ausdrucksweise – extrospektiv gewonnen haben, um den Patienten zu verstehen. Es ist ihrer Fähigkeit, sich in den Patienten einzufühlen, sogar zuträglich. Die Rolle, die Introspektion und Empathie in Verbindung mit der äußeren Beobachtung der Erscheinung, des Auftretens und des Verhaltens in der Psychoanalyse spielen, wird erörtert von James H. Spencer und Leon Balter (1990). Psychoanalytic Observation. *Journal of the American Psychoanalytic Association* 38/2. Gleichwohl haben Balter und Spencer in Anlehnung an Kohut auch gezeigt, dass »radikale Unterschiede zwischen psychoanalytischen Theorien und im psychoanalytischen Denken zum Teil auf maßgebliche Unterschiede zwischen den Beobachtungsmethoden zurückgehen«. Leon Balter und James H. Spencer (1991). Observation and Theory in Psychoanalysis: The Self Psychology of Heinz Kohut. *Psychoanalytic Quarterly* 60, S. 361.

465 Nussbaum, *Upheaval of Thought*, S. 328. Wie Sophie Oliver es formuliert: »In ähnlicher Weise setzt Empathie gemäß den psychotherapeutischen Definitionen des Begriffs *nicht* voraus, dass der Einfühlende sich im Schmerz des Anderen ›verliert‹, denn im therapeutischen Kontext würde dies der Fähigkeit der Therapeutin zuwiderlaufen, Unterstützung anzubieten; ›reine Empathie‹ verlangt hier mehr als die Fähigkeit, sich in den Anderen hineinzuversetzen und die Welt aus seiner Perspektive zu betrachten; sie setzt vielmehr ausdrücklich die Fähigkeit voraus, *zum Selbst zurückzukehren.* Die Empfehlung, aus ethischen Gründen Empathiegefühle zu hegen, muss und darf also trotz alledem nicht bedeuten, dass wir unserer eigenen – relativ sicheren – Subjektposition entsagen. Empathie und Exotopie [der Blick von der äußeren Beobachtungsposition] können und sollten als die beiden Seiten derselben Münze betrachtet werden.« Oliver, The Aesth-*Ethics* of Empathy, S. 178.

466 Schwaber, Empathy, S. 364. Siehe auch Robert Knight (1946). Psychotherapy of an Adolescent Catatonic Schizophrenia with Mutism: A Study in Empathy and Establishing Contact. *Psychiatry* 9, S. 324.

Illustrieren möchte ich den Perspektivenwechsel in der psychoanalytisch orientierten Psychotherapie mit einem Beispiel aus meiner eigenen, kurzen Praxis als Therapeut. Ich hatte einen jungen Mann in Behandlung, der nicht lange zuvor ein Jurastudium begonnen hatte. Irgendwann im Laufe unserer gemeinsamen Arbeit verkündete er in seiner Sitzung, dass er mit dem Gedanken spiele, das Studium abzubrechen, um professioneller Zauberkünstler zu werden. Als äußerer Beobachter fand ich seine Ankündigung ähnlich überraschend wie die meisten Historiker die Entscheidung der Mehrheitssozialdemokraten zu Beginn der Weimarer Republik, ein Bündnis mit den antirepublikanischen Kräften der autoritären Rechten einzugehen. Diese Entscheidung schien vor allem deshalb erklärungsbedürftig zu sein, weil wir ihre Konsequenzen kennen. Der Plan, Zauberkünstler zu werden, erschien mir erklärungsbedürftig, weil er zum einen eine radikale Abkehr vom bisherigen Lebensweg meines Klienten bedeutete und ich zum anderen wegen der Konsequenzen, die er womöglich für ihn haben würde, besorgt war. Ich verließ also die Position des äußeren Beobachters, von der aus gesehen seine Absicht unrealistisch und unangebracht wirkte, und nahm die empathische Position, seine subjektive Position, ein. Unter diesem, seinem eigenen, Blickwinkel versuchte ich, zusammen mit dem jungen Mann aus seinem »Erfahrungsraum« und »Erwartungshorizont« heraus zu erforschen, weshalb er es für sinnvoll hielt, das Jurastudium dranzugeben, um Zauberkünstler zu werden. Ich versuchte, seinen Wunsch auf einer möglichst tiefen Ebene zu verstehen und zu ergründen, weshalb es aus seiner Perspektive psychologisch sinnvoll war, Zauberkünstler zu werden. Dieses Verständnis vermittelte ich ihm sodann in Form von Deutungen. Obwohl ich mich in seinen Wunsch, Zauberkünstler zu werden, einzufühlen versuchte, empfand ich diesen Wunsch von meiner äußeren Beobachterposition aus aber keineswegs »mit«. Unter meinem eigenen Blickwinkel hielt ich es tatsächlich für einen Fehler, sollte er seinen Plan in die Tat umsetzen.

Der Psychoanalytiker und Psychiater Elvin Semrad hat die Art und die Schwierigkeit der psychoanalytischen Empathie aufs schönste auf den Punkt gebracht, als er einer Gruppe junger psychiatrischer Assistenzärzte, die Ende der 1960er Jahre im Massachusetts Mental Health Center in Boston zum ersten Mal schwerkranke Psychiatriepatienten kennenlernen sollten, einen entscheidenden Rat gab. Kolportiert hat diesen Rat, der vollständig zitiert zu werden verdient, einer der Assistenzärzte aus jener Gruppe:

> »Zur Gruppe gehörten 22 Personen, und alle fürchteten sich zu Tode. Semrad rief uns in seinem Büro zusammen und hielt uns folgenden Vortrag: ›Sie werden sich in Kürze auf die Station begeben, für die Sie eingeteilt wurden. Auf dieser Station werden Sie mehr als 50 der kränksten, verrücktesten, absonderlichsten Menschen sehen, die Ihnen

in Ihrem ganzen Leben über den Weg laufen werden. In ihrem Wahn halluzinieren und gestikulieren diese Menschen auf groteskeste Weise. Jede Zelle Ihres Körpers wird rebellieren, um diese Erfahrung nicht an sich herankommen zu lassen. Aber Sie dürfen eines nicht vergessen. Jedes solcher Symptome, so merkwürdig es Ihnen erscheinen mag, ist in den Augen dieser Menschen absolut sinnvoll. Sie haben jedes einzelne davon entwickelt und penibel ausgestaltet, um mit irgendeiner unmöglichen Familiensituation fertigzuwerden. Jedes Symptom ist ein Versuch der Betreffenden, mit ihrem Schicksal klarzukommen. Sie sollten daher jedes Symptom als einen künstlerischen, kreativen Versuch betrachten, zu überleben. Ihre Aufgabe besteht einzig und allein darin, dieses Streben anzuerkennen und zu bewundern.‹«[467]

Demnach kann man sowohl die Psychoanalyse als auch die Geschichtswissenschaft als rationalisierende Disziplinen beschreiben, in denen die Empathie für den Rationalisierungsprozess eine zentrale Rolle spielt. Geschichtswissenschaft wie auch Psychoanalyse wollen unter anderem verstehen, wie das, was aus einer äußeren Beobachtungsperspektiv »irrational«, bizarr oder auch nur merkwürdig wirkt (z.B. die Entscheidung der Mehrheitssozialdemokraten, sich mit der Alten Ordnung zu verbünden, die vorrangige Konzentration der Teilnehmer der Wannsee-Konferenz auf die Frage, wer als Jude zu definieren sei, der Wunsch meines Klienten, sein Geld künftig als Zauberkünstler zu verdienen, oder die Wahnvorstellungen der Patienten einer psychiatrischen Klinik) aus einer empathischen Perspektive Sinn ergibt. Psychoanalyse wie auch Geschichtswissenschaft suchen unter anderem nach der Grundlage oder zumindest nach der eigentlichen Bedeutung dessen, was von außen betrachtet irrational oder sinnlos zu sein scheint.[468] Freilich werden Psychoanalytiker wie auch Historiker ihre menschlichen Subjekte nie restlos verstehen können; sie nehmen die Gefühle, die sie empathisch erkennen und verstehen, immer in abgeschwächter Intensität wahr. Bestimmte psychische Erfahrungen, zum Beispiel die Erfahrungen psychotischer Patienten, und bestimmte historische Erfahrungen, zum Beispiel die eines SS-Mannes, der mit einem Maschinengewehr im Anschlag vor einem mit hilflosen nackten Menschen gefüllten Graben steht, können unsere Empathiefähigkeit und unser Vorstellungsvermögen überfordern.[469] Dennoch haben wir die Pflicht zu versuchen, diese Extremerfahrungen und die Menschen, die sie gemacht haben, zu verstehen – nicht

467 Persönl. Mitteilung des Psychoanalytikers Edward Shapiro. Zitiert werden Semrads Bemerkungen nach Edward R. Shapiro (2020). *Finding a Place to Stand: Developing Self-Reflective Institutions, Leaders, and Citizens.* Bicester (Phoenix), Epigraph.

468 Dray, *Laws and Explanation in History*, S. 122–126.

469 Ich danke Karsten Stueber, der die potenziellen Grenzen empathischen Verstehens betont, aber auch unterstrichen hat, wie wichtig der Versuch ist, sie trotz allem zu überwinden.

zuletzt, um diese Menschen nicht zu entmenschlichen, indem wir unsere Empathie ihnen gegenüber ausschalten; es ist unsere Aufgabe, das Band anzuerkennen, das uns mit ihnen verbindet, und uns bewusst zu machen, dass auch wir selbst die Fähigkeit besitzen, so zu sein, wie sie gewesen sind.[470]

Die Anerkennung des Beitrags der Empathie zu historischem Verstehen und ihre Implikationen

Wenn wir die Menschen der Vergangenheit empathisch verstehen wollen und deshalb ihre Beobachtungsposition einnehmen, ist unser Zugang zur Vergangenheit ein anderer, als wenn wir sie als Sozialwissenschaftler erforschen, der seine Erkenntnisse mehr oder weniger ausschließlich von der Position des äußeren Beobachters aus gewinnt. Diesen unterschiedlichen Beobachtungshaltungen entsprechen unterschiedliche Forschungsstrategien. Als äußerer Beobachter erforscht der Historiker historische Subjekte im Allgemeinen, indem er von einer Hypothese ausgeht. Seine gründliche Forschung wird diese Hypothese dann entweder bestätigen oder widerlegen; wahrscheinlicher aber ist, dass sie ihn veranlasst, die Hypothese zu revidieren und neu zu formulieren. Der empathisch forschende Historiker bezieht historischen Subjekten gegenüber zumeist eine Haltung, die derjenigen des Psychoanalytikers nahekommt, der seiner Patientin aufgeschlossen zuhört, in ihr Erleben einzutauchen versucht, auf Bewertungen verzichtet, seine Theorien beiseitelässt und auf die Stimme der Patientin lauscht. Genau dies sollten meiner Ansicht nach auch empathisch vorgehende Historiker, die den Stimmen lang entschwundener Menschen lauschen, tun.[471] Freilich tragen wir an diese Menschen unter Umständen eine bestimmte Frage- oder Problemstellung heran, die auf unseren persönlichen Interessen oder Anliegen oder auf den Interessen und Anliegen unseres kulturellen und historischen Augenblicks beruht. Unser Wissen um die Konsequenzen historischer Handlungen und Ideen kann ebenfalls beeinflussen, was wir bezüglich der Vergangenheit herausfinden und verstehen wollen. Und schließlich setzen wir, wie schon erwähnt, unsere Empathiefähigkeit ein, wenn wir mit etwas konfrontiert sind, das von außen betrachtet keinen Sinn zu ergeben scheint. Dennoch sollte der empathisch forschende Historiker seine Frage nicht aus aktuellen Interessen herleiten. Seine Frage sollte sich immer aus der Vergangenheit an sich ergeben.

470 Kohut, *Eine deutsche Generation*, S. 260.

471 Saul Friedländer empfiehlt sogar, dass sich Historiker insbesondere dann, wenn sie sich für die unbewusste Bedeutung eines historischen Phänomens interessieren, die »gleichschwebende Aufmerksamkeit« des Psychoanalytikers zum Vorbild nehmen sollten. Friedländer, *History and Psychoanalysis*, S. 18.

Die Anerkennung der zentralen Rolle, die die Empathie für die historische Erforschung der menschlichen Vergangenheit spielen kann, hat auch Konsequenzen für das universitäre Geschichtsstudium. Der Soziologe Leonard Cottrell hat schon 1942 und später, 1950, erneut dafür plädiert, Studierenden im Aufbaustudium auch zu vermitteln, wie sie empathisch arbeiten können. Eine solche Ausbildung würde es Sozialwissenschaftlern seiner Ansicht nach erleichtern, sich selbst als Forschungsinstrument zu benutzen, indem sie unter anderem lernen, ihr kritisches Selbstgewahrsein im Einfühlungsprozess zu schärfen.[472] In meinem eigenen Studium war die Entwicklung meines historischen Vorstellungsvermögens oder meiner Empathiefähigkeit nie ein Thema. Die Einfühlung in Menschen der Vergangenheit kam nie zur Sprache und wurde erst recht nicht gelehrt. Stattdessen lag der Schwerpunkt auf der Entwicklung meiner Kritikfähigkeit, und ich lernte Woche für Woche, historische Argumente zu identifizieren und zu kritisieren. Somit treffen Lotte Köhlers mahnende Worte, auch wenn sie sich auf die psychoanalytische Ausbildung bezogen, gleichermaßen auf die Ausbildung von Historikerinnen und Historikern zu: »Wissenschaftliche Empathie [...] ist ein hochspezifisches Erkenntnisverfahren, das erlernt und eingeübt werden muss.«[473] Obwohl man in den vergangenen Jahrzehnten in den Vereinigten Staaten, in Kanada, Australien und im Vereinigten Königreich darüber diskutiert, Studierende für das Lehramt an weiterführenden Schulen in Empathie als »Erkenntnisverfahren« zu unterrichten, haben meines Wissens bislang keine Gespräche über die Möglichkeit stattgefunden, Studierende im Aufbaustudium oder Doktoranden zu lehren, die Vergangenheit empathisch zu erforschen.[474] Wenn das Vorstellungs- oder Einbildungsvermögen einen wesentlichen Teil des Handwerks der Historikerin ausmacht, dann müssen wir ausdrücklich über seinen Beitrag zum historischen Verstehen nachdenken und Studierende in seiner Anwendung schulen. Ein Aufbaustudium, das den Schwerpunkt auf Kritik legt, fördert die Entwicklung des kritischen Denkens; ein Aufbaustudium, das den Schwerpunkt auf Empathie legt, fördert das Verstehen – zwei potenziell zusammenhängende, letztlich aber eigenständige intellektuelle Projekte.

472 Cottrell, Situational Fields in Social Psychology, S. 381; Neglected Problems in Social Psychology, S. 708; Gladstein, Roots of Contemporary Empathy Research, S. 46.

473 Köhler, Von der Freud'schen Psychoanalyse zur Selbstpsychologie Heinz Kohuts, S. 50.

474 Für eine kenntnisreiche und wohldurchdachte Übersicht der Diskussionen über die Rolle der Empathie in der Geschichtswissenschaft, die seit Anfang der 1970er Jahre seitens der »Geschichtsdidaktiker« geführt werden, die für die Entwicklung der Graduiertencurricula für angehende Oberstufen-Geschichtslehrer in Großbritannien, Australien und Kanada zuständig sind, siehe Retz, *Empathy and History.* Retz erläutert den Einfluss, den Collingwood und über Collingwood der deutsche Historismus auf die Lehrpläne in diesen Ländern ausgeübt haben. Siehe auch O. L. Davis Jr., Elizabeth Anne Yeager und Stuart J. Foster (2001). *Historical Empathy and Perspective Taking in the Social Studies.* Lanham, MD (Rowman & Littlefield).

Resümee

In diesem Buch habe ich meine Gedanken zur Empathie in Beziehung zu den Gedanken anderer dargelegt, von denen sie sich praktisch ausnahmslos herleiten. Infolgedessen habe ich mein eigenes Verständnis der Empathie möglicherweise nicht genügend herausgearbeitet. Daher schließe ich nun mit einer Zusammenfassung der wesentlichen Punkte, die ich bezüglich der Rolle der Empathie in der Geschichtswissenschaft betonen möchte.

Seit Langem benutzen Historikerinnen und Historiker ihre Empathiefähigkeit, um die menschliche Vergangenheit zu erforschen und zu verstehen. Seit dem Aufkommen der Kulturgeschichte geschieht dies sogar häufiger als je zuvor. Allerdings setzen Historiker die Empathie zumeist eher unreflektiert, oft sogar unbewusst, ein, und darüber hinaus haben sie die Empathie – anders als Angehörige anderer Disziplinen, in denen sie im Brennpunkt des Interesses und der Diskussion steht – im Allgemeinen weder theoretisiert noch Diskussionen über ihre Rolle in der historischen Forschung geführt. Es geht mir in diesem Buch darum, Historiker weniger von der Nutzung ihrer Einfühlungsfähigkeit zur Erkundung der Vergangenheit als vielmehr von einem selbstreflektierten, kritischen Gebrauch der Empathie zu überzeugen. Das Buch soll einerseits ihr Bewusstsein für das Konzept schärfen, indem es auf seine Geschichte zurückblickt und in die heutige einschlägige Literatur aus unterschiedlichen Forschungsgebieten, unter anderem der Geschichtswissenschaft, einführt. Insbesondere soll es Historikerinnen und Historiker zu einer sachlich fundierten, differenzierten und gründlichen Diskussion über Empathie und ihre Verwendung in der Geschichtswissenschaft anregen. Im Grunde stellt das Buch selbst auch eine Art Einführung in Empathie für Historiker dar. Zum anderen soll es das Bewusstsein der Historiker für ihre Verwendung der Empathie im Zuge ihrer historischen Arbeit schärfen. Historiker müssen sich explizit, selbstkritisch und ohne Scham bewusst machen, wann sie empathisch arbeiten, um die menschliche Vergangenheit zu erkunden und zu verstehen.

Geschichte, geschrieben aus der Perspektive des äußeren Beobachters, unterscheidet sich von Geschichte, die aus der empathischen Perspektive, das heißt aus der Perspektive des historischen Subjekts, geschrieben wird. Erstere profitiert zwar vom Vorteil des Rückblicks, der Distanz und des geweiteten Blickwinkels, während letztere versuchen muss, Informationen, die nicht dem Erleben des historischen Subjekts entstammen, sozusagen unter Quarantäne zu stellen; dennoch ermöglicht die Geschichtsschreibung aus der empathischen Perspektive es dem Historiker, eine Geschichte zu schreiben, die nicht deterministisch ist und den Blick frei gibt auf Ideen, Handlungen, Hoffnungen und Ängste, auf Erfahrungen, die für die Menschen der Vergangenheit bedeutsam waren, aber von den tatsächlich eingetretenen historischen Entwicklungen nicht aufgenommen worden sind. Da die Position des beobachtenden Historikers vorgibt, was er erkennt, wenn er in die Vergangenheit blickt, und worüber er schreibt, ist es wichtig, sich die eigene Beobachtungsposition jederzeit bewusst zu machen und sich darüber im Klaren zu sein, wann man einfühlend arbeitet und wann nicht. Im Prozess der empathischen Arbeit ist es zudem von Bedeutung, dass Historiker sich bewusst vor Augen führen, in welches der historischen Subjekte sie sich einfühlen, das heißt, wessen Perspektiv sie einnehmen.

Ein Bewusstsein für die Unterscheidung zwischen der äußeren und der empathischen Beobachtungsposition lässt den kategorialen Unterschied zwischen Mitgefühl (einer Reaktion des äußeren Beobachters) und Empathie (einer Reaktion, die die Position des historischen Subjekts widerspiegelt) deutlich werden: Das Mitgefühl ist *mein* Gefühl für jemand anderen; Empathie oder Einfühlung ist mein Versuch, zu fühlen, was *jemand Anderer* empfindet. In diesem Prozess muss der Historiker selbstreflektiert und selbstkritisch bleiben. Es ist sein Gewahrsein des eigenen, eigenständigen Selbstgefühls, durch das sich die Empathie des Historikers von der emotionalen Ansteckung, der Verschmelzung und der Identifizierung – Erfahrungen, welche die Abgrenzung zwischen Selbst und Anderem aufheben – unterscheidet und ihm ermöglicht, die abgeschwächte Intensität der eingefühlten Empfindungen ebenso wie den Unterschied anzuerkennen, während er ihn zu erforschen und zu verstehen versucht.

Die Selbstreflexion des empathisch arbeitenden Historikers setzt voraus, dass er über eine klar formulierte und stimmig angewandte Definition des Konzepts verfügt. In diesem Buch wurde die Empathie vorwiegend in einem kognitiven Sinne verstanden, das heißt als Erkenntnisweise oder als Beobachtungsmodus. Wenn wir als Historiker empathisch arbeiten, wollen wir die Gedanken und Gefühle von Menschen der Vergangenheit kennenlernen und verstehen, indem wir uns ihr Erleben vorstellen und uns in diese Gedanken und Gefühle hineindenken oder, gelegentlich, einfühlen. Wenn Historiker Geschichte aus der Perspektive des historischen Subjekts, das heißt aus der empathischen Perspektive, schreiben, benutzen sie die Empathie selbstreflektiert und gezielt, wann immer die Gefühle, Gedanken und Handlungen des historischen Subjekts nicht unmittelbar oder intuitiv einleuchten. In der Sprache der Simulationstheorie ausgedrückt: Wir setzen nachvollziehende Empathie in der Geschichtswissenschaft ein, wenn wir die Gedanken, Gefühle und Handlungen des historischen Subjekts mithilfe elementarer Empathie nicht durchschauen, und insbesondere dann, wenn wir diese Gedanken, Gefühle und Handlungen *verstehen* möchten. Weil Empathie weder Identifizierung ist noch Mitgefühl, können und sollten wir uns in Täter und andere unsympathische historische Figuren einfühlen, denen wir nicht ähnlich sein wollen, denn gerade deren Gefühle, Gedanken und Handlungen leuchten sehr oft nicht intuitiv oder unmittelbar ein.

Die in der Simulationstheorie übliche Unterscheidung zwischen elementarer Empathie und bewusst eingesetzter nachvollziehender Empathie lässt sich ausgesprochen sinnvoll auf das Einsetzen der Empathie zum Zwecke historischer Erkenntnis anwenden. Ähnlich hilfreich sind die für die phänomenologische Position charakteristische Ablehnung des epistemologischen Cartesianismus (der Annahme, dass wir letztlich einzig uns selbst [er-]kennen können) und die Betonung des intersubjektiven Charakters allen Wissens.

In der Geschichtswissenschaft erkennen wir die Gedanken und Gefühle von Menschen der Vergangenheit nicht, indem wir lediglich ihren Lebenskontext rekonstruieren und uns dann empathisch in ihn hineinversetzen, auch wenn die Kenntnis ihres »Erfahrungsraumes« und »Erwartungshorizontes« zweifellos eine wichtige Voraussetzung historischen Erkenntnisgewinns und historischen Verstehens ist. Wir lernen Menschen der Vergangenheit auch nicht einzig aufgrund gemeinsamer Erfahrungen oder einer universalen menschlichen Natur kennen, wiewohl gemeinsame Erfahrungen oder eine gemeinsame Menschlichkeit dem empathischen Verstehen zweifellos zuträglich sind. Wir dürfen historisches Wissen nicht auf das beschränken, was wir durch Analogieschluss zu uns selbst in Erfahrung bringen können. Die Annahme, dass wir letztlich nur uns selbst kennen oder das, was wie wir selbst ist, lässt die Schwierigkeit der Selbsterkenntnis und die Tatsache außeracht, dass wir das Erleben von Menschen aus der Vergangenheit wie auch von Menschen in der Gegenwart kennenlernen, weil uns eine wechselseitige kognitive und affektive Beziehung mit ihnen verbindet. Als Historiker sollten wir in den entschwundenen Menschen weniger passive Subjekte unserer Forschung sehen als vielmehr aktive Mitarbeiter. Unsere Autonomie und unsere Autorität über Menschen der Vergangenheit sind begrenzter, als wir zugeben möchten. Nicht nur wir drängen uns ihnen auf, wenn wir ihre Erfahrungen, Gedanken und Gefühle kennenlernen – sie drängen sich auch uns auf. Sie rufen uns zu, kommunizieren mit uns und beeinflussen zutiefst, was wir über sie in Erfahrung bringen, von ihnen verstehen und über sie schreiben. Unsere Beziehung zu Menschen der Vergangenheit verändert uns. Sie beeinflusst, was wir denken und fühlen, ja, sogar wer wir sind.[475]

Die Annahme, dass wir Andere lediglich durch Analogieschluss zu uns selbst verstehen können, übersieht den intersubjektiven Charakter unseres Wissens und die Tatsache, dass wir weder kognitiv noch affektiv autonom sind. Sie unterschätzt auch die Macht der menschlichen Einbildungskraft. Diese ermöglicht es uns, direkte persön-

475 Ich paraphrasiere hier die Erläuterungen des Kunsthistorikers Keith Moxey, die er in Reaktion auf einen früheren Entwurf dieses Textes verfasst hat. In Moxeys eigenen kunsthistorischen Schriften spielt auch die Macht, die Objekte über ihren Betrachter ausüben, eine zentrale Rolle.

liche Erfahrung zu transzendieren, um Erfahrungen nachzuvollziehen, die nicht wir selbst, sondern Andere gemacht haben. Unsere Einbildungskraft ermöglicht es uns, in die Haut Anderer zu schlüpfen und uns in ihre Lebenswelten hineinzuversetzen.[476]

Die cartesianische Annahme, dass wir individuell und kulturell letztlich nur uns selbst kennen können, ist nicht nur falsch, sondern hat überdies problematische politische und ethische Implikationen. Sie kann dazu führen, dass komplexe Menschen mit multiplen, wechselnden Identitäten auf einen einzigen »wesentlichen« oder definierenden Aspekt ihrer selbst reduziert werden, auf dessen Grundlage wir sie dann angeblich verstehen können, sofern wir dieses wesentliche oder definierende Charakteristikum mit ihnen gemeinsam haben. Die Annahme, dass wir letztlich allein uns selbst oder das, was wie wir ist, kennen können, lässt unberücksichtigt, dass wir im täglichen Leben, in der Psychotherapie und in der Geschichte die Gefühle und Gedanken von Menschen, die anders sind als wir, zu erkennen und zu verstehen vermögen.[477] Und dies gelingt uns nicht einfach dadurch, dass wir unter der scheinbaren Differenz, die uns von ihnen trennt, eine Ähnlichkeit entdecken, sondern weil wir auch eine Beziehung mit ihnen aufnehmen und weil wir eine Vorstellungskraft besitzen, die uns befähigt, uns in ihr Erleben und in die Welten, die sie bewohnen, hineinzuversetzen. Als Möglichkeit, eine wesentliche Gleichheit der Menschen zu erkennen, ist die Empathie von manchen Wissenschaftlern sogar als Grundlage des Konzepts universal gültiger Menschenrechte beschrieben worden.[478] Empathie ist für das liberale humanistische Projekt nicht nur unerlässlich, weil durch sie unsere grundlegende Ähnlichkeit mit anderen Menschen offenbar wird, sondern auch deshalb, weil sich in ihr unsere Fähigkeit ausdrückt, sei es im Hier und Jetzt oder in der Vergangenheit zu

476 Stellen Sie sich als Gedankenexperiment vor, dass ein Außerirdischer auf der Erde landet. Bei der ersten Begegnung herrschen nichts als Fremdheit und Unverständnis. Doch dann entwickelt sich eine Beziehung und wir beginnen nach und nach, einander zu verstehen. Aus unserer Beziehung gehen gemeinsame Erfahrungen hervor, durch die wir einander immer besser kennen- und verstehen lernen. Vielleicht entdecken wir sogar, dass wir ein bestimmtes Naturell und bestimmte Lebensbedürfnisse gemeinsam haben. Am Ende aber ist es unsere Beziehung zu dem Außerirdischen in Verbindung mit unserem Vorstellungsvermögen, die es uns ermöglicht, sein Erleben nachzuvollziehen und zu verstehen. Wahrscheinlich könnte es uns im Laufe der Zeit tatsächlich gelingen, uns in einen Außerirdischen einzufühlen. Relevant für dieses Gedankenexperiment ist Dominick LaCapras Ablehnung von Wittgensteins Behauptung, dass wir einen Löwen, auch wenn dieser sprechen könnte, nicht verstünden. LaCapra bestreitet, dass Tiere »unsere Empathiefähigkeit überfordern«. LaCapra, *Understanding Others*, S. 61f.

477 Die Empathie widerlegt die heute vorherrschende Annahme, dass nur Menschen mit derselben sexuellen, Gender-, Klassen- und/oder ethnischen Identität einander verstehen können.

478 Siehe »Empathie versus Mitgefühl« im 3. Kapitel.

erkennen, was in Anderen vorgeht, und sie zu verstehen, auch wenn sie *anders* sind als wir. Ermöglicht wird dies durch die kognitive und affektive Beziehung, die wir zu ihnen entwickeln (und in der ihre Beiträge zu dem, was wir über sie wissen, mindestens ebenso groß sind wie unser eigener), und durch unser Vorstellungsvermögen. Empathisch zu sein bedeutet nicht nur, grundlegende Ähnlichkeit anzuerkennen; es bedeutet auch, Verschiedenheit zu erkennen und zu respektieren und gleichzeitig zu versuchen, sich ihrer bewusst zu bleiben und sie zu verstehen. Nicht nur, *was* wir wissen, ist ein universales Merkmal der Empathie; universal ist auch der Prozess des empathischen Erkennens und Verstehens an sich.

Literatur

Abel, Theodore (1948). »The Operation Called Verstehen.« *American Journal of Sociology* 54: 211–218.

Agosta, Louis (2010). *Empathy in the Context of Philosophy*. Basingstoke (Palgrave).

Aird, David Mitchell (1873). *Blackstone Economized: Being a Compendium of the Laws of England to the Present Time*. London (Longmans, Green, and Co.).

Ankersmit, Frank R. (2005). *Sublime Historical Experience*. Stanford, CA (Stanford University Press).

Apel, Karl-Otto (1982). »The Erklären-Verstehen Controversy in the Philosophy of the Natural and Human Sciences.« In *Contemporary Philosophy: A New Survey*. Hg. von Guttorm Fløistad. International Institute of Philosophy / Institut International De Philosophie. The Hague (Marinus Nijhoff Publishers), 19–49.

Aschheim, Steven E. (2016). »The (Ambiguous) Political Economy of Empathy.« In *Empathy and Its Limits*, edited by Aleida Assmann und Ines Detmers, 21–37. London und New York (Palgrave Macmillan).

Assmann, Aleida, und Ines Detmers (2016). »Introduction.« In *Empathy and Its Limits*. Hg. von Aleida Assmann und Ines Detmers, 1–17. London und New York (Palgrave Macmillan).

Baaren, Rick B. van, Jean Decety, Ap Dijksterhuis, Andries van der Leij, und Matthijs L. Leeuwen (2009). »Being Imitated: Consequences of Nonconsciously Showing Empathy.« In *The Social Neuroscience of Empathy*. Hg. von Jean Decety and William John Ickes, 31–42. Cambridge, MA (MIT Press).

Bajohr, Frank (2006). »Vom anti-jüdischen Konsens zum schlechten Gewissen: Die deutsche Gesellschaft und die Judenverfolgung, 1933–1945.« In *Der Holocaust als offenes Geheimnis: Die Deutschen, die NS-Führung und die Allierten*. Hg. von Frank Bajohr and Dieter Pohl. München (C. H. Beck Verlag), 15–79.

Balter, Leon, und James H. Spencer (1991). »Observation and Theory in Psychoanalysis: The Self Psychology of Heinz Kohut.« *Psychoanalytic Quarterly* 60: 361–395.

Basch, Michael (1983). »Empathic Understanding: A Review of the Concept and Some Theoretical Considerations.« *Journal of the American Psychoanalytic Association* 31: 101–126.

Batson, C. Daniel (2009). »These Things Called Empathy: Eight Related but Distinct Phenomena.« In *The Social Neuroscience of Empathy*. Hg. von Jean Decety und William John Ickes, 3–15. Cambridge, MA (MIT Press).

Benjamin, Walter (1974 [1942]). Über den Begriff der Geschichte. In: *Gesammelte Schriften. Band I/2. Abhandlungen*. Hg. von Rolf Tiedemann und Hermann Schweppenhäuser. Frankfurt am Main (Suhrkamp).

Bergen, Doris L. (2003). *War and Genocide: A Concise History of the Holocaust*. Lanham, Maryland (Rowman and Littlefield).

Berlin, Isaiah (1976). *Vico and Herder: Two Studies in the History of Ideas*. London (Hogarth Press).

Berlowitz, Shelly (1976). »Unequal Equals: How Politics Can Block Empathy.« In *Empathy and Its Limits*. Hg. von Aleida Assmann und Ines Detmers. London und New York (Palgrave Macmillan), 38–51.

Besprechungsprotokoll (20.1.1942) der »Besprechung über die Endlösung der Judenfrage«. https://www.ghwk.de/fileadmin/Redaktion/PDF/Konferenz/protokoll-januar1942_barrierefrei.pdf

Bevir, Mark (2007). »Introduction: Historical Understanding and the Human Sciences.« *Journal of the Philosophy of History* 1: 259–270.

Bischof-Köhler, Doris (2012). »Empathy and Self-Recognition in Phylogenetic and Ontogenetic Perspective.« *Emotion Review* 4, no. 1: 40-48.

Bolognini, Stefano (1997). »Empathy and ›Empathism‹.« *International Journal of Psycho-Analysis* 78: 279–293.

Bos, Jacques (2010). »Individuality and Interpretation in Nineteenth-Century German Historicism.« In *Perspectives on Erklären and Verstehen*. Hg. von Uljana Feest. Dordrecht (Springer Verlag), 207–220.

Brady, Michael S. (2013). *Emotional Insight: The Epistemic Role of Emotional Experience*. Oxford (Oxford University Press).

Breithaupt, Fritz (2017). *Die dunklen Seiten der Empathie*. Frankfurt am Main (Suhrkamp).

——— (1976). »Empathy for Empathy's Sake: Aesthetics and Everyday Empathic Sadism.« In *Empathy and Its Limits*. Hg. von Aleida Assmann und Ines Detmers. London und New York (Palgrave Macmillan), 151–165.

——— (2012). *Kulturen der Empathie*. Frankfurt am Main (Suhrkamp).

——— (2012). »A Three-Person Model of Empathy.« *Emotion Review* 4: 84–91.

Brinton, Crane (1965 [1938]). *The Anatomy of Revolution*. New York (Vintage Books).

Browning, Christopher R. (1992). »German Memory, Judicial Interrogation, and Historical Reconstruction: Writing Perpetrator History from Postwar Testimony.« In *Probing the Limits of Representation: Nazism and the »Final Solution«*. Hg. von Saul Friedländer. Cambridge, Massachusetts (Harvard University Press), 22–36.

——— (2006 [2003]). *Die Entfesselung der »Endlösung«. Nationalsozialistische Judenpolitik 1939-1942*. Übers. von Klaus-Dieter Schmidt. München (List).

Bubandt, Nils (2009). »The Enemy's Point of View: Violence, Empathy, and the Ethnography of Fakes.« *Cultural Anthropology* 24, no. 3: 553–588.

Burckhardt, Jacob. *The Civilization of the Renaissance in Italy*. Übers. von S. G. C. Middlemore. London und New York (Penguin Books, 1990).

———. *Reflections on History*. Übers. von M. D. Hottinger. edited by Gottfried Dietze Indianapolis, IN: Liberty Classics, 1979.

——— (1910). *Weltgeschichtliche Betrachtungen*. 2. Aufl. Hg. von Jakob Oeri. Berlin und Stuttgart (Spemann).

Burleigh, Michael (2000 [2000]). *Die Zeit des Nationalsozialismus.* Übers. von Udo Rennert und Karl Heinz Siber. Frankfurt am Main (Fischer).

Butterfield, Herbert (1951). *History and Human Relations.* London (Collins).

Carr, David (2008). »Narrative Explanation and Its Malcontents.« *History and Theory* 47: 19–30.

Collingwood, R.G. (1955 [1946]). *Philosophie der Geschichte.* Übers. von Gertrud Herding. Stuttgart (Kohlhammer).

Confino, Alon (2018). »From Psychohistory to Memory Studies: Or, How Some Germans Became Jews and Some Jews Nazis.« In *History Flows through Us: Germany, the Holocaust, and the Importance of Empathy*. Hg. von Roger Frie, 17-30. London und New York (Routledge), 17–30.

——— (2006). »Prologue: The Historian's Representations.« In *Germany as a Culture of Remembrance: Promises and Limits of Writing History*. Hg. von Alon Confino. Chapel Hill (North Carolina University Press), 1–22.

——— (2014). *A World without Jews: The Nazi Imagination from Persecution to Genocide.* New Haven, CT (Yale University Press).

Connelly, John, und Alan Costall (2000). »R. G. Collingwood and the Idea of an Historical Psychology.« *Theory and Psychology* 10: 147–170.

Cooley, Charles H. (1964). *Human Nature and the Social Order.* New York (Schocken Books).

——— (1926). »The Roots of Social Knowledge.« *American Journal of Sociology* 32, no. 1: 59–79.

Coplan, Amy (2011). »Understanding Empathy: Its Features and Effects.« In *Empathy: Philosophical and Psychological Perspectives*. Hg. von Amy Coplan and Peter Goldie, 1–19. Oxford (Oxford University Press).

Coplan, Amy, und Peter Goldie (2011). »Introduction.« In *Empathy: Philosophical and Psychological Perspectives*. Hg. von Amy Coplan and Peter Goldie, ix-xlii. Oxford (Oxford University Press).

Cottrell, Leonard S. (1942). »The Analysis of Situational Fields in Social Psychology.« *American Sociological Review* 7: 370–382.

——— (1950). »Some Neglected Problems in Social Psychology.« *American Sociological Review* 15: 705–712.

Craig, Gordon (2006 [1978]). *Deutschland 1866-1945. Vom Norddeutschen Bund bis zum Ende des Dritten Reiches.* Übers. von Karl Heinz Siber. München (C.H. Beck).

Croce, Benedetto (1915 [1911]). *Theorie und Geschichte der Historiographie.* Übers. von Enrico Pizzo. Tübingen (Mohr).

D'Oro, Giuseppina (2000). »Collingwood on Re-Enactment and the Identity of Thought.« *Journal of the History of Philosophy* 38: 87–101.

——— (2004). »Collingwood, Psychologism and Internalism.« *European Journal of Philosophy* 12: 163–177.

——— (2004). »Re-Enactment and Radical Interpretation.« *History and Theory* 43: 198–208.

Daniel, Ute (2013). »Erfahrene Geschichte: Intervention über ein Thema Reinhard Kosellecks.« In *Zwischen Sprache und Geschichte: Zum Werk Reinhard Kosellecks*. Hg. von Carsten Dutt und Reinhard Laube. Marbacher Schriften. Göttingen (Wallstein) , 14-28.

——— (2006). *Kompendium Kulturgeschichte: Theorien, Praxis, Schlüsselwörter.* Frankfurt am Main (Suhrkamp).

Danto, Arthur C. (1980 [1965]). *Analytische Philosophie der Geschichte.* Übers. von Jürgen Behrens. Frankfurt am Main (Suhrkamp).

Davis Jr., O. L., Elizabeth Anne Yeager und Stuart J. Foster (2001). *Historical Empathy and Perspective Taking in the Social Studies.* Lanham, Md. (Rowman & Littlefield).

Davis, Mark H. (1994). *Empathy: A Social Psychological Approach.* Social Psychology Series. Boulder, CO, US (Westview Press).

De Vignemont, Frederique, und Pierre Jacob (2012). »What Is It Like to Feel Another's Pain?« *Philosophy of Science* 79, no. 2: 295–316.

De Vignemont, Frederique, und Tania Singer (2006). »The Empathic Brain: How, When, Why?«. *Trends in Cognitive Neuroscience* 10, no. 10: 435–441.

Dean, Carolyn J. (2004). *The Fragility of Empathy after the Holocaust.* Ithaca, NY (Cornell University Press).

——— (2004). »History Writing, Numbness, and the Restoration of Dignity.« *History of the Human Sciences* 17, no. 2-3: 57–96.

Decety, Jean, Philip L. Jackson, und Eric Brunet (2007). »The Cognitive Neuropsychology of Empathy.« In *Empathy in Mental Illness*. Hg. von Tom F. D. Farrow and Peter W. R. Woodruff, 239-260. Cambridge (Cambridge University Press).

Decety, Jean, und Claus Lamm (2009). »Empathy Versus Personal Distress: Recent Evidence from Social Neuroscience.« In *The Social Neuroscience of Empathy*. Hg. von Jean Decety and William John Ickes, 199–213. Cambridge, MA (MIT Press).

Decety, Jean, und Andrew N. Metzoff (2011). »Empathy, Imitation, and the Social Brain.« In *Empathy: Philosophical and Psychological Perspectives*. Hg. von Amy Coplan and Peter Goldie, 58–81. Oxford (Oxford University Press).

Demos, John. *Entertaining Satan: Witchcraft and the Culture of Early Modern New England.* New York and Oxford (Oxford University Press, 1982.

——— (1970). *A Little Commonwealth: Family Life in Plymouth Colony.* New York and Oxford (Oxford University Press).

——— (1994). *The Unredeemed Captive: A Family Story from Early America.* New York (Alfred Knopf).

——— (2002). »Using Self, Using History . . .« *The Journal of American History* 89, no. 1: 37–42.

Depraz, Natalie, und Diego Cosmelli (2003). »Empathy and Openness: Practices of Intersubjectivity at the Core of the Science of Consciousness.« In *The Problem of Consciousness: New Essays in Phenomenological Philosophy of Mind.* Hg. von Evan Thompson. Calgary (University of Calgary Press), 163–203.

Dharamsi, Karim (2011). »Re-Enacting in the Second Person.« *Journal of the Philosophy of History* 5, no. 2: 163–178.

Dilthey, Wilhelm (1922). *Einleitung in die Geisteswissenschaften: Versuch einer Grundlegung für das Studium der Gesellschaft und ihrer Geschichte.* Leipzig/Berlin (B. G. Teubner).

——— (1979 [1927]). Plan der Fortsetzung zum Aufbau der geschichtlichen Welt in den Geisteswissenschaften. *Gesammelte Schriften Bd. 7.* Hg. von Karlfried Gründer und Frithjof Rodi. Tübingen (Mohr).

——— (1990 [1890]). Beiträge zur Lösung der Frage vom Ursprung unseres Glaubens an die Realität der Außenwelt und seinem Recht. In: *Die geistige Welt. Gesammelte Schriften Bd. 5.* Hg. von Karlfried Gründer und Frithjof Rodi. Vandenhoeck & Ruprecht (Göttingen).

——— (1990 [1864-1868)]. Frühe Vorlesungen zur Logik. §21. Die Intuition. In: *Logik und System der Philosophischen Wissenschaften. Gesammelte Schriften Bd. 20.* Hg. von Hans-Ulrich Lessing und Frithjof Rodi. Göttingen (Vandenhoeck & Ruprecht).

——— (1994 [1924]). *Die geistige Welt. Einleitung in die Philosophie des Lebens. Gesammelte Schriften Bd. 5.* Tübingen (Mohr).

——— (2017 [1910]). *Der Aufbau der geschichtlichen Welt in den Geisteswissenschaften.* Berlin (Holzinger).

Document, Nuremberg Trial. »NG-2586 (H), Record, Conference on the Final Solution of the Jewish Problem, Berlin, March 6, 1942.« Hg. von Reichssicherheitshauptamt, 1945.

——— »NG-2586 (M): Minutes of Conference, the Jewish Problem, October 27, 1942.« Hg. von Reichssicherheitshauptamt, 23. Januar 1948.

Donagan, Alan (1956). »The Verification of Historical Theses.« *Philosophical Quarterly* 6, no. 24: 193–208.

Dray, William (1999). *History as Re-Enactment: R. G. Collingwood's Idea of History.* Oxford (Clarendon Press).

——— (1957). *Laws and Explanation in History.* Oxford (Clarendon Press).

Droysen, Johann Gustav (1977 [1857]). *Historik.* Bd. 1. Hg. von Peter Leyh. Stuttgart-Bad Cannstatt.

——— (2020 [1893]). *Grundriß der Historik.* Bonn (minifanal).

Dymond, Rosalind F. (1949). »A Scale for the Measurement of Empathic Ability.« *Journal of Consulting Psychology* 13, no. 2: 127–133.

Edwards, Laura Hyatt (2013). »A Brief Conceptual History of Einfühlung: 18th-Century Germany to Post-World War II U.S. Psychology.« *History of Psychology* 16, no. 4: 269–281.

Eisenberg, Nancy, und Paul Miller (1987). »Empathy, Sympathy, and Altruism: Empirical and Conceptual Links.« In *Empathy and Its Development.* Hg. von Nancy Eisenberg und Janet Strayer, 292-316. Cambridge (Cambridge University Press).

Ermarth, Michael (1987). *Wilhelm Dilthey: The Critique of Historical Reason.* Chicago (University of Chicago Press).

Eustace, Nicole, Eugenia Lean, Julie Livingston, Jan Plomper, William Reddy, und Barbara Rosenwein (2012). »AHR Conversation: The Historical Study of Emotions.« *American Historical Review* 117, no. 5: 1487–1531.

Richard J. Evans (2009 [2008]). *Das Dritte Reich. Band 3. Krieg.* Übers. von Udo Rennert und Martin Pfeifer. München (dva).

Febvre, Lucien (2002 [1985]). *Das Problem des Unglaubens im 16. Jahrhundert: die Religion des Rabelais*. Mit einem Nachw. von Kurt Flasch. Übers. von Gerda Kurz und Siglinde Summerer. Stuttgart (Klett-Cotta).

Fliess, Robert (1942). »The Metapsychology of the Analyst.« *Psychoanalytic Quarterly* 11: 211–227.

Freud, Sigmund (1921). *Massenpsychologie und Ich-Analyse. GW XIII*, S. 71–161.

Frevert, Ute (2016). »Empathizing in the Theater of Horrors or Civilizing the Human Heart.« In *Empathy and Its Limits*. Hg. von Aleida Assmann und Ines Detmers. London und New York (Palgrave Macmillan), 79–99.

Frie, Roger (2018). »Psychoanalysis and History at the Crossroads: A Dialogue with Thomas Kohut.« In *History Flows through Us: Germany, the Holocaust, and the Importance of Empathy*. Hg. von Roger Frie. London und New York (Routledge), 157–187.

Friedlander, Henry (1995). *The Origins of Nazi Genocide: From Euthanasia to the Final Solution.* Chapel Hill (University of North Carolina Press).

Friedländer, Saul (1978). *History and Psychoanalysis: An Inquiry into the Possibilities and Limits of Psychohistory*. Übers. von Susan Suleiman. New York (Holmes and Meier Publishers).

——— (2007 [1982]. *Kitsch und Tod. Der Widerschein des Nazismus.* Übers. von Michael Grendacher und Günter Seib. Frankfurt am Main (Fischer).

——— (1992). »Introduction.« In *Probing the Limits of Representation: Nazism and the »Final Solution«*. Hg. von Saul Friedländer, 1–21. Cambridge, Massachusetts (Harvard University Press).

——— (1992). »Trauma, Transference and ›Working through‹ in Writing the History of the ›Shoah‹.« *History and Memory* 4, no. 1: 39–59.

——— (2007 [2007]). *Das Dritte Reich und die Juden. Die Jahre der Verfolgung 1933-1939 – Die Jahre der Vernichtung 1939–1945.* Übers. von Martin Pfeiffer. München (Beck).

Fritzsche, Peter (2002 [1998]). *Wie aus Deutschen Nazis wurden.* Übers. von Hans J. Schütz. München (Ullstein).

——— »Review: Did Weimar Fail?« *The Journal of Modern History* 68, no. 3 (1996): 629–656.

Gadamer, Hans-Georg (1990 [1960]). *Wahrheit und Methode. Grundzüge einer philosophischen Hermeneutik. Gesammelte Werke Bd. 1.* Tübingen (Mohr).

Gallagher, Shaun (2011). »Empathy, Simulation, and Narrative.« *Scientific Context* 25, no. 3: 355–381.

Gallagher, Shaun, und Somogy Varga (2014). »Social Constraints on the Direct Perception of Emotions and Intentions.« *Topoi* 33, no. 1: 185–199.

Gallese, Vittorio, Christian Keysers, und Giacomo Rizzolatti (2004). »A Unifying View of the Basis of Social Cognition.« *Trends in Cognitive Sciences* 8: 396–403.

Gardiner, Patrick (1996). »Interpretation in History: Collingwood and Historical Understanding.« *Royal Institute of Philosophy Supplement* 41: Verstehen and Humane Understanding: 109–119.

——— (1961). *The Nature of Historical Explanation.* Oxford (Oxford University Press).

Gay, Peter (1994 [1985]). *Freud für Historiker*. Übers. von Monika Noll. Tübingen (edition diskord).

Geertz, Clifford (1999 [1974]). »Aus der Perspektive des Eingeborenen«. Zum Problem des ethnologischen Verstehens. In: *Dichte Beschreibung. Beiträge zum Verstehen kultureller Systeme.* Übers. von Brigitte Luchesi und Rolf Bindemann. Frankfurt am Main (Suhrkamp).

Geis, Matthias, und Ulrich, Bernd (2019). »Wacht auf, verdammt!« *Die Zeit*, 14. Februar.

Gerdes, Karen E. (2011). »Empathy, Sympathy, and Pity: 21st-Century Definitions and Implications for Practice and Research.« *Journal of Social Service Research* 37, no. 3: 230–241.

Gerlach, Christian (1998). »Die Wannsee-Konferenz, das Schicksal der deutschen Juden und Hitlers politische Grundsatzentscheidung alle Juden zu ermorden.« In *Krieg, Ernährung, Völkermord: Forschungen zur deutschen Vernichtungspolitik im Zweiten Weltkrieg*. Hg. von Christian Gerlach. Hamburg (Hamburger Edition).

Ginzberg, Carlo (1989). »The Inquisitor as Anthropologist.« Übers. von John und Anne C. Tedeschi. In *Clues, Myths, and the Historical Method*. Hg. von Carlo Ginzberg, 156–164. Baltimore (The Johns Hopkins University Press).

Gladstein, Gerald A. (1984). »The Historical Roots of Contemporary Empathy Research.« *Journal of the History of the Behavioral Sciences* 20, no. 1: 38–59.

Goldberg, Amos (2016). »Empathy, Ethics, and Politics in Holocaust Historiography.« In *Empathy and Its Limits*. Hg. von Aleida Assmann und Ines Detmers, 52–76. London und New York (Palgrave Macmillan).

——— (2009). »The Victim's Voice and Melodramatic Aesthetics in History.« *History and Theory* 48: 220–237.

Goldie, Peter (1999). »Anti-Empathy.« In *Empathy: Philosophical and Psychological Perspectives*. Hg. von Amy Coplan und Peter Goldie, 302–317. Oxford (Oxford University Press).

——— (2011). »How We Think of Others' Emotions.« *Mind and Language* 14, no. 4: 394-423.

Goldman, Alvin I. (2011) »Two Routes to Empathy: Insights from Cognitive Neuroscience.« In *Empathy: Philosophical and Psychological Perspectives*. Hg. von Amy Coplan und Peter Goldie, 31–44. Oxford (Oxford University Press).

Goldman, Alvin I., und Vittorio Gallese (1998). »Mirror Neurons and the Simulation Theory of Mind-Reading.« *Trends in Cognitive Sciences* 12: 493–501.

Grenville, John A. S. (1986). Die »Endlösung« und die »Judenmischlinge« im Dritten Reich. In: *Das Unrechtsregime: Internationale Forschung über den Nationalsozialismus.* Hg. von Werner Jochmann, Werner Johe und Ursula Büttner. Hamburg (Christians).

Gruner, Rolf (1967). »Understanding in the Social Sciences and History.« *Inquiry: An Interdisciplinary Journal of Philosophy* 10, no. 1-4: 151–163.

Habermas, Jürgen (1999 [1968]). *Erkenntnis und Interesse. Mit einem neuen Nachwort.* Frankfurt am Main (Suhrkamp).

——— (1985). *Zur Logik der Sozialwissenschaften*. Frankfurt am Main (Suhrkamp).

Halpern, Jodi (2001). *From Detached Concern to Empathy: Humanizing Medical Practice.* Oxford (Oxford University Press).

Haney, Kathleen (2009). »Empathy and Otherness.« *Journal of Philosophy: A Cross-Disciplinary Inquiry* 4, no. 8: 11–19.

Harrington, Austin (2001). »Dilthey, Empathy and Verstehen a Contemporary Reappraisal.« *European Journal of Social Theory* 4, no. 3 (1. August): 311–329.

——— (2001). *Hermeneutic Dialogue and Social Science: A Critique of Gadamer and Habermas.* New York (Routledge).

Harris, William V. (2010). »History, Empathy and Emotions.« *Antike und Abendland* 56: 1–23.

Hausheer, Roger (1996). »Three Major Originators of the Concept of Verstehen: Vico, Herder, Schleiermacher.« *Royal Institute of Philosophy Supplements* 41: Verstehen and Humane Understanding: 47–72.

Heal, Jane (2003). *Mind, Reason, and Imagination.* Cambridge (Cambridge University Press).

Hempel, Carl G. (1942). »The Function of General Laws in History.« *The Journal of Philosophy* 39, no. 2: 35–48.

Herf, Jeffrey (1986). *Reactionary Modernism: Technology, Culture, and Politics in Weimar and the Third Reich.* Cambridge (Cambridge University Press).

Hickok, Gregory (2014). *The Myth of Mirror Neurons: The Real Neuroscience of Communication and Cognition.* New York (W. W. Norton).

Hickok, Gregory, und Marc Hauser (2010). »(Mis)Understanding Mirror Neurons.« *Current Biology* 20, no. 14: 593–594.

Himmler, Heinrich. »Rede des Reichsführers SS bei der SS-Gruppenführertagung in Posen am 4. Oktober 1943«. In: Der Prozess gegen die Hauptkriegsverbrecher vor dem Internationalen Militärgerichtshof. Nürnberg 14. November – 1. Oktober 1946. Amtlicher Text, deutsche Ausgabe. Bd. 29: Urkunden und anderes Beweismaterial Nr. 1850 – Nr. 2233. Nürnberg 1948, S. 110–173. http://1000dok.digitale-sammlungen.de/dok_0008_pos.pdf (zuletzt aufgerufen am 20.1.2023)

Hoffman, Martin L. (1987). »The Contribution of Empathy to Justice and Moral Judgment.« In: *Empathy and Its Development*. Hg. von Nancy Eisenberg und Janet Strayer, 47–80. Cambridge (Cambridge University Press).

——— (1976). »Empathy, Role-Taking, Guilt, and the Development of Altruistic Motives.« In *Moral Development and Behavior: Theory, Research, Social Issues*. Hg. von T. Lickona, 124–143. New York (Holt, Rinehart, and Winston).

——— (1984). »Interaction of Affect and Cognition in Empathy.« In *Emotions, Cognition, Behavior*. Hg. von C. E. Izard, J. Kagan und R. B. Zajonc, 103–131. Cambridge (Cambridge University Press).

Hollan, Douglas. »Emerging Issues in the Cross-Cultural Study of Empathy.« *Emotion Review* 4 (2012): 70–78.

Hume, David (1978 [1739–1740]). *Ein Traktat über die menschliche Natur. Buch I–III. Zweites Buch. Über die Affekte*. Drittes Buch: Über Moral. Übers. von T. Lipps. Hamburg (Felix Meiner).

——— (1988 [1742]). *Politische und ökonomische Essays.* Übers. von Susanne Fischer. Mit einer Einleitung herausgegeben von Udo Bermbach. Teilband 1. Hamburg (Felix Meiner Verlag).

——— (2018 [1748]). *Eine Untersuchung über den menschlichen Verstand.* Übers. von Raoul Richter. Durchgesehen und überarbeitet von Lambert Wiesing. Frankfurt am Main (Suhrkamp).

Hunt, Lynn (2007). *Inventing Human Rights: A History*. New York (W. W. Norton and Company).

Edmund Husserl (1973 [1906/07]). Einleitung in die Logkik und Erkenntnistheorie. In *Zur Phänomenologie der Intersubjektivität. Texte aus dem Nachlaß. Erster Teil 1905–1020. Gesammelte Werke Bd. XIII.* Hg. von Iso Kern. Den Haag (Nijhoff).

Iggers, Georg G. (2009). *The German Conception of History: The National Tradition of Historical Thought from Herder to the Present.* Middleton, CT: Wesleyan University Press, 1968.

Jacquette, Dale (2009). »Collingwood on Historical Authority and Historical Imagination.« *Journal of the Philosophy of History* 3, no. 1: 55–78.

Jay, Martin (2005). *Songs of Experience: Modern American and European Variations on a Universal Theme.* Berkeley (University of California Press).

Jenkins, Keith (2003). *Re-Thinking History.* London (Routledge).

Kaplan, Thomas Pegelow (2011). *The Language of Nazi Genocide: Linguistic Violence and the Struggle of Germans of Jewish Ancestry.* Cambridge (Cambridge University Press).

Kershaw, Ian (1981). »Alltägliches und Ausseralltägliches: Ihre Bedeutung für die Volksmeinung, 1933–1939.« In *Die Reihen fast geschlossen: Beiträge zur Geschichte des Alltags unterm Nationalsozialismus*. Hg. von Detlev Peukert und Jürgen Reulecke, 273–292. Wuppertal (Peter Hammer).

Kessel, Eberhard (1954). »Rankes Idee der Universalhistorie.« *Historische Zeitschrift* 178, no. 2: 269–308.

Kaelber, Lutz und Raiter, Raimond (2011). *Kindermord und »Kinderfachabteilungen« im Nationalsozialismus: Gedenken und Forschung*. Hamburg (Peter Lang).

Kempner, Robert M.W. (1961). *Eichmann und Komplizen.* Zürich, Stuttgart, Wien (Europa Verlag).

Klee, Ernst (200). »›Euthanasie‹ im NS-Staat: Die ›Vernichtung lebensunwerten Lebens‹.« In *Die Zeit des Nationalsozialismus*. Hg. von Walter H. Pehle. Frankfurt am Main (Fischer).

Knight, Robert (1946). »Psychotherapy of an Adolescent Catatonic Schizophrenia with Mutism: A Study in Empathy and Establishing Contact.« *Psychiatry* 9: 323–339.

Kögler, Hans Herbert, und Karsten R. Stueber (2000). »Introduction: Empathy, Simulation, and Interpretation in the Philosophy of Social Science.« In *Empathy and Agency: The Problem of Understanding in the Social Sciences*. Hg. von Hans Herbert Kögler und Karsten Stueber. (Westview Press). 1–61.

Köhler, Lotte (2013). »Von der Freud'schen Psychoanalyse zur Selbstpsychologie Heinz Kohuts: Eine Einführung.« In *Von der Selbsterhaltung zur Selbstachtung: Der geschichtlich bedingte Wandel psychoanalytischer Theorien und ihr Beitrag zum Verständnis historischer Entwicklungen*. Hg. von Hans Kilian und Lotte Köhler, 13–75. Gießen (Psychosozial).

Kohut, Heinz. (1977 [1959]). Introspektion, Empathie und Psychoanalyse: Zur Beziehung zwischen Beobachtungsmethode und Theorie. Übers. von Käte Hügel. In: ders., *Introspektion, Empathie und Psychoanalyse.* Frankfurt am Main (Suhrkamp), S. 9–35.

——— (2011). »Letter to a Colleague.« In *The Search for the Self: Selected Writings of Heinz Kohut*. Hg. von Paul H. Ornstein. London (Karnac Books), S. 580.

——— (2016 [1981]). Über Empathie. Übers. von Elisabeth Vorspohl. In: ders., *Psychoanalyse in einer unsicheren Welt. Texte aus den Jahren 1960–1981. Gesammelte Werke Bd. 1.* Hg. von Eva Rass & Lotte Köhler. Gießen (Psychosozial), S. 199–210.

——— (2016 [1982]). Introspektion, Empathie und der Halbkreis der psychischen Gesundheit. Übers. von Elisabeth Vorspohl. In: ders., *Psychoanalyse in einer unsicheren Welt. Texte aus den Jahren 1960–1981. Gesammelte Werke Bd. 1.* Hg. von Eva Rass & Lotte Köhler. Gießen (Psychosozial), S. 211–234.

——— (1989 [1984]). Wie heilt die Psychoanalyse? Übers. von E. vom Scheidt. Frankfurt am Main (Suhrkamp).

Kohut, Thomas A. (2017 [2012]). *Eine deutsche Generation und ihre Suche nach Gemeinschaft. Erlebte Geschichte des 20. Jahrhunderts.* Übers. von Elisabeth Vorspohl. Gießen (Psychosozial).

——— »Psychohistory as History.« *American Historical Review* 91, no. 2 (1986): 336.

——— *Wilhelm II and the Germans: A Study in Leadership.* New York und Oxford (Oxford University Press, 1991.

Koselleck, Reinhart (1979). »›Erfahrungsraum‹ und ›Erwartungshorizont‹ – Zwei historische Kategorien.« In *Vergangene Zukunft: Zur Semantik geschichtlicher Zeiten*, 349–375. Frankfurt am Main (Suhrkamp).

LaCapra, Dominick (1998). *History and Memory after Auschwitz.* Ithaca (Cornell University Press).

——— (1987). »History and Psychoanalysis.« *Critical Inquiry* 13, no. 2: 222–251.

——— (2004). *History in Transit: Experience, Identity, Critical Theory*. Ithaca, NY (Cornell University Press).

——— (1994). *Representing the Holocaust: History, Theory, Trauma*. Ithaca (Cornell University Press).

——— (1992). »Representing the Holocaust: Reflections on the Historians' Debate.« In *Probing the Limits of Representation: Nazism and the Final Solution*. Hg. von Saul Friedländer, 108–127. Cambridge, MA (Harvard University Press).

——— (2004). »Tropisms of Intellectual History.« *Rethinking History* 8, no. 4: 499–529.

——— (2018). *Understanding Others: Peoples, Animals, Pasts*. Ithaca and London (Cornell University Press).

——— (2011). *Writing History, Writing Trauma*. Baltimore (The Johns Hopkins University Press).

Lamm, Claus, C. Daniel Batson, und Jean Decety (2007). »The Neural Substrate of Human Empathy: Effect of Perspective Taking and Cognitive Appraisal.« *Journal of Cognitive Neuroscience* 19, no. 1: 42–58.

Landsberg, Alison (2009). »Memory, Empathy, and the Politics of Identification.« *International Journal of Politics, Culture, and Society* 22, no. 2: 221–229.

Lieber, Frederic William (1995). »The Legacy of Empathy: History of a Psychological Concept.« (Indiana University).

Loewenberg, Peter (2007). »Cultural History and Psychoanalysis.« *Psychoanalysis and History* 9, no. 1: 17–37.

Lunbeck, Elizabeth (2014). *The Americanization of Narcissism*. Cambridge (Harvard University Press).

——— (2011). »Empathy as a Psychoanalytic Mode of Observation: Between Sentiment and Science.« In *Histories of Scientific Observation*. Hg. von Lorraine Daston and Elizabeth Lunbeck (The University of Chicago Press). 255-275.

Maclean, Michael J. (1982). »Johann Gustav Droysen and the Development of Historical Hermeneutics.« *History and Theory* 21, no. 3: 347–365.

Maier, Charles S. (1975). *Recasting Bourgeois Europe: Stabilization in France, Germany and Italy in the Decade after World War I*. Princeton, NJ (Princeton University Press).

——— (1988). *The Unmasterable Past: History, Holocaust, and German National Identity*. Cambridge, MA (Harvard University Press).

Makkreel, Rudolf A. (1992). *Dilthey: Philosopher of the Human Sciences*. Princeton, NJ (Princeton University Press).

——— (1996). »How Is Empathy Related to Understanding?« Chap. 1.1 In *Issues in Husserl's Ideas II*. Hg. von Thomas Nenon und Lester Embree. Contributions to Phenomenology, (Springer Netherlands), 199–212.

Makkreel, Rudolf A., und Frithjof Rodi (2002). »Introduction to Volume III.« In *Wilhelm Dilthey: The Formation of the Historical World in the Human Sciences*. Hg. von Rudolf A. Makkreel und Frithjof Rodi. Princeton und Oxford (Princeton University Press).

Mandelbaum, Maurice (1977). *The Anatomy of Historical Knowledge.* Baltimore (Johns Hopkins University Press).

——— (1938). *The Problem of Historical Knowledge: An Answer to Relativism.* New York (Liveright Publishing).

Mead, George H. (1973 [1967]). *Geist, Identität und Gesellschaft aus der Sicht des Sozialbehaviorismus.* Übers. von Ulf Pacher. Frankfurt am Main (Suhrkamp).

Meyer, Beate (1999). *»Jüdische Mischlinge«: Rassenpolitik und Verfolgungserfahrung, 1933–1945.* Studien zur jüdischen Geschichte. Hg. von Monika Richarz und Ina Lorenz. Bd. 6. Hamburg (Dölling und Galitz).

Mink, Louis O. (1966). »The Autonomy of Historical Understanding.« *History and Theory* 5, no. 1: 24–47.

Misgeld, Dieter (1979). »On Gadamer's Hermeneutics.« *Philosophy of the Social Sciences* 9, no. 2: 221–239.

Moltke, Johannes von (2007). »Sympathy for the Devil: Cinema, History, and the Politics of Emotion.« *New German Critique* 34: 17–44.

Müller, Philipp (2008). »Understanding History: Hermeneutics and Source-Criticism in Historical Scholarship.« In *Reading Primary Sources: The Interpretation of Texts from Nineteenth- and Twentieth-Century History.* Hg. von Miriam Dobson und Benjamin Ziemann. London und New York (Routledge).

Nagel, Ernest (1961). *The Structure of Science: Problems in the Logic of Scientific Explanation.* New York (Routledge and Kegan Paul).

Nazism 1919–1945: Volume 3. Foreign Policy, War and Racial Extermination: A Documentary Reader. Hg. von Jeremy Noakes und Geoffrey Pridham Exeter (University of Exeter Press) 1995.

Nowak, Magdalena (2011). »The Complicated History of Einfühlung.« *Argument* 1, no. 2: 301–326.

Nozick, Robert (1981). *Philosophical Explanations.* Cambridge, MA (Harvard University Press).

Nussbaum, Martha C. (2001). *Upheavals of Thought: The Intelligence of Emotions.* Cambridge (Cambridge University Press).

Oakes, Guy (1975). »Introductory Essay.« In *Roscher and Knies: The Logical Problems of Historical Economics.* Hg. von Guy Oakes, 1–49. New York (The Free Press).

Oliver, Sophie (2016). »The Aesth-*Ethics* of Empathy: Bakhtin and the *Return to Self* as an Ethical Act.« In *Empathy and Its Limits.* Hg. von Aleida Assmann und Ines Detmers, 166–186. London und New York (Palgrave Macmillan).

Orange, Donna M. (2018). »Experiential History: Understanding Backwards.« In *History Flows through Us: Germany, the Holocaust, and the Importance of Empathy.* Hg. von Roger Frie, 49-60. London und New York (Routledge).

Pigman, George W. (1995). »Freud and the History of Empathy.« *International Journal of Psycho-Analysis* 76: 237–256.

Poland, Warren (2007). »Clinician's Corner: The Limits of Empathy.« *American Imago* 64: 87–93.

Popper, Karl R. (1945). *The Open Society and Its Enemies*. 2 vols. Vol. 2, London (George Routledge and Sons).

Publius Terentius Afer (Terenz) (1983). *Heautontimorumenos. Text.* Münster (Aschendorff).

Pulzer, Peter (1997). *Germany, 1870–1945: Politics, State Formation, and War*. Oxford und New York (Oxford University Press).

Ranke, Leopold von (1880). *Englische Geschichte*. Sämtliche Werke. Vol. 2, Leipzig (Duncker und Humblot).

——— (1975 [1830]). Vorlesungseinleitungen. In: ders., *Historisch-kritische Ausgabe. Aus Werk und Nachlaß*. Bd. 4. Hg. von Volker Dotterweich und Walther Peter Fuchs. München (Oldenbourg).

Retz, Tyson (2018). *Empathy and History: Historical Understanding in Re-Enactment, Hermeneutics and Education*. Making Sense of History. edited by Stefan Berger New York and Oxford (Berghahn Books).

Roper, Lyndal (1995 [1994]). *Ödipus und der Teufel. Körper und Psyche in der Frühen Neuzeit.* Übers. von Peter Sillim. Frankfurt am Main (Fischer).

Roper, Michael (2014). »The Unconscious Work of History.« *Cultural and Social History* 11, no. 2: 169–193.

Roseman, Mark (2002 [2002]). *Die Wannsee-Konferenz. Wie die NS-Bürokratie den Holocaust organisierte.* Übers. von Klaus-Dieter Schmidt. Berlin (Ullstein).

Sandis, Constantine (2011). »A Just Medium: Empathy and Detachment in Historical Understanding.« *Journal of the Philosophy of History* 5, no. 2: 179–200.

Scheler, Max (1973 [1948]). *Wesen und Formen der Sympathie.* 6., durchgesehene Auflage von »Phänomenologie und Theorie der Sympathiegefühle«. Bern/München (Francke).

Schwaber, Evelyne A (1981). »Empathy: A Mode of Analytic Listening.« *Psychoanalytic Inquiry* 1, no. 3: 357–392.

Scott, Joan W. (1991). »The Evidence of Experience.« *Critical Inquiry* 17, no. 4: 773–797.

Scriven, Michael (1964). »Truisms as the Grounds for Historical Explanations.« In *Theories of History*. Hg. von Patrick Gardiner, 443-475. Glencoe, NY (The Free Press of Glencoe), 443–475.

Shapiro, Edward R. (2010). *Finding a Place to Stand: Developing Self-Reflective Institutions, Leaders, and Citizens.* Bicester (Phoenix Publishing House).

Sherman, Nancy (1998). »Empathy and Imagination.« *MISP Midwest Studies In Philosophy* 22, no. 1: 82–119.

Shum, Peter (2014). »Avoiding Circularities on the Empathic Path to Transcendental Intersubjectivity.« *Topoi* 33, no. 1: 143–156.

Simmel, Georg (1997 [1905/07]). *Die Probleme der Geschichtsphilosophie.* Frankfurt am Main (Suhrkamp).

——— (1999 [1918]). *Vom Wesen des historischen Verstehens. Gesamtausgabe Bd. 16.* Hg. von Gregor Fitzi und Otthein Rammstedt. Frankfurt am Main (Suhrkamp), 151–179.

Smith, Adam (2010 [1759]). *Theorie der ethischen Gefühle.* Auf der Grundlage der Übersetzung von Walther Eckstein neu herausgegeben von Horst D. Brandt. Hamburg (Felix Meiner).

Spencer, James H., und Leon Balter (1990). »Psychoanalytic Observation.« *Journal of the American Psychoanalytic Association* 38, no. 2: 393–421.

Stein, Edith (1980 [1917]). *Zum Problem der Einfühlung.* Reprint der Dissertation von 1917. München (Kaffke-Verlag).

Stein, Edith (2008 [1917]). *Zum Problem der Einfühlung.* Freiburg (Herder).

Stoltzfus, Nathan (1999 [1996]). *Widerstand des Herzens: Der Aufstand der Berliner Frauen in der Rosenstraße – 1943.* Übers. von Michael Müller. München (dtv).

Strayer, Janet (1987). »Affective and Cognitive Perspectives on Empathy.« In *Empathy and Its Development.* Hg. von Nancy Eisenberg und Janet Strayer, 218–244. Cambridge (Cambridge University Press).

Stueber, Karsten (2019). »Empathy.« In *Stanford Encylopedia of Philosophy.* Hg. von Edward Zalta. Palo Alto.

——— (2014). »Empathy.« In *Stanford Encylopedia of Philosophy.* Hg. von Edward Zalta. Palo Alto (Stanford University Press).

——— (2009). »Intentionalism, Intentional Realism, and Empathy.« *Journal of the Philosophy of History* 3, no. 3: 290–307.

——— (2008). »Reasons, Generalizations, Empathy, and Narratives: The Epistemic Structure of Action Explanation.« *History and Theory* 47, no. 1: 31–43.

——— (2006). *Rediscovering Empathy: Agency, Folk Psychology, and the Human Sciences.* Cambridge, MA (MIT Press).

——— (2012). »Understanding Versus Explanation? How to Think About the Distinction between the Human and the Natural Sciences.« *Inquiry: An Interdisciplinary Journal of Philosophy* 55, no. 1: 17–32.

Taylor, Barbara (2012). »Historical Subjectivity.« Chap. 9 In *Psyche and History.* Hg. von Sally Alexander und Barbara Taylor. Basingstoke (Palgrave Macmillan), 195–210.

Thompson, Evan (2007). *Mind in Life: Biology, Phenomenology, and the Sciences of Mind.* Cambridge, MA (Belnap Press of Harvard University).

Throop, C. Jason (2008). »On the Problem of Empathy: The Case of Yap, Federated States of Micronesia.« *Ethos* 36, no. 4: 402–426.

Tompkins, Silvan (1968). »Affects: Primary Motives of Man.« *Humanitas* 3, no. 3: 321–345.

Turner, Stephen (2011). »Collingwood and Weber vs. Mink: History after the Cognitive Turn.« *Journal for the Philosophy of History* 5, no. 2: 230–260.

Vaage, Margrethe Bruun (2010). »Fiction Film and the Varieties of Empathic Engagement.« *Midwest Studies in Philosophy* 34: 158–179.

Vico, Giambattista (2009 [1725]). *Prinzipien einer neuen Wissenschaft über die gemeinsame Natur der Völker.* Übers. von Vittorio Hösle und Christoph Jermann und mit Texterverweisen von Christoph Jermann. Hamburg (Felix Meiner).

——— (2000 [1725]). *Die neue Wissenschaft über die gemeinschaftliche Natur der Völker.* Übers. von Erich Auerbach, Berlin / New York (de Gruyter).

Vielmetter, Georg (2000). »The Theory of Holistic Simulation: Beyond Interpretivism and Postempiricism.« In *Empathy and Agency: The Problem of Understanding in the*

Social Sciences. Hg. von Hans Herbert Kögler und Karsten Steuber. Boulder (Westview Press), 83–102.

Walsh, William Henry (1951). *An Introduction to the Philosophy of History*. London (Hutchinson's University Library).

Walter, Henrik (2012). »Social Cognitive Neuroscience of Empathy: Concepts, Circuits, and Genes.« *Emotion Review* 4, no. 1: 9-17.

Watson, Jeanne C., und Leslie S. Greenberg (2009). »Empathic Resonance: A Neuroscience Perspective.« In *The Social Neuroscience of Empathy*. Hg. von Jean Decety und William Ickes Cambridge, MA (MIT Press), 125–137.

Weber, Max (1985 [1903-1906]). Roscher und Knies und die logischen Probleme der historischen Nationalökonomie. In: *Gesammelte Aufsätze zur Wissenschaftslehre*. Hg. von J. Winckelmann. Tübingen (Mohr Siebeck).

——— (1985 [1906]). Kritische Studien auf dem Gebiet der kulturwissenschaftlichen Logik. In: ders., *Gesammelte Aufsätze zur Wissenschaftslehre*. Hg. von J. Winckelmann. Tübingen (Mohr Siebeck).

——— (1980 [1921/25]). *Wirtschaft und Gesellschaft. Grundriß der verstehenden Soziologie*. Tübingen (Mohr).

——— Die »Objektivität« sozialwissenschaftlicher und sozialpolitischer Erkenntnis. In: ders., *Gesammelte Aufsätze zur Wissenschaftslehre*. Hg. von J. Winckelmann. Tübingen (Mohr Siebeck).

Weitz, Eric D. (2013). *Weimar Germany: Promise and Tragedy – New and Expanded Edition*. Princeton, NJ (Princeton University Press).

White, Morton. *Foundations of Historical Knowledge*. New York: Harper Torchbooks, 1965.

Winch, Peter (1970 [1958]). *The Idea of a Social Science and Its Relation to Philosophy*. London (Routledge and Kegan Paul)

——— (1964). »Understanding a Primitive Society.« *American Philosophical Quarterly* 1, no. 4: 307–324.

Winkler, Heinrich August (2019). »Mehr Revolution wagen?« *Die Zeit*, 21 Februar.

Winter, Jay (2016). »From Sympathy to Empathy: Trajectories of Rights in the Twentieth Century.« In *Empathy and Its Limits*. Hg. von Aleida Assmann und Ines Detmers. London und New York (Palgrave Macmillan), 2016.

Wispé, Lauren (1986). »The Distinction between Sympathy and Empathy: To Call Forth a Concept, a Word Is Needed.« *Journal of Personality and Social Psychology* 50: 314–321.

——— (1987). »History of the Concept of Empathy.« In *Empathy and Its Development*. Hg. von Nancy Eisenberg und Janet Strayer. Cambridge Studies in Social and Emotional Development., 17–37. New York (Cambridge University Press).

Wolin, Richard (2004). *The Seduction of Unreason: The Intellectual Romance with Fascism from Nietzsche to Postmodernism*. Princeton, NJ (Princeton University Press).

Wollheim, Richard (1984). *The Thread of Life*. New Haven (Yale University Press).

Yahil, Leni (1998 [1990]). *Die Shoah*. Übers. von H. Jochen Bussmann. München (Luchterhand).

Zahavi, Dan (20129. »Empathy and Mirroring: Husserl and Gallese.« In *Life, Subjectivity, and Art: Essays in Honor of Rudolf Bernet*. Hg. von Roland Breeur und Ullrich Melle. Dordrecht (Springer), 217–254.

——— (2014). »Empathy and Other-Directed Intentionality.« *Topoi* 33, no. 1: 129–142.

——— (2008). »Simulation, Projection, and Empathy.« *Conscious Cognition* 17: 514–522.

——— (2005). *Subjectivity and Selfhood.* Cambridge, MA (MIT Press).

Zahavi, Dan, und Søren Overgaard (2012). »Empathy without Isomorphism: A Phenomenological Account.« In *Empathy: From Bench to Bedside*. Hg. von Jean Decety, 3-20. Cambridge, MA (MIT Press).

Zaki, Jamil, und Kevin Ochsner (2012). »The Neuroscience of Empathy: Progress, Pitfalls and Promise.« *Nature Neuroscience* 15, no. 5: 675–680.

Personenregister

Sachregister

www.brandes-apsel.de

Roger Frie

Nicht in meiner Familie

Deutsches Erinnern und die Verantwortung nach dem Holocaust

316 S., Pb. Großoktav,
€ 29,90, ISBN 978-3-95558-284-5

»Dieses Buch ist so bemerkenswert, weil ihm das beinahe Unmögliche gelingt: den Schmerz der Deutschen anzuerkennen, ohne die unvorstellbaren Leiden und Schmerzen, die Deutschland anderen zugefügt hat, je aus dem Blick zu verlieren. Leidenschaftlich und großherzig lässt Frie die Leser an seinen psychischen Prozessen teilhaben. In einem kontinuierlichen Prozess der Selbst erforschung und Selbstreflexion erforscht er die tiefsten Tiefen auf seiner Suche nach einer ›gelebten historischen Wahrheit‹ in sich selbst, nach der Wahrheit seines geliebten Großvaters mütterlicherseits, eines Mitglieds der Nazi-Partei, und dessen Komplizenschaft bei den Verbrechen, die das Nazi-Regime verübte.« «

(Dori Laub, MD, Clinical Professor of Psychiatry, Yale University School of Medicine, und Mitbegründer des Fortunoff Video Archive for Holocaust Testimonies)

Klaus Wernecke / Peter Heller

Medienmacht und Demokratie in der Weimarer Republik

Das Beispiel des Medienzaren und vergessenen Führers Alfred Hugenberg

236 S., Pb. Großoktav,
€ 29,90, ISBN 978-3-95558-347-7

Je größer der zeitliche Graben zwischen dem Aufstieg der Nazis in der Weimarer Republik und der Gegenwart wird, desto schwerer fällt es der deutschen Gesellschaft, ein Bild davon in der Erinnerung zu bewahren, mit welch ungeheurer Propagandamacht die gesamte Rechte gearbeitet hat. Der historische Entstehungsprozess des Zeitungskartells des Medienzaren Alfred Hugenberg wird von Wernecke kenntnisreich und detailliert herausgearbeitet.

Dabei legt er den Schwerpunkt auch auf die politische Karriere Hugenbergs und dessen schrittweiser Kollaboration mit den Nazis sowie auf seine bundesdeutsche Nachkriegskarriere. Das Werk ist ein beeindruckendes Beispiel für die kritische Analyse von Medienmacht und politischer Propaganda und somit auch ein Lehrstück für unsere heutige Zeit.

Steven H. Knoblauch

Fluidität, Rhythmus und Gefühl

Unbewusste Verletzlichkeit erspüren und behandeln

220 S., Pb. Großoktav,
€ 29,90, ISBN 978-3-95558-336-1

»Heutzutage muss sich die Psychoanalyse – mit der wachsenden Aufmerksamkeit für kulturelle Verwobenheiten – damit befassen, wie diese Verwobenheiten in uns und in unserer individuellen Entwicklung verkörpert sind: eine zeitgemäße und faszinierende Botschaft.« (Donnel B. Stern)

»Der amerikanische Psychoanalytiker Steven H. Knoblauch versteht es in seinem Diskursbuch Fluidität, Rhythmus und Gefühl unbewusste Verletzlichkeit zu erspüren, zu behandeln und in sieben Kapiteln umfassend auf überaus lebendige Weise darzustellen.« (Marga und Walter Prankl, kultur-punkt.ch)

Petra Kunik /
Susanna Faust-Kallenberg /
Rolf Glaser (Hrsg.)

Erinnerungskultur und Geschichtsbewusstsein

Deutsches Erinnern und die Verantwortung nach dem Holocaust

128 S., Pb. A5,
€ 12,90, ISBN 978-3-95558-325-5

Je größer der zeitliche Graben zwischen dem Holocaust und der Gegenwart wird, desto schwerer fällt es der deutschen Gesellschaft, sich die Erinnerung an das Geschehene zu bewahren. Der Verlust der Zeitzeugen – sowohl der Opfer als auch der Täter – ermöglicht eine emotionale Distanzierung. Das führt nicht nur dazu, dass das Geschehene mehr und mehr in den Hintergrund der Erinnerung rückt, sondern, dass das Gedenken und die historische Erinnerung an sich in Frage gestellt werden.

»In Zeiten von ›fake news‹, ›alternative facts‹ und dem Wiederaufflammen von Verschwörungstheorien ist der Mut zur Wahrheit der Anfang, toxischen Narrativen entgegenzuwirken und so verbindet dieses Buch wissenschaftliche Beiträge zur Erinnerungskultur mit praktischen Erfahrungen, um insbesondere junge Menschen zu erreichen.« (Laura Vollmers, Jüdische Gemeindezeitung Frankfurt)

www.brandes-apsel.de

Roger Money-Kyrle

Die Psychologie von Krieg und Propaganda

Ausgewählte Schriften Band I
Herausgegeben von Heinz Weiß / Claudia Frank

164 S., Pb. Großoktav,
€ 24,90, ISBN 978-3-95558-299-9

»Weil Völkerrechtsverstöße, Überfälle und Kriege – wie heute wieder – niemals akzeptiert und hingenommen werden dürfen, bedarf es des Blicks auf Vergangenes, Gegenwärtiges und Zukünftiges. Der englische Psychoanalytiker Roger Money-Kyrle kann uns mit seinen Schriften Anregungen geben und zu aktivem Widerstand gegen Kriegsverbrechen auffordern! Die Edition der Schriften von Money-Kyrle dürfte nicht nur für Psychologen und Psychoanalytiker von Interesse sein, und der notwendigen und nützlichen, wissenschaftlichen Dokumentation Genüge tun, sondern auch Anregungen und Herausforderungen für den interdisziplinären Diskurs über Frieden, Freiheit, Gerechtigkeit und Humanität bieten.« (Jos Schnurer, socialnet.de)

Eli Zaretsky

Psychoanalyse und politische Bewegungen

Eine Geschichte
für das 21. Jahrhundert

252 S., Pb. Großoktav,
€ 29,90, ISBN 978-3-95558-308-8

»In Psychoanalyse und politische Bewegungen *demonstriert Eli Zaretsky das Potenzial des freudianischen Denkens, Licht auf die entscheidenden Konflikte des 20. Jahrhunderts zu werfen. Mithilfe des von ihm entwickelten Konzepts des politischen Freudianismus durchleuchtet er, wie Radikale, Aktivisten und Intellektuelle psychoanalytische Ideen im 20. Jahrhundert nutzten, um Konsumkapitalismus, rassistisch motivierte Gewalt, Antisemitismus und Patriarchat zu erklären und zu kritisieren. Er hebt auch den nach wie vor lebendigen Einfluss und das kritische Potenzial dieser Ideen für die Gegenwart hervor.«* (Marga und Walter Prankl, kultur-punkt.ch)

Bernard Delpal

Dieulefit

Rettungswiderstand eines Dorfes in der Provence während der Nazi-Besatzung

184 S., Pb. A5,
€ 19,90, ISBN 978-3-95558-312-5

Dieulefit – das »Dorf der Gerechten«, französisch »le village des justes« – ist ein ganz besonderes Dorf in der Provence, denn während der Besatzung durch die Nazis im Zweiten Weltkrieg und der Kollaboration des Vichy-Regimes haben in diesem 3.000-Seelen-Dorf und in dessen Umgebung die Einwohner mehr als 1.000 Verfolgten das Leben gerettet. In der großen Mehrheit waren es Juden, aber auch Elsässer, Widerstandskämpfer, oppositionelle Intellektuelle gegen das Vichy-Regime. Sie alle konnten über Jahre in Ruhe und Geborgenheit unter dem Schutz der Dorfbewohner leben.

In dem Buch kommen zahlreiche Zeitzeugen zu Wort, außerdem gibt der Autor geschichtliche Einordnungen und erläutert die politischen und gesellschaftlichen Zusammenhänge im damaligen Frankreich. Eine große Anzahl wichtiger Dokumente und Fotos machen das Buch zusätzlich anschaulich.

Gerhard Bökel

Der Geisterzug, die Nazis und die Résistance

Zeitzeugenberichte und historische Dokumente während Besatzungszeit und Kollaboration in Südfrankreich

274 S., Pb. Großoktav mit Fadenheftg., zahlreiche vierf. Fotos und Faksimiles,
€ 29,90, ISBN 978-3-95558-284-5

»Es ist eine bemerkenswerte Gruppe von Widerstandskämpfern, die 1944 im ›Geisterzug‹ nach Dachau verbracht werden. Bökel zeichnet das Leid der Insassen nach. Die unterschiedlichen Widerstandskämpfer passten nicht zusammen, sie vertraten ›eigentlich unvereinbare Ideologien‹, schreibt Bökel. ›Aber sie hatten gemeinsame Gegner: die Nazis und die französischen Kollaborateure.‹ Es gebe einen Nachholbedarf in der Forschung, urteilt Bökel. Über die Widerstandskämpfer, ›die nicht aus rassistischen Gründen, sondern wegen ihrer politischen Aktivitäten vor allem gegen Ende des Krieges in die Konzentrationslager verbracht wurden‹, sei weniger bekannt als über andere Opfergruppen. Bökel, der teils in Frankfurt und teils nahe Avignon lebt, hat einen Beitrag geleistet, diese Lücke zu schließen.« (Frankfurter Rundschau)

Unsere Kataloge erhalten Sie kostenlos:

Brandes & Apsel Verlag • Scheidswaldstr. 22 • 60385 Frankfurt am Main
info@brandes-apsel.de • www.brandes-apsel.de • Fordern Sie unseren Newsletter kostenlos an:
newsletter@brandes-apsel.de